pfeiffer
bei Klett-Cotta

Nun da der Abend unser Aug' umflort,
Betracht ich zukunftssüchtig die Gestirne,
Durch die uns Gott in Lettern, wohl zu deuten,
Der Kreaturen Los und Schicksal kündet.
Denn der aus Himmelshöhn den Menschen schaut,
Weist ihm aus Mitleid oft den rechten Pfad
In seiner Sterne Schrift am Firmament.
Doch wir im Staube haftend, sündenschwer,
Verachten solche Schrift und sehn sie nicht.

William Shakespeare

Inhalt

Vorwort

Wissenschaften ohne menschliche
Selbsterkenntnis sind schädlich.

Rudolf Steiner

Anliegen dieses Buches ist es, das Interesse für die Astrologie bei denen zu wecken, welche die Bereitschaft haben, sich ihrer Denkweise und Symbolsprache ohne Vorurteile zu öffnen. Es geht mir insbesondere darum, ihre Bedeutung für alle Disziplinen aufzuzeigen, die sich in irgendeiner Form der Therapie, der Beratung oder sonstiger helfender Bemühung um andere Menschen widmen. Zugleich möchte ich aus eigener Erfahrung einen Beitrag liefern zur »Rehabilitierung« eines Wissensgutes, das uns, wie ich meine, heute noch immer viel zu sagen hat. Denn die einseitig kausalmechanistische Orientierung gegenwärtiger Wissenschaft – auch der Wissenschaften vom Menschen – und ihr fast ausschließlich rational-begriffliches Denken bedarf der Ergänzung durch ein Denken in Symbolen und Analogien sowie durch eine Weltsicht, welche die Stellung des Menschen im Kosmos wieder einbezieht. Solche Ergänzung kann uns vielleicht davor bewahren, in nur intellektueller Wissenschaftlichkeit zu verarmen, die Fülle des Lebens und den Reichtum der Erscheinungen in starre Gesetze und errechenbare Daten zu fassen, und dadurch immer lebensferner, ja oft genug lebensfeindlich zu werden.

Wollen wir über den Menschen mehr erfahren als seine Manipulierbarkeit, als chemisch-physikalische Daten und psychobiologische Reaktionsweisen; glauben wir, daß der Mensch mehr ist als eine Anhäufung von Molekülen, die man vielleicht durch Chromosomenchirurgie meint verbessern zu können oder gar zu sollen; glauben wir, daß sich in der Erscheinungswelt ein geistiges Prinzip immanent auswirkt – wie immer wir es auch nennen mögen –, das im Großen wie im Kleinen erkennbar ist, werden wir von der Astrologie eine, vielleicht die umfassendste Antwort bekommen auf viele Fragen, die zu stellen wir glücklicherweise noch nicht verlernt haben: auf Fragen nach dem

Sinn und der Bestimmung des einzelnen; nach dem Zusammenhang von Charakter und Schicksal; nach der Einordnung des Individuums in die großen Rhythmen und Gesetze unseres Sonnensystems, nach der Aufgabe des einzelnen im Kollektiv – um nur die wesentlichsten zu nennen.

Ich werde im Rahmen dieses Buches, das vor allem praktische Ziele verfolgt, nicht auf Fragen der Methodenkritik und der »Beweisführung« eingehen; mir geht es darum, aus meinen Erfahrungen als praktischer Psychotherapeut darzustellen, wie sich die Einbeziehung des Horoskops in allen mitmenschlichen Beziehungen als fruchtbar erweist. Denn über seine Anwendung auf therapeutisch-beratenden Gebieten hinaus ist es hilfreich für den Umgang mit sich selbst und mit anderen, für Selbsterkenntnis und Fremdverständnis. So kann die Astrologie eine Hilfe dafür sein, »leben zu lernen«; sie vermittelt uns einen Zugang zu uns selbst und zu anderen, den wir anderswo so nicht bekommen; sie kann uns menschlicher, verstehender und toleranter machen – und welche Wissenschaft sonst kann das von sich aussagen?

Es bleibt mir noch, einen dreifachen Dank auszusprechen: meinem Lehrer H. Freiherr von Klöckler, der mir die Grundlagen meines astrologischen Wissens vermittelte, ferner den Werken Oskar Adlers und Thomas Rings, denen ich entscheidende Einsichten verdanke.

Möge diese Schrift die Leser finden, für die sie geschrieben wurde.

Unterföhring, im Frühjahr 1976   Fritz Riemann

Vorwort zur 4. Auflage

Die nach kurzer Zeit notwendig gewordene 4. (unveränderte) Auflage der »Lebenshilfe Astrologie« scheint dafür zu sprechen, daß das Buch eine Lücke ausfüllt: zahlreiche Zuschriften lassen erkennen, daß es manche Vorurteile gegen die Astrologie beseitigen half und zugleich den Lesern die Vertiefung ihres Selbst- und Fremdverständnisses geben konnte, die ich vermitteln wollte.

Unterföhring, im März 1979   Fritz Riemann

I
Mein Weg zur Astrologie

Wohl aber ist es Zeit, daß wir anfangen, uns
der metaphysischen Fragen bewußt zu werden,
die hinter den Naturgesetzen stecken, auch
wenn wir sie vorderhand nicht lösen können
oder (als Wissenschaftler) nicht beabsichtigen,
sie zu lösen.   Walter Heitler

Die Motive, sich mit Astrologie zu beschäftigen, sind recht verschiedene; doch ist es bereits charakteristisch für die Stellung der Astrologie
im heutigen Geistesleben, daß die Frage nach der Motivation bei ihr
überhaupt gestellt wird: weil nämlich über sie unklare Vorstellungen
oder Vorurteile bestehen und weil sie für uns kein vertrautes Berufs-
gesicht mehr hat. Daher schicke ich diesem Buch den Abschnitt unter
obiger Überschrift voraus, braucht man doch heute, wenn man sich
ernsthaft mit Astrologie abgibt, fast eine Rechtfertigung dafür, will
man nicht zum Projektionsschirm von Affekten werden, die zwar
milder als die Ketzerverbrennung, durchaus ihr verwandte Tendenzen
zeigen.
Im Rahmen meiner psychologischen Studien, enttäuscht von der damaligen akademischen Psychologie, die sich nur für den psychophysio-
logischen Aspekt des Wesens Mensch interessierte, fand ich in der Literatur der Grenzgebiete der Psychologie hie und da auch die Astrologie erwähnt. Dabei verblüffte es mich, wie gegensätzlich die Meinungen von Autoren waren, die ich als Wissenschaftler oder Persönlichkeiten schätzte: die einen hielten sie für ein wertvolles Wissensgut und kamen aus den Erfahrungen mit ihr zu dem Urteil, daß das
Grundwissen der Astrologie noch heute volle Gültigkeit habe; die
anderen lehnten sie als vorwissenschaftlichen Aberglauben oder als Religionsersatz ab, der magische Wunschvorstellungen der Menschen befriedigen wolle; und wieder andere erkannten ihr wenigstens einen
historischen Wert zu, durch den sie für uns heute immerhin noch interessant sei.
Ich machte nun die Entdeckung, daß bei den Ablehnenden offensichtlich keine Eigenerfahrungen vorlagen, sondern ein wie auch immer
begründetes Vorurteil, das ihnen die Beschäftigung mit diesem Gebiete

ersparte; daß andererseits diejenigen sich zu ihr bekannten, die sie studiert hatten. Das hieß für mich, daß ich mich mit der Sache befassen mußte, um mir ein eigenes Urteil darüber zu bilden, was an der Astrologie wirklich war.

Ich verschaffte mir einige der in den dreißiger Jahren nicht gerade zahlreichen vertrauenerweckenden astrologischen Bücher und das nötige Handwerkszeug zur Berechnung von Horoskopen. Ich berechnete zunächst mein eigenes Horoskop und das von mir nahestehenden, mir gut bekannten Personen – und war erstaunt und betroffen.

Sosehr ich noch Anfänger war, konnte ich doch mit dem geringen Wissen eines solchen sehr bald erkennen, daß die Aussagen, die man aufgrund seines Horoskopes über einen Menschen machen konnte, ihn tatsächlich in mir noch unklaren Grenzen erfaßten und viele seiner Verhaltensweisen und Neigungen treffend beschrieben. Der Entschluß, mich gründlicher mit Astrologie zu beschäftigen, war damit gefaßt. Denn letzter Prüfstein einer Lehre kann ja immer nur die *Erfahrung* sein, die ihre Theorien und Hypothesen bestätigt oder widerlegt.

Allein schon die Tatsache, daß geübte Astrologen lediglich aus der Erscheinung und dem Verhalten eines Menschen – auch aus seiner Handschrift – bestimmte Konstellationen seines Horoskopes zutreffend spüren konnten, schien mir Grund genug zu sein, nachdenklich zu werden: war es nicht etwas ungemein Erregendes, daß man einem Menschen gleichsam am Gesicht ablesen konnte, welche Planeten oder Tierkreiszeichen ihn maßgeblich prägten, ohne sein Horoskop zu kennen? Wie konnte man dieses Phänomen einfach übersehen oder als Zufall abtun, nur weil es mit unserem heutigen Denken nicht zu erklären ist? Und wenn das, wie es sich immer wieder bestätigte, möglich war, würde wohl auch das weitere Wissensgut der Astrologie einer Nachprüfung standhalten.

»Zufällig« traf in meiner Entwicklung die Beschäftigung mit der Astrologie zeitlich zusammen mit meiner Ausbildung zum Psychoanalytiker, mit meiner Lehranalyse und dem Studium der psychotherapeutischen und tiefenpsychologischen Literatur – damals ebenfalls noch recht umstrittenen und bekämpften wissenschaftlichen Gebieten. Das hatte für mich zwei Vorteile: einmal wurde mir dadurch klar, daß die Erfahrungen der Astrologie und der Psychoanalyse, die sich mit anscheinend so verschiedenen Aspekten des Menschen beschäftigten – die eine mit seiner kosmischen, die andere mit seiner lebensgeschichtlichen familiären und sozialen Prägung –, sich nicht nur nicht widersprachen, sondern sich in vieler Hinsicht bestätigten und ergänzten. Und zum anderen war ich durch meine praktische psycho-therapeutische Tätigkeit in der Lage, Kontrollmöglichkeiten für das Horoskop zu bekommen: Denn im Laufe einer tiefgreifenden analytischen Behandlung lernt man ja einen Menschen bezüglich seiner Anlagen, Neigungen, Verhaltensweisen, seiner Entwicklungsgeschichte und Umweltbeziehungen in einer Gründlichkeit kennen wie sonst nirgends. Bestätigten nun die an dem Betreffenden psychoanalytisch gewonnenen Erfahrungen das Horoskop, hatte das eine Überzeugungs-kraft, die nur tendenziöse Ablehnung nicht anerkennen kann. Und zugleich hatte ich durch das Horoskop eine Kontrollmöglichkeit meiner psychoanalytischen Einsichten von einem Patienten, also eine Ergän-zung zu diesen Eindrücken, die mich besser davor bewahren konnte, durch theoretische Vorstellungen oder mir nicht bewußte eigene blinde Flecke das Wesen eines Patienten zu verkennen.

Manchmal ergaben sich indessen zwischen dem Bild, das ich aus der Analyse eines Menschen gewonnen hatte, und dem, wie es sich aus dem Horoskop ermitteln ließ, Widersprüche, die ich zunächst nicht verstand, bis mir klarwurde, daß in solchen Fällen meistens der Mensch seine Anlagen nicht so hatte verwirklichen können, wie ich es dem Horoskop nach vermutet hätte – Milieu, Erziehung oder seine soziale Situation hatten ihn so überfremdet oder gehemmt, daß er ein Zerrbild von sich leben mußte, vieles in sich nicht verwirklichen durfte, so gleichsam an sich selbst vorbeilebend –, was ihn in die Neu-rose getrieben hatte. Das bestätigte nicht nur die Erfahrung der Psycho-analyse, daß Neurosen auf Entwicklungsstörungen beruhen, letztlich auf der Unvereinbarkeit der ursprünglichen Anlage mit der von der Umwelt aufgezwungenen Anpassung, sondern es ergab zugleich einen wichtigen therapeutischen Ansatz: denn so konnte das Horo-skop dazu verhelfen, das in einem Menschen Angelegte, von ihm aber nicht Verwirklichte klarer zu erkennen und es anzusprechen. Und das nicht im Sinne irgendeiner vorschwebenden ideologischen Vorstellung vom Menschen überhaupt, sondern ganz spezifisch auf diesen Men-schen bezogen.

Auf dem Wege solcher doppelten Erfahrungen über einen Patien-ten ließen sich möglicherweise auch die Aussagegrenzen der Astro-logie schärfer erfassen, ließe sich vielleicht besser erkennen, was die Psychoanalyse, was die Astrologie vermochte, was wir als schicksalhaft gegeben hinzunehmen haben und was von uns gestaltbar ist. Die Grenze zwischen dem Hinzunehmenden und dem Gestaltbaren kla-rer zu sehen ist ja für jede Therapie und Beratung von größter Bedeutung. Wenn nun das Horoskop einen sonst nicht zu findenden Hinweis auf Grundgegebenheiten eines Menschen vermitteln könnte oder zumindest einen zusätzlichen Hinweis, der andere Forschungsmittel ergänzte, wäre allein das schon von größter Wichtigkeit. Denn sich in seinen Grundgegebenheiten verstanden zu fühlen, ist für einen Patienten und die Therapie von gar nicht zu überschätzendem Wert.

So war ich sehr beeindruckt von der Kombination beider Gebiete, in der mir die Möglichkeit einer Ergänzung zu liegen schien, die Chance, Einseitigkeiten als Fehlerquelle zu verringern. Davon bin ich nach nun jahrzehntelangen Erfahrungen auf beiden Gebieten immer überzeugter geworden, wenn für mich auch noch viele Fragen offengeblieben sind. Vergleichende detaillierte Darstellungen von Krankengeschichten und Horoskopen wären der Weg, auf dem wir die fruchtbarste Zusammenarbeit von Therapeuten und Astrologen fänden. Es geht selbstverständlich nicht darum, daß die »große Psychotherapie« durch die Astrologie ersetzt werden könnte. Aber es geht um die Möglichkeit fokalen Erfassens von Struktureigentümlichkeiten besonderer Art, die im Horoskop liegen, als zusätzlichem Zugang zu einem Menschen: und in der Beratung geht es um zumindest zeitsparendes Ansprechenkönnen von Grundveranlagungen und deren konflikthaften Auswirkungen.

Die wechselseitige Kontrollmöglichkeit durch das Horoskop und die psychotherapeutischen Erfahrungen sind zudem für den Therapeuten eine große Hilfe für das differenziertere sich Bewußtmachen der Übertragungs- und Gegenübertragungsvorgänge: durch den Vergleich seines eigenen mit dem Horoskop des Patienten – das gibt auch eine mögliche Hilfe bei der Auswahl seiner Patienten – werden wir von Beginn an auf strukturelle Gegebenheiten in beiden Persönlichkeiten aufmerksam gemacht, deren Unkenntnis das Verständnis mancher Übertragungen und Gegenübertragungen erschwert. Der Vergleich kann uns auch helfen, den durch unsere Person gegebenen Faktor in seiner Auswirkung als mögliche Fehlerquelle besser zu erkennen und zu korrigieren. Das Horoskop gibt uns aus der Kenntnis der Tierkreiszeichen und Planeten usf. eine äußerst differenzierte Einfühlungsmöglichkeit in einen anderen – das gilt auf allen Ebenen mitmenschlicher Beziehungen und Partnerschaften. Die Einbeziehung des Horoskopes mindert die Gefahr, Wesenszüge und Erlebnisweisen eines anderen nicht zu verstehen oder falsch zu bewerten; manche mißglückte Behandlung oder Beratung hängt mit solchem Mißverstehen zusammen.

In meiner therapeutisch-astrologischen Anfangszeit ging ich zunächst so vor, daß ich die aus einer therapeutischen Behandlung gewonnenen Einsichten über einen Menschen mit seinem Horoskop verglich, um Erfahrungen zu sammeln über beider Entsprechungen. Erst später ging ich dazu über, nachdem ich schon auf einige Erfahrungen zurückblikken konnte und mit den astrologischen Symbolen umzugehen gelernt hatte, Horoskope direkt in die Behandlung einzubeziehen. Entweder in der Form, daß ich zu einem mir als geeignet erscheinenden Zeitpunkt mit einem Patienten sein Horoskop durchsprach, vor allem dabei das ansprechend, was in unserer bisherigen analytischen Arbeit noch nicht sich konstelliert hatte, im Horoskop aber zu erkennen war. Das hatte fast immer eine produktive Wirkung; oft wurde dadurch die Traumtätigkeit angeregt, oder der Patient brachte biographisches Material zu den angesprochenen Themen. Der andere Weg, auf dem ich das Horoskop in die Behandlung einbezog, war der, daß ich Einsichten, die ich aus seinem Horoskop gewonnen hatte, in der Behandlung direkt, gezielt ansprach – vorausgesetzt natürlich immer, daß der Patient einwilligte, mir zu diesem Zweck seine genauen Geburtsdaten mitzuteilen. Beide Wege wurden auch vom Patienten als sehr hilfreich und aufschlußreich empfunden. –
So festigte sich mir aus der wechselseitigen Ergänzung beider Gebiete, der tiefenpsychologischen Therapie und der Astrologie, die Erfahrung, daß die alte Lehre von der Entsprechung zwischen den kosmischen Konstellationen und dem Wesen des Menschen ernst zu nehmen sei. Die überzeugendste Formulierung dieser Entsprechung fand ich bei Oskar Adler. In seinem großangelegten Werk »Das Testament der Astrologie« zitiert er den bekannten Satz von Kant: »Zwei Dinge erfüllen das Gemüt mit immer neuer und zunehmender Bewunderung und Ehrfurcht, je öfter und anhaltender sich das Nachdenken damit beschäftigt: der bestirnte Himmel über mir und das moralische Gesetz in mir.« Adler wendet diesen Kantschen Ausspruch so an, daß er das moralische Gesetz in uns als die Spiegelung, die seelische Entsprechung des bestirnten Himmels über uns sieht, daß also den kosmischen Gesetzmäßigkeiten innerseelische Gesetzmäßigkeiten entsprechen. Und Adler fährt fort: »Kant mußte bei dieser Dualität stehenbleiben. Aber die Kluft, die beide Welten trennt, die ›äußere‹ und die ›innere‹, hilft nur esoterische Erkenntnis überwinden. Nur wenn die Quellen der inneren Erkenntnis sich geöffnet haben, ... weist sich der Weg zu einer Astrologie, die nicht profane und abergläubische ›Sterndeutekunst‹ mehr ist, sondern eine Weltsicht, in der sich der bestirnte Him-

mel und das moralische Gesetz zu einem Ganzen zusammenschließen.«

Stoßen wir uns nicht an dem Worte »esoterisch«, das aus mancherlei Gründen einen Beigeschmack für uns bekommen hat; was von Adler damit angesprochen wird, ist die Fähigkeit des Menschen, auf dem Wege über die Verinnerlichung Einsichten in jene Zusammenhänge zu erlangen, Einsichten, aus denen wohl das Wissensgut der Astrologie ursprünglich stammt.

Gehen wir fehl, wenn wir annehmen, daß solche Erkenntnisse erst möglich werden, wenn wir bereit sind, die Hybris unseres Intellektes, der keine Ehrfurcht mehr kennt, aufzugeben, und wenn wir, anstatt immer nur mehr Macht über die Natur und das Leben anzustreben und sie uns unterwerfen zu wollen, es wieder lernen, sie zu verstehen? Liebendem Verstehenwollen öffnen sich Dinge, die sich dem Machtwillen verschließen – das ist auf allen Lebensgebieten der Fall. Walter Heitler formuliert das Gemeinte in seinem Buch »Der Mensch und die naturwissenschaftliche Erkenntnis« lapidar folgendermaßen: »Eine genaue Kenntnis und Festlegung der physikalischen Vorgänge und der Lebensvorgänge schließen sich gegenseitig aus.«

Ich bekenne es gern, daß ich für meine psychotherapeutische Tätigkeit – und nicht nur für diese – der Astrologie viel verdanke; jeder dafür offene Therapeut oder Berater kann die gleiche Erfahrung machen. Das Erkennen der schicksalhaften Verflechtung von Charakter und Lebenslauf, von fälligen Reifungskrisen, von innerem Wesen und äußerem Ereignis; die einmalige Möglichkeit, von der Geburt an bei einem Menschen etwas über seinen Lebensentwurf aussagen zu können, seine Begabungen und Gefährdungen ahnen zu können – all das sind Chancen, die wir uns nicht entgehen lassen sollten, ja dürften.

War die Enttäuschung an der akademischen Psychologie eines der Motive, nach Wesentlicherem zu suchen und mich mit der Astrologie zu beschäftigen, so hat diese mich nicht enttäuscht; ja, je älter ich wurde, um so mehr hat sie mir bedeutet, so daß ich geneigt bin, den alten Spruch »per aspera ad astra« abzuwandeln in »per astra ad deum«.

II
Das Grundkonzept der Astrologie

Hoch gelobt wird, wer etwas über die sechste
Dezimale sagt, verdächtig ist, wer etwas über
das Wesentliche sagt.

Karl Steinbuch

Astrologie faßt unser Sonnensystem, letztlich das ganze Universum,
als einen gewaltigen Organismus auf, in welchem jedes Teilchen vom
Ganzen beeinflußt wird und seinerseits wieder das Ganze beeinflußt
in immerwährender Wechselwirkung. »Jedes Individuum wirkt am
ganzen kosmischen Wesen mit – ob wir es wissen oder nicht, ob wir
es wollen oder nicht«, sagt Nietzsche. So besteht zwischen »innen«
und »außen«, »oben« und »unten« eine Entsprechung: die Rhythmen und Gesetze des Makrokosmos spiegeln sich im Mikrokosmos
wieder, wobei die Art dieser Spiegelung und Entsprechung abhängt
von der Entwicklungsstufe des jeweiligen Mediums, auf das sie trifft.
Die Planeten gelten der Astrologie als Bilde- oder Wirkkräfte dieses
Organismus, von denen jede bestimmte Funktionen und Aufgaben im
Gesamtorganismus hat. Je nachdem, in welchem Medium sie sich manifestieren, wirken sich diese planetaren Prinzipien auf der minerali-
schen, pflanzlichen, tierischen oder menschlichen Ebene, den Reak-
tionsmöglichkeiten des Mediums entsprechend, verschieden aus, in
stofflichen, organischen, seelischen und geistigen Reaktionen. Der
Mensch, der wohl als einziges Lebewesen in alle drei Ebenen, die
stofflich-körperliche, die organisch-biologische und die seelisch-geistige
hineinragt, kann sie daher als physikalische Kräfte und Gesetze der
Materie, als organische Funktionen und als seelisch-geistige Impulse
oder Prinzipien erfahren.
Im Laufe der Menschheitsgeschichte wurde die »participation
mystique«, die unbewußte Teilhabe an diesen planetaren und kosmischen Kräften, die ich das »kosmische Unbewußte« zu nennen vor-
geschlagen habe, verschieden erlebt und benannt: die planetaren Gestaltprinzipien traten auf immer neue Weise in das Bewußtsein. Das
magisch-animistische Zeitalter projizierte sie als Dämonen nach außen

in die Natur; das mythenbildende Zeitalter versetzte sie als Göttergestalten an den Himmel oder in die Unterwelt; das naturwissenschaftliche Zeitalter entdeckte und beschrieb sie als Energien und Gesetzmäßigkeiten der Erscheinungswelt; aus psychologisch-anthropologischer Sicht beschreiben wir sie als seelische Funktionen oder als Triebstrebungen.

So haben die kosmischen Kräfte im Bewußtsein der Menschheit einen Gestaltwandel vollzogen; alle diese verschiedenen Projektionen, Benennungen oder Anschauungen gründen aber auf den gleichen kosmischen Prinzipien.

Uns Heutige beunruhigt wohl am meisten, daß wir nicht nachvollziehen können, nicht nachzuerleben vermögen, wie die Menschheit zu ihrem astrologischen Wissen gekommen ist. Wir können mit Edgar Dacqué annehmen, daß die Menschen damals eine Gabe hatten, die er als »Natursichtigkeit« bezeichnet, die heute verlorengegangen zu sein scheint. Aber die großen Mystiker haben sie noch besessen, und wir können, psychologisch ausgedrückt, annehmen, daß es sich dabei um eine »Durchlässigkeit« für Metaphysisches und Transzendentes handelt, um ein Vermögen der Innenschau, der sich solche Zusammenhänge offenbaren.

Die Entwicklungsgeschichte der Menschheit läßt sich ohne Offenbarungsakte nicht verstehen. Wie sonst könnten wir es – kausal – erklären, daß die Menschen die Sprache »erfanden«, daß sie die Musik und die Mathematik entdeckten, um nur einige der großen Wunder zu nennen, die wir meist so selbstverständlich als gegeben hinnehmen, ohne uns Gedanken darüber zu machen, wie sie entstanden. Wir kommen nicht darum herum, bei diesen Phänomenen ein geistiges Prinzip anzunehmen, das sich zu verschiedenen Zeiten der historischen Menschheit in Offenbarungsakten ausgewirkt hat, die wir heute psychologisch als Bewußtseinsveränderungen oder Bewußtseinserweiterungen bezeichnen können. Dabei entzieht sich der Akt des Bewußtwerdens wie auch der Zeitpunkt »fälliger« Entwicklungen wiederum kausaler Erklärung – kausal vermögen wir erst nachträglich Vermutungen darüber anzustellen, wie es zu solchen Entwicklungen gekommen sein mag.

Denn diese Bewußtseinsveränderungen liegen in ihren Anfängen für unseren Verstand völlig im Dunkel. Nehmen wir noch einmal die Sprache – mit Sicherheit können wir über ihre Entstehung nur aussagen, daß sich nicht ein paar Menschen zusammengesetzt und beschlossen haben, etwa den Baum Baum (oder arbor, tree) zu benennen usf. Ebensowenig sind Musik und Mathematik von uns »gemacht«, ist das chinesische »Buch der Wandlungen« (I Ging) oder die Akupunktur »erfunden« worden. Der Versuch, diese Dinge »abzuleiten«, ist ebenso aussichtslos wie der, die Lautsprache aus der Gebärdensprache, die Instrumentalmusik aus dem Gesang abzuleiten – auch wenn wir diese als deren Vorformen betrachten können, um unserem historisch-kausalen Denken und Erklärungsbedürfnis Genüge zu tun. Auch die Vorstellung, daß über lange Zeiten gehäufte Erfahrungen und kleine Teilschritte schließlich zu jenen Entdeckungen geführt haben, ist als Erklärung zu dürftig und letztlich unhaltbar; quantitativ-materialistisch gedacht, stoßen wir bei solchen Erklärungsversuchen an irgendeinem Punkt immer auf das »missing link« des Darwinismus, das sich nicht nachweisen läßt, oder wir bleiben im Hypothetischen stecken.

Wir können daher auch nur vermuten, daß Bewußtseinsveränderungen, daß ein anderes geistiges Welterleben einmal dazu geführt haben, die Astrologie zu entdecken; wie auch bei anderen Phänomenen, ließen solche Bewußtseinsveränderungen die Menschen in schöpferischen Akten etwas ent-decken, was bereits in ihnen angelegt war, es »offenbarte« sich ihnen. Das Offenbarte wird dann mit der Zeit Erfahrung und Wissenschaft – aber die Erfahrungswissenschaft vergißt dann gewöhnlich ihre Herkunft, ähnlich Kindern, die alles, was sie geworden sind, nur sich selbst zu verdanken glauben. Folgen wir diesen Gedanken, liegt in uns die Möglichkeit, daß uns aus unserer unbewußten Teilhabe am kosmischen Ganzen jeweils Teile des Ganzen bewußt werden, sich uns offenbaren können. Insofern das menschliche Bewußtsein, entsprechend den sich immer verändernden kosmischen Konstellationen, ebenfalls in immerwährender Wandlung begriffen ist, finden in ihm immer neue Offenbarungsakte bzw. Bewußtseinsveränderungen statt. Das jeweilige Erfahrungswissen wird durch solche Bewußtseinsveränderungen immer wieder beunruhigt und oft genug überholt, ja widerlegt, während das Offenbarte zeitlos gültig ist, aber vom jeweiligen Zeitgeist abgelehnt werden kann.

Wichtig ist nun, daß wir Offenbarungen »anziehen« können. Die denkerische oder meditative Beschäftigung mit bestimmten Fragestellungen kann die Vorarbeit für Offenbarungsakte abgeben, die wir psychologisch als Intuition oder Inspiration zu bezeichnen pflegen. Das Traumerlebnis Kékulés, aus dem ihm der Bau des Benzolringes »sich offenbarte«; das Erlebnis Newtons, dem sich aus dem beobachteten Fall eines Apfels das Gravitationsgesetz erschloß, sind nicht denkbar ohne die entsprechende Interessenrichtung und denkerische Vorarbeit, die beide auf die chemischen bzw. physikalischen Phänomene verwendeten. So wird der Mensch früherer Zeiten, der viel abhängiger von den Naturgewalten war, beeindruckt von der Großartigkeit des Firmaments und seiner Gestirne, gleichsam die Vorarbeit dafür vollbracht haben, daß sich ihm die Zusammenhänge zwischen Makro- und Mikrokosmos offenbaren konnten. Unserer heutigen kausalmechanistischen Naturwissenschaft ist es zum Verhängnis geworden, daß sie vorwiegend nach Macht über die Natur strebt und daß sie weitgehend zweck- und nutzbestimmt geworden ist. Das hat einerseits zu den großen Fortschritten der Technik geführt, andererseits viel zu der Trostlosigkeit beigetragen, die auf vielen Wissensgebieten heute herrscht. Fragen nach dem Sinn oder nach metaphysischen Zusammenhängen gelten als unwissenschaftlich – Wissenschaft und Weisheit haben sich getrennt und scheinen sich heute auszuschließen; das hat zur Verarmung der Wissenschaft und zur Verdächtigung der Weisheit geführt.

Wir sind darauf angewiesen, das astrologische Wissensgut zunächst anzunehmen, wie es uns überliefert ist. Ich will daher auch gar nicht den Versuch machen, Hypothesen darüber aufzustellen, wie die Menschen dazu gekommen sind, den Planeten und gar den Tierkreiszeichen ihre symbolische Bedeutung zu geben. Wenn auch moderne Weltraum- und Strahlungsforschung immer mehr erkennen lassen, daß wir kosmischen Rhythmen und Strahlungseinflüssen unterliegen, die wir bisher nicht kannten, daß wir Gesetzen gehorchen, welche manche von der Astrologie beschriebenen Entsprechungen zu bestätigen scheinen – dem eigentlichen Geheimnis dieser Zusammenhänge kommen wir damit so wenig näher, wie wir dem Wesen eines Menschen näherkommen, wenn wir wissen, daß er aus einem Samenfädchen und einem Ei entstand. Wenn überhaupt, kann nur eine Geisteswissenschaft hoffen, tiefere Einsichten hierüber zu bekommen, eine Geisteswissenschaft, die vom Grundkonzept eines kosmischen Organismus ausgeht als Hintergrund der uns bewegenden Kräfte und die Geist nicht mit Intellekt verwechselt.

Täuschen wir uns nicht darüber, daß wir in der Erforschung unserer Seele oder unseres Geistes noch ganz in den Anfängen stecken. Mit nur quantitativen Methoden wie Statistik, Messungen und Experimenten werden wir darin nicht weiterkommen. Wir müssen uns wieder um eine Innenschau bemühen, wie die Mystiker sie kannten. Dann erinnern wir uns vielleicht auch wieder, daß es eine seelisch-geistige Welt gibt, in der wir, als Teile des Ganzen, das Ganze zu ahnen vermögen. Vielleicht hat Teilhard de Chardin Gleiches gemeint, wenn er schrieb: »Mein Leben ist jetzt ganz ergriffen von dieser ›Unvoreingenommenheit‹, die ich in bezug auf meine Person größer werden fühle, während gleichzeitig der tiefere Sinn für alles, was im Hintergrund des Wirklichen wirklich ist, weiterwächst.« Stehen wir uns nicht vielleicht alle selbst zu sehr im Wege, sind wir zu »voreingenommen« in bezug auf unsere Person, um für solchen tieferen Sinn offen zu sein?

III
Die astrologische Denkweise

Unsere Wissenschaft läßt sich ohne weiteres
und ohne Rangminderung im astrologischen
System unterbringen, nicht aber umgekehrt.

Ernst Jünger

Astrologisches Denken geht also von dem Grundkonzept aus, daß die
Himmelskörper unseres Sonnensystems, ihre Bewegungen, Positionen,
Umlaufrhythmen und ihre gegenseitigen Aspekte – die Winkel, die
sie dabei zueinander bilden –, ein sich immer wandelndes Kraftgefüge
darstellen, das seine Auswirkungen auf die Erde mit allem auf ihr Le-
benden hat. Die Planetenbewegungen vollziehen sich auf dem Hintergrund des Fixsternhimmels in der Ebene der Ekliptik, die in zwölf
nach den Tierkreiszeichen benannte Abschnitte geteilt wird. In seinen
graphischen Symbolen vermittelt uns das Horoskop die jeweiligen
Planetenkonstellationen eines bestimmten Weltaugenblicks (die Geburtszeit), auf einen bestimmten Erdort (den Geburtsort) bezogen.
Der Mensch lebt nach der Astrologie nicht nur in einer geographischen
und sozialen Umwelt, die natürlich ihre Bedeutung behalten, sondern es gehört die Beziehung der Erde zu den Himmelskörpern ebenfalls zu seiner – kosmischen – Umwelt, der eine prägende Kraft zugeschrieben wird.
Kennen wir die überlieferte Symbolbedeutung und Auswirkung der
Tierkreiszeichen und Planeten, der Aspekte und der verschiedenen
Positionen der Planeten in den Tierkreiszeichen sowie in den sogenannten Häusern oder Feldern des Horoskopes, haben wir die Elemente
beisammen, mit denen die Horoskopie arbeitet. Die Deutung eines
Horoskopes, das alle diese Elemente enthält, nur in individuell immer
verschiedener Konstellation und Akzentuierung, ist dann Sache der
Erfahrung, des Wissens und Könnens, der Kombinationsgabe, Intuition und der »Durchlässigkeit« des Interpreten. Daß damit jede Deutung vom Medium des Deutenden abhängig ist, ist unvermeidlich;
wir treffen in der Auslegung immer auf die Grenzen unserer Persönlichkeit.

Astrologisches Denken vollzieht sich in Analogien und symbolischen Entsprechungen. Wer an kausalmechanistisches, abstrahierendes Denken gewöhnt ist, dem fällt das Umstellen auf diese andere Denkweise im allgemeinen schwer; er vermeint darin ein rein assoziatives Denken zu sehen, das Unzusammengehörendes willkürlich aufgrund »zufälliger« Ähnlichkeiten oder des zeitlichen Zusammenfallens verbindet und daraus Schlüsse zieht. Da er in solchen gedanklichen Vollzügen kein logisches oder kausales Prinzip erkennen kann, lehnt er diese Denkweise als vor- oder unwissenschaftlich ab, ohne sich bewußtzumachen, daß seine Denkweise nur eine unter anderen möglichen ist, mit der er auf Grenzen stößt, die eine andere Denkform vielleicht überschreitet.

Machen wir nun den Versuch, astrologische Denkweise an einem Beispiel darzustellen. Ich greife dafür aus der Vielzahl der Elemente des Horoskops einen Planeten heraus. Wie erwähnt, symbolisiert jeder Planet ein bestimmtes »Prinzip«, eine Bildekraft, und hat im Gesamtorganismus unseres Sonnensystems eine bestimmte Funktion, wie vergleichsweise ein Organ im Gesamtorganismus unseres Körpers. Die Auswirkung einer solchen Bildekraft ist abhängig von dem Medium, in dem sie sich manifestiert; danach wirkt sich das planetare Prinzip zwar immer seinem Wesen gemäß aus, aber immer in anderer Nuancierung und Intensität. Suchen wir nach einem Vergleichsbild: die Energie Wärme bleibt immer Wärme; aber je nach dem Medium, auf das sie trifft, und nach ihrer Intensität, hat sie verschiedene Auswirkungen: Wasser verdunstet, Holz verbrennt, Metalle schmelzen, organisches Leben entfaltet sich unter ihr oder wird von ihr zerstört, wenn sie zu intensiv wird oder ausfällt.

Und nun zu dem Beispiel: Die Astrologie kennt eine jener Bildekräfte, der sie die Funktion des verdichtenden, sich abgrenzenden Zusammenziehens zuschreibt und die sie dem Saturn zuordnet. Wie alle diese Bildekräfte, hat auch Saturn einen Doppelaspekt, insofern er sich harmonisch oder disharmonisch, zu stark oder zu schwach auswirken kann, je nach seiner kosmischen Konstellierung. Gehen wir vom saturnischen Grundprinzip der Kontraktion aus, ist es wohl einfühlbar, daß es Stabilität, Widerstandskraft vermittelt und damit ein Element der Dauer symbolisiert. Und es ist weiter verständlich – analogisch gedacht –, daß ein Zuviel dieser Kraft Verhärtung, Starre, Verlangsamung mit sich bringt, psychologisch gesehen, das Streben nach Unveränderlichkeit; daß ein Zuwenig dagegen einen Mangel an Festigkeit und Widerstandskraft und damit eine Anfälligkeit für eindringende Fremdeinflüsse bedingt. Das Prinzip wird weiterhin in allem erkannt, was auf Dauer und Erhaltung des Bestehenden hinzielt, im Extrem auf das Verharren in der oder auf das lebensfeindliche Zurückstreben zur anorganischen Ruhe.

Wir wollen uns nun dieses Prinzip als ein auf den verschiedenen Ebenen der Erscheinungswelt Wirksames vorstellen, wobei ich mich in diesem Rahmen auf den Menschen beschränke.

Im Physischen entspricht dieser Kraft alles, was dem Körper Halt, Festigkeit und schützende Abgrenzung verleiht: der Kalkhaushalt, das Knochengerüst, das Stütz- und Bindegewebe; die abgrenzend-schützende Hülle der Haut und der Haare. Aber auch alles, was als verdichtete Festlegung Gesetz und Struktur und damit gleichsam erstarrtes Leben, unabänderliche Gegebenheit, geworden ist: eingespurte Reflexe und Reaktionsweisen. Das Zuviel an festigenden Einflüssen führt im Bereich des Organischen zu Verhärtung, Verkalkungserscheinungen und zur Verlangsamung biologischer und organischer Abläufe; das Zuwenig zur Schwäche des Binde- und Stützgewebes und der abgrenzenden Schutzhülle.

Auf der seelischen Ebene entsprechen diesem Prinzip, weiter analogisch gedacht, ebenfalls die sich abgrenzenden und sichernden Seiten bzw. Haltungen: Zurückhaltung, Verschlossenheit, Festigkeit, Standhaftigkeit, Treue; das spiegelt sich auch im Verhältnis zum Besitz, in Sparsamkeit und eher asketisch-anspruchslosen Einstellungen. »Zuviel« Saturnisches führt dementsprechend zu Härte, Strenge, Starre und Unnachgiebigkeit, Undurchlässigkeit; das Zurückhalten wird dann zum Trotz, die Sparsamkeit zum Geiz. »Zuwenig« Saturnisches äußert sich in Nachgiebigkeit und im Mangel an Durchhaltevermögen, an Zähigkeit und Ausdauer; vor allem besteht dadurch eine ungenügende Abwehrkraft gegen andere planetare Kräfte bzw. deren seelische Entsprechungen, die, als Gegenspieler Saturns, dann überwertig zur Auswirkung kommen und die Festigkeit und den Bestand des Gesamtorganismus gefährden.

Auf der geistigen Ebene wirkt sich das Prinzip, entsprechend diesem Medium, nun aus als Konzentrationsvermögen, Gründlichkeit, Klarheit und Einfachheit sowie in der Bevorzugung kausal-genetischen, systematischen Denkens. Überwiegt Saturn hier gegenüber anderen Prinzipien, führt das zu haftender Klebrigkeit, zu Perseverationen und einem Mangel an Elastizität. Das kann sich steigern bis zu vergangenheitsgebundenem Wiederholungszwang, zu dogmatisch-starren Zügen, zur Unbelehrbarkeit und zu lebensfernen Doktrinen, und so kann Saturn zum lebensverneinenden Prinzip werden. Die zu schwache Auswirkung bringt Konzentrationsschwäche mit sich, einen Mangel an strukturierend-systematischen Denkvollzügen u. ä. Es ist dann nicht besonders schwierig, die hier angeführten Auswirkungen noch weiter auszudifferenzieren; denkt man analogisch weiter, versteht man wohl auch, daß eine starke Saturnstellung ein vorwiegend melancholisches Temperament »verleiht« mit pessimistischen Zügen, die sich bis zu lebensverneinenden und lebensfeindlichen Einstellungen steigern können. Die Fülle aller hier denkbaren Möglichkeiten hängt des weiteren von der Stellung und Bestrahlung des Saturn im Gesamthoroskop ab.

Gehen wir noch einen Schritt weiter und fragen uns nach den Auswirkungen des Saturnischen im Kollektiv. Im animistischen Zeitalter spiegelte es sich in den Tabus, in den einschränkenden, ge- und verbietenden, grenzsetzenden und ordnenden Riten und Gebräuchen, die ja die gleichsam seelischen Strukturgesetze eines Kollektivs darstellen und deren Nichtbeachtung oder Übertretung mit Angst und der Erwartung von Strafe verbunden ist. Im mythenbildenden Zeitalter treffen wir das Prinzip auf Göttergestalten projiziert, wie Chronos-Saturn-Loki, denen einerseits Starre, Härte und Kälte zugeschrieben werden, die aber auch als Hüter der Tradition, als Erhalter des Gewordenen und Bestehenden gelten – worin wieder die erhaltenwollende, Dauer anstrebende Seite des Prinzips zum Ausdruck kommt. Im Christentum, das die antiken Götter entwertete, wird Saturn mehr und mehr zum Satan, zum Repräsentanten des Bösen an sich – was in der Astrologie noch darin zum Ausdruck kommt, daß sie ihn als »Übeltäter« bezeichnet. Daß diese Möglichkeiten in den bisher beschriebenen Saturneigenschaften liegen, läßt sich verstehen und ist wiederum folgerichtig: saturnisches Festhaltenwollen wird in seiner Steigerung zur engmachenden Angst und zum egozentrischen, sich absichernden Machtstreben und Besitzstreben und hat damit zweifellos eine Beziehung zum »Bösen«, im Sinne der Lebensfeindlichkeit. In einem weiteren Aspekt wird Saturn-Loki zum Todessymbol im Sensen- oder Knochenmann – die griechische Mythologie läßt Chronos seine Kinder nach der Geburt fressen. All das sind eindrucksvolle Bilder für die lebensverneinende, alles Junge, Neue und Werdende vernichtenwollende Seite dieses Prinzips.

Das wissenschaftliche Zeitalter entdeckt und benennt diese Bildekraft in Konzepten wie der Gravitation, der Trägheit der Materie, im Gesetz von der Erhaltung der Energie in der Physik; als Prinzip der Vererbung in der Biologie; als Wiederholungszwang und angeborene Verhaltensschemata in der Psychologie. In der Philosophie schließlich sind saturnisch die Konzepte des Determinismus und Fatalismus, des Absoluten und der Prädestination; im Christentum bzw. der Theologie der Begriff der Erbsünde.

Allen diesen Auswirkungen ist etwas Schicksalhaftes, Festlegendes, Endgültiges und Unausweichliches gemeinsam; der »rote Faden«, der alle diese »Aufzählungen« sinnvoll verbindet, ist die Idee der Erhaltung des Gegebenen und Gewordenen, die sowohl Dauer ermöglicht als auch Grenzsetzungen und Unvermeidliches enthält. So wird uns Saturn zum Repräsentanten einer Seite der Wirklichkeit: er symbolisiert vor allem unsere Abhängigkeiten von den unveränderlichen Gegebenheiten und Gesetzen der Realität, von dem Hinzunehmenden, und vielleicht läßt sich daraus auch seine Beziehung zu Alter und Tod ableiten als den letzten Realitäten, die uns unvermeidlich gesetzt sind.

Wir alle kennen die Neigung zum Festhalten, zum Bewahren und zur Sicherung und wissen, daß die Angst vor der Vergänglichkeit und vor der Wandlung überwertig werden kann. Wir entziehen uns dann dem Fluß des Lebens und kommen in die Gefahr, zu erstarren, »saturiert« zu werden. Denken wir diese Linie zu Ende, müßten wir, unter dem Einfluß dieses Prinzips allein, dahin streben, alles unveränderlich festzuhalten, was gleichbedeutend wäre mit der Rückkehr zum Anorganischen, zu einer bewegungslosen, unveränderlichen Ruhe, die dem Tod gleichzusetzen wäre. Andererseits würde der Ausfall dieses Prinzips katastrophale Folgen haben: unbegrenzte Auflockerung führt ins Chaos. In seiner höchsten Entfaltung kann es uns zur Weisheit führen, im Erkennen und Annehmen unserer Abhängigkeiten und des unvermeidlich Notwendigen. –

Stoßen wir uns nicht an der Verbindung körperlicher, seelischer und geistiger Zusammenhänge mit den Planetennamen; sie sind Symbole, in denen Zusammengehörendes »zusammenfällt«, zusammengeschaut wird – weil es zusammengehört. Zusammengehört im geistigen Sinn einer Idee, die all die verschiedenen Manifestationen durchdringt. Solange wir in unserem Denken Materie, Energie, Psyche und Geist als völlig getrennte Phänomene sehen, die nichts miteinander zu tun haben, können wir astrologisch-symbolisches Denken nicht verstehen, die von ihm behaupteten Zusammenhänge uns nicht erklären. Das ist aber nur *eine* Denkeinstellung; können wir nicht vermuten, daß Astrologie einem Denken entstammte, das diese trennenden

Grenzen noch nicht vollzogen hatte? Das käme freilich einer Revolution in unseren heutigen Denkgewohnheiten gleich; einem solchen Denken wäre es kein Problem, ein bestimmtes Prinzip auf allen Ebenen des Daseins als wirksam zu erkennen, und was unserem Denken als unerlaubte Grenzverwischung erscheint, wäre vielleicht ein Wissen, das der Wirklichkeit mehr entspräche. Wollen wir erwarten, in der Zukunft eine Verstehensmöglichkeit für astrologische Lehren zu finden, würde das ein uns Distanzieren von uns gewohnter Denkweise bedeuten, das wahrscheinlich langer Zeit bedürfte, um sich durchzusetzen.

Und noch einen Unterschied zwischen astrologischem und heutigem naturwissenschaftlichem Denken können wir feststellen: astrologisches Denken fließt mit der Zeit mit; abstrahierendes Denken versucht die Zeit auszuschalten, als Störungsfaktor zu eliminieren, weil es nach dem immer und objektiv Gültigen sucht, nach dem Absoluten. Saturn z. B. bleibt für dieses Denken immer derselbe Saturn mit den an ihm erkannten Eigenschaften, die jederzeit nachprüfbar sind (Größe, Gewicht, Dichte, Bahnelemente usf.). Für astrologisches Denken bleibt zwar das »Saturnprinzip«, seine Idee, auch konstant, aber in der lebendigen Wirklichkeit gibt es für dieses Denken Saturn immer nur im Rahmen sich verändernder Konstellationen, die »das Saturnische« ständig modifizieren, in seiner Auswirkung variieren. So stehen festgelegten physikalisch-chemisch-astronomischen Eigenschaften des Saturn in der Naturwissenschaft immer neu sich bildende Modifikationen des Saturnprinzips im astrologischen Denken gegenüber. Sucht die eine Denkweise nach dem zeitlos Gültigen im ewigen Wandel des Seins – das es aber nur im abstrakten Denken gibt –, so sucht die andere Denkweise das sich in der Zeit Wandelnde zu erfassen und seinen Sinn, sein Ziel zu verstehen.

Symbolisch-analogischem Denken werden Phänomene sinnträchtig und bedeutungsvoll, die eine nur kausale Denkweise übersieht, die sie gar nicht interessieren. Symbolisches Denken nimmt vieles gleichsam wörtlich, als eine bedeutungsvolle Aussage, was naturwissenschaftlichem Denken als zufällig oder belanglos erscheint – daher kann dieses Denken etwa mit den Träumen und ihrer Symbolik nichts anfangen. Wenn ein Kind die Figuren des Szenotest-Spielkastens so im Raum verteilt, daß es die Mutterfigur weit von sich weg, die Vaterfigur nahe zu sich selbst stellt, so ist das eine psychische Aussage über sein Elternverhältnis und kein »Zufall«, keine Belanglosigkeit. Wenn ein Träumer im Traum an einem Tisch einer Person gegenübersitzt, ist das keine beliebige Konstellation, sondern sie symbolisiert eine »Auseinandersetzung« des Träumers mit jener Person, die außerdem noch ein Teil von ihm selbst sein kann, den diese Person für ihn repräsentiert. Wenn der Winkel zwischen der Herz- und der Körperachse der gleiche Winkel von $23° 27'$ ist, der auch zwischen der Ekliptik und dem Äquator besteht, so ist das symbolischem Denken der Ausdruck makroskopischer Spiegelung im Mikrokosmischen, kein Zufall und keine Belanglosigkeit.

So erschließt uns astrologisch-symbolisches Denken ein Weltbild, in welchem Zahlen, Zeiten, Räume, Rhythmen und Aspekte unseres Sonnensystems plötzlich lebendig und sinnvoll werden, ein organisches Gefüge vor unserem Auge entstehen lassen, das voll wechselseitiger Bezogenheiten der Teile aufeinander und auf das Ganze ist. Vereinseitigen wir das symbolische Denken, können wir uns im Beziehungswahn verlieren; vereinseitigen wir das kausalmechanistische Denken, geraten wir in die Gefahr der Simplifizierung und Sinnblindheit; beide Denkweisen müssen sich ergänzen, dürfen sich nicht ausschließen.

IV
Einwände gegen die Astrologie

> Die Entartung des Mythos war seine Um-
> gestaltung in eine Doktrin, das heißt in ein
> Gebilde, das eines Beweises bedurfte und
> einen Beweis suchte. Leszek Kolakowski

Die Einwände, die am häufigsten gegen die Astrologie vorgebracht
werden, lassen sich in wissenschaftliche und weltanschauliche eintei-
len. Einwände von seiten der Naturwissenschaft kranken in der Regel
daran, daß sie an die Astrologie ausschließlich quantitative Maßstäbe
anlegen und von kausalmechanistischem Denken ausgehen. Qualita-
tiv Symbolhaltiges läßt sich aber nicht mit quantitativen Maßstäben
messen, und eine Kritik wird sinnlos, wenn sie an das Kritisierte mit
falschen Voraussetzungen herangeht. So können wir Ernst Jünger zu-
stimmen, wenn er sagt: »Der Kampf des Gelehrten gegen die Astrologie hat etwas vom Angriff gegen die Windmühlen. Er hält die
Astrologie für eines der Gebäude, in deren Bauplan er bewandert ist.
Er mißt es an den Maßstäben der Logik und ihres Erkenntnisstils und
hält es für schlecht konstruiert. Er übersieht dabei den Unterschied, der
zwischen Begriff und Anschauung ... und besonders den, der zwischen
Wissen und Weisheit besteht.«
Astrologie ist etwas anderes als eine exakte Naturwissenschaft, welch
letztere immer nur den toten Aspekt der Natur in Formeln und Gesetzen fassen kann. Im Bereich des Lebendigen und vor allem bei so
komplexen und komplizierten Wesen, wie der Mensch eines ist, stößt
das Bemühen um eindeutig festlegende Aussagen – wie überall, wo es
sich um seelisch-geistige Belange handelt – bald auf Grenzen, deren
Nichtbeachtung zur Simplifizierung des Lebendigen führt.
Astrologie fußt zunächst auf astronomischer Grundlage – das Horoskop zeigt die Planetenkonstellationen unseres Sonnensystems in
einem bestimmten Weltaugenblick und für einen bestimmten Erdort
an. In der Deutung verfährt die Astrologie, wie es viele Natur- und
Geisteswissenschaften auch tun: sie sucht aus gehäuften Erfahrungen
Schlüsse zu ziehen, die sich allmählich zu einem empirisch erworbe-

nen Wissen verdichten, das nun in bestimmten Aussagegrenzen anwendbar ist.

Dagegen wäre nichts einzuwenden. Aber das Problem liegt bei der Astrologie in dem Schritt von der astronomischen Berechenbarkeit der Planetenkonstellationen zur Deutung eines individuellen Persönlichkeitsbildes und damit in der Übersetzung mechanischer Bewegungen physikalischer Körper in konstitutionelle, charakterliche und psychische u. a. Entsprechungen. Mit anderen Worten: das Problem liegt in der »Umsetzung« oder »Verwandlung« mechanisch-physikalischer Vorgänge in Lebensvorgänge.

Der Haupteinwand gegen die Astrologie pflegt daher zu sein: wie können die Sterne Einfluß auf das menschliche Leben haben? Wie sollen wir uns das vorstellen, und wie ist die Menschheit zu diesem Wissen gekommen? Denn die Astrologie mutet uns zu, ein Wissensgut als sinnvoll ernst zu nehmen, das mit unserem Denken nicht zu begreifen ist, von dem wir darüber hinaus nicht nachvollziehen können, wie es entstanden ist. Betrachten wir diesen »Einwand« psychologisch, so bedeutet er wohl, daß diese Zumutung unsere Denkgewohnheiten frustriert, uns bei unseren Erklärungsversuchen matt setzt. Das ist wohl ein Hintergrund der affektiven Ablehnung der Astrologie. Das hieße aber letztlich: was wir mit unseren Denkmethoden nicht erklären können, kann nur Aberglaube oder Unsinn sein, es lohnt daher nicht, sich damit zu beschäftigen.

Dabei hieße die Frage, die zu stellen wäre, ganz schlicht: ist *unsere* Wissenschaft die letzte Instanz, die darüber entscheidet, ob es etwas gibt oder nicht gibt, bzw. ist die Unerklärlichkeit bestimmter Phänomene durch unser Denken allein schon ein Beweis dafür, daß sie unsinnig sind? Anstatt also »Beweise« für die Astrologie zu suchen und Theorien aufzustellen, die nicht befriedigen, zumindest angreifbar sind, sollten wir den Mut haben, zuzugeben, daß wir aus unserem heutigen Wissen noch keine Erklärung für sie finden, *das aber für keinen ausreichenden Grund gelten lassen, sie ungeprüft abzulehnen,* weil wir das für eine unberechtigte, die Wirklichkeit simplifizierende Einstellung halten. Und wir sollten uns fragen, ob nicht vielleicht diese Art der Ablehnung mit unserer Angst zu tun hat, sichere Denkgewohnheiten aufgeben zu müssen; so verständlich diese Angst wäre, ein wirkliches Argument kann sie nicht sein.

Die Ablehnung der Astrologie von seiten der Wissenschaftler erinnert an die Ablehnung der Parapsychologie; hierfür ein Zitat, das sich auf

die Parapsychologie bezieht, aber ohne weiteres auf die Astrologie an-
gewandt werden kann; danach äußerte der Mathematiker Warren
Weaver: »Ich finde diese Angelegenheit vom Standpunkt des Verstandes so unbehaglich, daß sie fast schon peinlich wird. Und ich
möchte ... erklären, daß ich die Ergebnisse von Professor Rhine zwar
nicht widerlegen kann, daß ich aber auch seine Erklärungen nicht annehmen kann.«*

Wenn wir uns trotzdem diesem Unbehagen aussetzen, heißt das nicht,
daß wir an die Astrologie »glauben« müßten – es heißt nur, daß wir
den Versuch machen wollen, das Überlieferte »trotzdem« erst einmal
ernst zu nehmen und an eigenen Erfahrungen nachzuprüfen. Für wen
bereits dies die Grenze seiner Bereitschaft überschreitet, dem können
wir nicht helfen; aber wir dürfen von ihm fordern, daß er zugibt,
ohne Eigenerfahrungen lediglich eine persönliche »Meinung«, also
ein Vorurteil, über die Astrologie zu vertreten; eine Meinung, die sich
nicht anmaßt, ein Urteil zu sein – das ist dann zu respektieren, wenn
vielleicht auch zu bedauern.

Mit nur kausalem Denken ist Astrologie nicht zu begreifen; daß aber
die physikalische Kausalität nicht alles zu erklären vermag, hat u. a.
schon Schopenhauer sehr klar ausgedrückt (»Über die anscheinende
Absichtlichkeit im Schicksal des Einzelnen«): »Alle Ereignisse im Leben eines Menschen ständen demnach in zwei grundverschiedenen
Arten des Zusammenhangs; erstlich im objektiven, kausalen Zusam-
menhange des Naturlaufs; zweitens in einem subjektiven Zusammen-
hange, der nur in Beziehung auf das sie erlebende Individuum vorhanden und so subjektiv wie dessen eigene Träume ist...« Der objek-
tive, kausale Zusammenhang läge bei der Astrologie in den astronomischen Daten, der subjektive Zusammenhang in ihrer Beziehung auf ein
Individuum, das sie seinem Horoskop entsprechend subjektiv erlebt.

Ein anderer Einwand von wissenschaftlicher Seite pflegt zu sein, daß
die Astrologie keine exakten Aussagen ermögliche, daß sie in ihren
Deutungen zu vieldeutig sei. Das ist als Feststellung zwar richtig, zeigt
aber, daß man an sie den Maßstab einer exakten Naturwissenschaft
glaubt anlegen zu können. Mit naturwissenschaftlichen Methoden
können wir immer nur Sektoren, Teilaspekte eines lebendigen Organismus erfassen. Denken wir etwa an die Medizin – auch bei ihr
scheitern alle Bemühungen, sie zu einer exakten Naturwissenschaft zu

---

* Aus: Arthur Koestler, »Die Wurzeln des Zufalls«, Scherz-Verlag 1972.
  Koestler selbst identifiziert sich keineswegs mit diesem Zitat.

machen, an der Vielschichtigkeit und Mehrdimensionalität des Lebens sowie an der individuellen Variationsbreite der verschiedenen Menschen. Denn die Medizin ist mehr als eine exakte Naturwissenschaft; für Diagnosestellung und Therapie ist der Arzt auf Intuition, Einfühlung und Kombinationsgabe angewiesen, die den nur wissenschaftlichen Rahmen überschreiten. Das gilt ebenso für die psychodiagnostischen Methoden, und da werden uns auch keine Computer helfen, die ja lediglich eine zeitsparende, ökonomische Funktion haben, so wichtig diese sein mag. Und außerdem: indem die um Exaktheit bemühte Wissenschaft Teilaspekte aus dem ganzheitlichen Zusammenhang eines lebendigen Organismus herausnimmt und sie isoliert erforscht, setzt sie das Beobachtete künstlichen Bedingungen aus, weshalb Aussagen darüber nur begrenzte Gültigkeit haben können. Selbst von der Meteorologie, die ja gewiß eine Naturwissenschaft ist, erwarten wir keine 100%ig zutreffenden Aussagen, sondern billigen ihr einen Spielraum von angenäherter Richtigkeit zu in ihren Prognosen, weil wir um die Vielzahl rasch wechselnder Faktoren und lokaler Abweichungen wissen, die sie nicht alle erfassen kann.

Seltsamerweise wird die Schwankungsbreite möglicher zutreffender Aussagen bei der Astrologie als ein Mangel empfunden, der ihre Wissenschaftlichkeit, ja prinzipiell sie selbst in Frage stellen soll. Aber ist das ganzheitliche Erfassen eines lebendigen Individuums nicht um einiges komplizierter und anspruchsvoller als die Wetterlage? Wenn wir alle Gebiete ablehnen würden, auf denen keine eindeutigen, exakten Aussagen zu machen sind, könnten wir zumindest alle Geisteswissenschaften beerdigen. Sehen wir jenen Einwand als ein Mißverstehen der Astrologie, sind an diesem allerdings die Astrologen mitschuldig. Bemüht, die Astrologie »hoffähig« zu machen vor dem Forum herrschender Wissenschaft, haben sie oft mehr versprochen, als sie halten konnten, meinend, daß sie zu exakten Aussagen verpflichtet seien, wenn sie Anerkennung finden wollten. Oder aber, sie beachteten die Aussagegrenzen der Horoskopdeutung nicht klar genug – oder wollten sie nicht zugeben – und gaben sich den Anschein, eindeutige Aussagen machen zu können, die dann nicht zutrafen und so mit Recht das Mißtrauen der Kritiker erweckten.

Von psychologischer Seite hört man oft den Einwand, die Astrologie berücksichtige die soziale Umwelt und die Erbanlagen nicht. Das trifft indessen nicht zu: denn die Astrologie erweitert die Umwelt über die sozial-mitmenschliche hinaus ins Kosmische. Allerdings sieht sie den Menschen nicht nur als Lernwesen, das als »tabula rasa« zur Welt kommt und dann durch seine soziale Umwelt geprägt wird, wie es manche psychologische Schulen tun. Sondern sie ist der Ansicht, daß erst das Zusammenspiel von Anlage und Umwelt den Menschen erklärt. Und Anlage ist für sie nicht nur genotypische Erbanlage, sondern zusätzlich kosmisches Geprägtsein durch den Geburtsaugenblick, festgehalten im Horoskop. Die jeweilige Umwelt im weitesten Sinn – sozial, gesellschaftlich und politisch – kann die kosmischen Gegebenheiten fördern oder als ein sie überfremdender Gegenspieler auftreten. Damit ist die Verwirklichung des Horoskopes abhängig von unserer sozialen Umwelt – wie jede Idee abhängig ist von der Realität, in der sie sich verwirklichen will –, zugleich aber auch von der vitalen Realisierungskraft des jeweiligen Individuums, dem die Verwirklichung auferlegt ist. Jede Entmündigung, welcher Art auch immer, beraubt den Menschen der Möglichkeit zur Individuation, und damit auch der Verwirklichung seines Horoskopes.

Ein anderer Einwand lautet, der Astrologe projiziere sein Wissen in den Klienten hinein und fände dann bestätigt, was er schon wußte, bzw. er suggeriere diesem sein Wissen. Dazu läßt sich nur sagen, daß solche »Projektion« unvermeidlich ist; überall im diagnostischen Bereich wird der Mensch durch den Filter einer Methode und der sie anwendenden Persönlichkeit gesehen, und immer ist dabei der Diagnostiker ein Mensch mit bestimmten Einstellungen, Erfahrungen, Erwartungen, mit speziellem Wissen und Interesse. Wenn ein Arzt aufgrund bestimmter beobachteter Symptome, Anzeichen, somatischer oder psychischer Daten bei einem Patienten eine Diagnose zu stellen vermag, ist diese das Resultat von Erfahrung, Wissen, Erkenntnis, Einfühlung und intuitiver Zusammenschau der Einzelbeobachtungen. Und wenn ein Astrologe aufgrund bestimmter Konstellationen und Strukturverhältnisse eines Horoskops über den Horoskopeigner bestimmte Aussagen machen kann, sind diese ebenfalls das Resultat von Erfahrung, Wissen, Einfühlung und intuitiver Zusammenschau. Wie alle Diagnostik im Humanbereich ist auch die astrologische Diagnostik angewiesen auf Intuition und Kombinationsgabe; noch die objektivsten diagnostischen Verfahren müssen schließlich interpretiert werden – in der Interpretation überschreiten wir die Grenze reinen Kausaldenkens. Daß es gute und schlechte Ärzte bzw. Astrologen gibt, hat nichts mit der Medizin bzw. der Astrologie zu tun.

Daß sich in alle deutenden Aussagen unvermeidlich der Faktor X des Deutenden mit seiner »persönlichen Gleichung« einschleicht und daß es dadurch zu verschiedener Beurteilung des Objektes und auch zu

Fehldiagnosen kommen kann, das gilt selbst für naturwissenschaftliche Beobachtungen. »Objektiv richtige«, eindeutige Tatsachen gibt es im Bereich des Lebendigen nur begrenzt, wenn es um multikausale Phänomene geht. Bei diesen ist die persönliche Gleichung nicht nur unvermeidlich, sondern sie wird zu etwas Positivem: »Je mehr Augen, verschiedene Augen wir für dieselbe Sache einzusetzen wissen, um so vollständiger wird unser ›Begriff‹ dieser Sache, unsere Objektivität sein«, sagt Nietzsche. In diesem Sinne ist das Horoskop ein weiteres »Auge«, mit dem wir einen Menschen zusätzlich betrachten können. Im Talmud heißt es einmal (nach Erich Fromm), daß Träume, die nicht gedeutet werden, wie Briefe sind, die nicht geöffnet werden. Analog dazu können wir sagen, daß Horoskope, die nicht gedeutet werden, wie eine Botschaft sind, die wir nicht annehmen. Sowenig wir an Träume zu »glauben« brauchen, um einen Zugang zu ihnen zu finden, so wenig müssen wir an die Astrologie glauben; wir brauchen nur beide ernst zu nehmen und dann unsere Erfahrungen mit ihnen zu machen.

Und schließlich sei noch ein Einwand erwähnt: warum die Astrologie den Geburtsaugenblick zur Berechnung des Horoskopes nimmt, nicht die Zeugung. Abgesehen davon, daß der Augenblick der Zeugung nicht genau auszumachen ist, stehen nach alter Überlieferung Empfängnis- und Geburtsaugenblick in bestimmter Beziehung, vor allem durch die Mondpositionen. Aber schließlich ist die Abnabelung, durch die das Kind auf seinen eigenen, von der Mutter unabhängigen Kreislauf und seine Atmung gestellt wird, der erste entscheidende Schritt zu seiner Individuation, der zudem zeitlich genau erfaßt werden kann; und die Erfahrung zeigt, daß das auf diesen Moment erstellte Horoskop sich praktisch bewährt. Wir werden über diese Zusammenhänge wahrscheinlich mehr erfahren, wenn wir ein Horoskop nicht nur als Einzelhoroskop betrachten, sondern im Rahmen der Horoskope ganzer Familiengefüge.

Noch ein Wort zu den »horoskopischen Zwillingen« – zu den nicht blutsverwandten Menschen, die in einem Jahre am selben Tag, zur selben Stunde am gleichen Ort geboren wurden. Die Gewichtigkeit des Genotypus, der Familien- und Rassezugehörigkeit gegenüber dem »Kosmotypus«, also der horoskopischen Prägung, hängt von vielerlei Faktoren ab, die heute noch nicht genug erforscht sind – große Geburtskliniken könnten das hierfür erforderliche Datenmaterial vermitteln. Es gibt Fälle von »kosmischen Zwillingen«, bei denen der Kosmotypus durch vielerlei Gemeinsamkeiten – konstitutionelle und temperamentsmäßige Ähnlichkeiten – den Familientypus weitgehend überdeckt. Manchem von uns ist vielleicht schon ein solcher kosmischer Zwilling als »Doppelgänger« begegnet, mit dem er verwechselt wurde. Andererseits kann – vor allem bei zweieiigen Zwillingen – zwischen der Geburt der Zwillinge eine größere zeitliche Distanz liegen und deutliche Unterschiede in der Horoskopstruktur und damit auch die vorgefundenen Verschiedenheiten der Zwillinge erkennen lassen. Die bisher vorliegenden Erfahrungen bedürfen jedenfalls noch der Erweiterung, um genauere Aussagen zu ermöglichen, welchen Stellenwert jeweils der »Kosmotypus« (Th. Ring) gegenüber den Erbanlagen einnimmt bzw. wann er an Bedeutung gewinnt, wann er von familiären und/oder rassischen Gegebenheiten überlagert wird. Mit Thomas Ring bin ich der Ansicht, daß die Individuationsstufe des einzelnen dabei eine entscheidende Rolle spielt, auch die Individuationsstufe seiner Familie und Rasse – große wie kleine Kollektive erlauben ihren Mitgliedern verschiedene Ausmaße der Individuation.

Kommen wir zu den ethisch-weltanschaulichen Einwänden gegen die Astrologie. Da steht an erster Stelle der Fatalismus, den zu begünstigen man der Astrologie vorwirft. Fatalistische Schicksalsgläubigkeit, die Überzeugung von der absoluten Determiniertheit oder von der manipulierbaren Vorausberechenbarkeit des Lebens sind aber individuelle Einstellungen oder weltanschauliche Überzeugungen, die man natürlich auch in die Astrologie hineintragen kann. Die verbreitete Vorstellung, die Astrologie lege den Menschen in ihren Aussagen fatalistisch fest, hindert verständlicherweise viele, sich ein Horoskop stellen oder sich astrologisch beraten zu lassen. Der anmaßende Anspruch mancher Astrologen und die Überschätzung der Aussagemöglichkeiten in der praktischen Horoskopdeutung haben viel dazu beigetragen, daß manche mit Astrologie nichts zu tun haben wollen: sie fürchten, durch eine Horoskopdeutung festgelegt zu werden – »das sagt mein Horoskop, und so bin ich also« – in einem Ausmaß, das sie, aus mangelnder Sachkenntnis, nicht überblicken können. Leider benutzen manche Astrologen diese Unsicherheit und spielen sich als Schicksalsverkünder auf.

Indessen hat sich die ernsthafte Astrologie schon immer bemüht, kosmische Zusammenhänge, die sich sonst unserer Erfahrung entziehen, aufzuzeigen: durch die Erforschung der Stellung des Menschen im Kosmos will sie, im Gegensatz zur üblichen Meinung, ihm eine größere Freiheit ermöglichen, indem sie ihm unbewußte Abhängigkeiten bewußtmacht, die gerade durch ihr Nicht-bewußt-Sein uns abhängig machen – wie es in den Sprüchen Salomos einmal heißt: »Der Kluge sieht das Unheil und verbirgt sich; die Unverständigen gehen hindurch und werden beschädigt.« Wenn ein Mensch etwa in seinem Horoskop eine Unfallbereitschaft hat – so etwas läßt sich erkennen –, sei es aus einer Neigung zu Waghalsigkeit, aus Schusseligkeit, Zerstreutheit oder aus ihm nicht bewußten Selbstschädigungstendenzen usf., und wenn sich erkennen läßt, wann sich diese Konstellation bei ihm wiederholt, wird jeder Vernünftige für den Hinweis dankbar und an solchen kritischen Tagen vorsichtiger sein.

Aber, wer vermag überhaupt Verbindliches über Determinismus und Willensfreiheit auszusagen? Befragen wir die Philosophen, Theologen oder die Wissenschaftler – wir bekommen die widersprechendsten Antworten, die abhängig sind vom Interessengebiet und von den subjektiven Überzeugungen des Befragten, zugleich von seiner Biographie und den in ihr gemachten Erfahrungen, und nicht zuletzt vom jeweiligen Zeitgeist. So beruht etwa unsere Strafjustiz auf der Annahme des freien Willens und sieht den Verbrecher als voll verantwortlich für seine Tat, es sei denn, daß man ihm die Zurechnungsfähigkeit absprechen muß. Heute sind wir vorsichtiger geworden; wir beziehen die Vorgeschichte und die Motivation solcher Menschen mit ein in ihre Beurteilung, verstehen ihr Verhalten im Zusammenhang mit Schädigungen in ihrer Kindheitsentwicklung oder in ihrer sozialen Umwelt, als Folge falscher Lernprozesse, falscher »Programmierung«. So gibt es für diese Fragen nur sich wandelnde Meinungen oder persönliche Weltanschauungen, keine sicheren Antworten. Und so ist auch das Umgehen mit der Astrologie abhängig von subjektiven Einstellungen und Erwartungen, vom Zeitgeist, von der Art, wie sie dargestellt wird. – *Astrologie nimmt das Gesicht dessen an, der sie anblickt.* Das besagt, daß sie sehr verschieden erlebt, betrachtet und ausgeübt werden kann.

Astrologie kann und will nichts über das quantitative Ausmaß der Willensfreiheit aussagen, aber sie kann uns Hilfen geben, in den uns möglichen Grenzen größere Freiheit zu erlangen. Hier berührt sie sich mit der Psychoanalyse und Psychotherapie, soweit diese es auch als Ziel haben, durch Bewußtmachung unbewußter Abhängigkeiten aus der Vergangenheit sich von deren Sog freier zu machen, eingefahrene Verhaltensweisen zu korrigieren und so neue Erfahrungen mit sich und der Welt zu ermöglichen. Die Vorstellung absoluter Determiniertheit nimmt uns etwas spezifisch Menschliches: die Möglichkeit der Wahl und der Entscheidung sowie die Verantwortung für uns selbst.

Und wenn wir glauben, daß das Menschenleben wesentlich auch den Sinn hat, uns zu einer höheren Bewußtseinsstufe zu führen, kann uns die Astrologie eine vertiefte Selbsteinsicht vermitteln im Erkennen uns nicht bewußter Prägungen und damit gegebener Wiederholungszwänge. Im Erkennen einer Abhängigkeit liegt ja der erste Schritt zu ihrer möglichen Überwindung; die Fähigkeit zu solchem Erkennen wächst uns aber erst allmählich zu – sollten wir da nicht für jede Hilfe dankbar sein, die diese Fähigkeit unterstützt?

Das führt uns zu dem Zusammenhang zwischen Charakter und Schicksal; die Beziehung unseres Wesens und Verhaltens zu äußeren Geschehnissen, gerade dieser sonst kaum faßbare Zusammenhang kann uns durch das Horoskop klarer werden: Wenn unser Charakter und unser Verhalten bestimmte Folgen nach sich ziehen, die wir mit W. v. Scholz die »Anziehungskraft des Bezüglichen« nennen können, so liegt darin die Möglichkeit, durch Veränderung unseres Wesens und Verhaltens anderes »anzuziehen« und damit auch unser äußeres Schicksal zu ändern. Auch O. Adler spricht davon, daß »in dem Momente, da der Mensch beginnt, sich seiner Bestimmung bewußt zu werden und sein Horoskop zu verstehen, seine wunden Punkte kennenzulernen und daran geht, sie zu korrigieren, das äußere Schicksal sich ebenfalls verändert«.

Wieder haben hierbei die Astrologen selbst die Astrologie in Mißkredit gebracht durch fatalistisch festlegende Aussagen. Wenn jemand etwa einen kritischen Aspekt zwischen Saturn und Venus hat, so ist das etwas Schicksalhaftes in dem Sinne, daß er als Kind frühe Enttäuschungen, erotische Tabus und traurige Erlebnisse im Gefühlsbereich gehabt hat, die ihn zur Resignation und zu Verhaltensweisen neigen lassen, durch die er solche Enttäuschungen wieder konstelliert, sie »anzieht«, entweder durch eine »falsche« Partnerwahl oder durch zu frühe Resignation bei Konflikten, oder durch seine Zurückhaltung und Angst, selbst tiefer zu lieben; werden ihm diese Zusammenhänge klar und vermag er sein Verhalten zu ändern, ändert er auch seine partnerschaftliche Beziehung. Jener Aspekt ist aber nicht schicksalhaft in dem Sinne – wie ihn viele Astrologen leider noch immer interpretieren und damit den Klienten auf ein Schicksal festlegen, das ihn zugleich auch aller eigenen Bemühungen enthebt –, daß es dem Betreffenden eben bestimmt sei, »kein Glück in der Liebe zu haben«.

Das führt uns gleich zu einem weiteren Bedenken gegenüber der Astrologie: Gegensätzlich zu jener Angst vor dem Festgelegt-Werden stammt es aus dem Bedürfnis vieler nach eindeutigen Ratschlägen und sicheren Verhaltensregeln; sie fühlen sich durch den Spielraum horoskopischer Aussagemöglichkeiten verunsichert und lehnen sie deshalb ab. Aber das ist eine völlige Verkennung des Sinnes der Horoskopie, denn sie bemüht sich um Sinndeutung und Sinnfindung; Sinnhaftes läßt sich aber nicht eindeutig »messen«, nur erleben und erfahren. So sagt dieses Bedenken mehr über den aus, der es hat, als über die Astrologie selbst.

Wir wollen auch nicht unterschätzen, daß ein gewichtiges Motiv für die Ablehnung der Astrologie die Trägheit und ein Mangel an Zivilcourage ist. Vielen ist es zu unbequem, einmal aus den erlernten Denkgewohnheiten herauszutreten und für eine Sache soviel Zeit und Mühe aufzuwenden, die von der akademischen Diktatur verketzert wird; viele wagen es noch nicht, sich zur Astrologie zu bekennen, auch wenn sie eigene positive Erfahrungen mit ihr gemacht haben, aus Angst, für »unseriös« gehalten zu werden. Autoritätsgläubig oder autoritätsabhängig, können viele es sich auch nicht leisten, und kaum einmal bekommt jemand im Rahmen seiner Ausbildung die Möglichkeit, sich mit diesem Stiefkind der Wissenschaft zu befassen.

Das scheint sich indessen allmählich zu ändern; die Jugend ist nicht so bereit, autoritäre »Urteile« ungeprüft zu übernehmen. Das kann zu einer Renaissance der Astrologie führen, für die mancherlei Anzeichen sprechen. In Deutschland wurde sie durch das Dritte Reich zusätzlich verzögert, das die Astrologie mit Recht als eine Gefahr für sich ansah, weil den damaligen Machthabern die von der Astrologie vertretene Würde des Individuums – wie es in jeder Diktatur der Fall ist – höchst unbequem sein mußte.

»Last but not least« gibt es inzwischen eine beachtlich gewordene fundierte Literatur über Astrologie, die nicht einfach mehr übersehen und totgeschwiegen werden kann. Ungewollt wird wahrscheinlich auch die Weltraum- und Strahlenforschung in Zukunft manche Entsprechungen zwischen Makro- und Mikrokosmos entdecken, die wir bisher nicht kannten und die unser Weltbild verändern, den Menschen in seiner kosmischen Bedingtheit erkennen lassen werden.

Und schließlich sei noch die Banalisierung der Astrologie durch die sogenannten Wochen»horoskope« erwähnt, die viele abstoßen. Das »Geschäft mit den Sternen« ist zwar ein lukratives, doch was die Zeitschriften da veröffentlichen, hat mit Horoskopie nichts zu tun. Diese sogenannten Wochenhoroskope beziehen sich nur auf den Sonnenstand, und die Aussagen sprechen mehr oder minder geschickt Wünsche und Erwartungen der Leser an, oder sie geben verwaschene

Warnungen. Sie verzerren Astrologie zu einer billigen Jahrmarktsware – aber, was läßt sich nicht mißbrauchen und zu Geld machen! Aber die Banalisierung der Astrologie reicht noch weiter. Die alte Astrologie war eine Geheimwissenschaft, und die Berechnung des Horoskopes setzte erhebliche astronomische und mathematische Kenntnisse voraus. Heute ist das Berechnen des Horoskopes für jeden leicht zu erlernen: gedruckte Ephemeriden – die die täglichen Gestirnstände aller Planeten für o oder 12 Uhr mittags in Greenwich-Zeit enthalten – sowie Feldertabellen für alle in Frage kommenden Breitengrade und andere Hilfsmittel ersparen praktisch alles eigene Rechnen; Lehrbücher enthalten Deutungsrezepte für die Aspekte der Planeten, ihre Stellungen in den verschiedenen Tierkreiszeichen und Feldern. Das hat viele dazu verführt, sich ein astrologisches Halbwissen zu erwerben; sie meinen, daß die Kenntnis der Bedeutung und Charakteristik der Tierkreiszeichen und Planeten und einiger schablonenmäßiger Aspektdeutungen usf. genüge, um ein Horoskop deuten zu können. Es ist, als hätte man ein Traumlexikon gelesen, in dem steht, was etwa ein Baum, ein Haus oder ein Tier usf. »bedeute«, und nun meint, damit Träume deuten zu können. Solche Laienastrologen ohne psychologische oder andere Vorbildung haben viel zur Ablehnung der Astrologie beigetragen; sie pflegen ihre »Kenntnisse« oft ungefragt anzubringen, wo sie Gelegenheit dafür finden – und sie finden immer eine Gelegenheit. Dabei gibt es unter ihnen manchmal »Naturtalente« mit angeborener Intuition, aber die Mehrzahl von ihnen ist zweifellos unerfreulich. Indessen – wer auf sie hereinfällt, hat sich das selbst zuzuschreiben; Quacksalber gibt es auch auf anderen Gebieten. Aus dem bisher Gesagten wird wohl deutlich, daß viele Einwände gegen die Astrologie aus Unwissenheit stammen. Es ist eine Grunderfahrung der Psychologie, daß wir Wissenslücken mit Vermutungen und Projektionen ausfüllen. Da man im allgemeinen zu wenig darüber weiß, was Astrologie ist und kann, da zugleich die herrschende Wissenschaft unzulängliche oder tendenziöse Vorstellungen von ihr hat und schon die ernsthafte Beschäftigung mit Astrologie als ein »Symptom« betrachtet, sind sich die meisten unsicher darüber, was sie wirklich zu leisten vermag. Daher werden auf sie über- oder unterwertige Erwartungen projiziert, unbestimmte Ängste, magische Hoffnungen und Wunschvorstellungen. Was hier not täte, wäre eine klare Informierung des Publikums über Möglichkeiten und Reichweite astrologischer Aussagen.
Wir müssen daher die Astrologie von *den* Astrologen abheben, die

nicht mit der hier unabdingbaren Verantwortlichkeit, dem Wissen um die Aussagegrenzen und dem ebenso unerläßlichen Respekt vor dem Einzelschicksal vorgehen. Der Einwand, daß die astrologische Deutung den Beratenen manipuliere und zum unbewußten Vollzugszwang der erhaltenen Aussagen verleite, den der Berater dann als »Treffer« buche, ist lediglich manchen Astrologen und manchen ihrer Klienten gegenüber berechtigt – wir dürfen aber nicht eine gute Sache mit den sie schlecht Vertretenden verwechseln. So werden sich auch die Astrologen wandeln müssen, wollen sie künftigen Ansprüchen genügen. Sie müssen sich bewußtmachen, daß exakte Deutungen und Prognosen – wenn überhaupt –, astronomisch gesehen, nur möglich wären, wenn in unserem Sonnensystem sich gleichförmig wiederholende Bewegungen vollzögen. Dazu müßten die Bahnen der Planeten aber reine Kreisbahnen sein, um einen stillstehenden Mittelpunkt. Wir müssen aber die scheinbare Widersprüchlichkeit akzeptieren, die in der exakt vorausberechenbaren jeweiligen Planetenkonstellation, und der *nicht* – oder doch nur sehr begrenzt – voraussagbaren *Auswirkung* der dabei stets veränderten, und insofern einmaligen, neuen Gesamtkonstellation liegt. Dank der Verläßlichkeit der Bahngesetze der Planeten unseres Sonnensystems sind wir in der Lage, die Positionen aller Planeten für jeden beliebigen Zeitpunkt voraus- oder zurückzuberechnen, mit einer Zuverlässigkeit, die nur durch unvorhersehbare Katastrophen oder durch das Hinzutreten neuer Weltraumkörper in unser Sonnensystem gestört werden könnte. Diese raumzeitliche astronomische Vorausberechenbarkeit bezieht sich jedoch auf ein immer neues, sich veränderndes Gesamtgefüge, das sich nie wörtlich wiederholt, so daß kein Weltaugenblick einem vergangenen oder zukünftigen gleicht, weil immer »alles fließt«.

Lassen wir die Großartigkeit dieses Geschehens in uns nachwirken; es bedeutet, daß wir vor dem Phänomen vorausberechenbarer Gesetzmäßigkeiten stehen, die doch zugleich ein immer Neues entstehen lassen, das in seiner Gesamtauswirkung sich dem rationalen Zugriff entzieht. Gehen wir zu weit, wenn wir vermuten, daß allein schon damit die Vorstellung absoluter Determiniertheit hinfällig geworden ist?

V
Psychoanalyse und Astrologie*

> Die moderne Astrologie nähert sich mehr und
> mehr der Psychologie und klopft bereits ver-
> nehmlich an die Tore der Universitäten.
>
> Carl Gustav Jung

Lassen Sie mich mein Referat mit einem Ausspruch von Gotthold
Ephraim Lessing beginnen: »Wer über gewisse Dinge den Verstand
nicht verliert, hat keinen zu verlieren.« Nun, die Astrologie ist eines
dieser »gewissen Dinge«, denn mit unserem Verstand allein können
wir sie nicht erklären. Sie paßt daher nicht in unser heutiges Weltbild: dem vorherrschenden kausal-mechanistischen Wissenschaftsden-
ken gilt sie als unwissenschaftlich. Aber zu unserem Erstaunen – für
manche sogar zu ihrem Unbehagen – erleben wir bei gründlicher
Beschäftigung mit ihr, daß ihre überlieferten Lehren sich doch immer
wieder bestätigen.

Die Ablehnung der Astrologie von seiten der Wissenschaft, die sie zum
Aberglauben stempelt, hat dazu geführt, daß sie vorwiegend von
»Außenseitern« betrieben wird. Das wieder hatte die Folge, daß man
bei ernsthafter Beschäftigung mit ihr damit rechnen muß, an Ver-
trauenswürdigkeit zu verlieren – als Therapeut bei Patienten und
Kollegen. Bei Kollegen gilt das allerdings vorwiegend von Psychoanalytikern aus der Schule von Freud; Therapeuten Jungscher Richtung
sind für die Verbindung von Astrologie und Psychotherapie aufge-
schlossener.

Menschliches Wissen und Erkennen hat zwei Quellen: die Erfahrung
und das Offenbarwerden von Erkenntnissen und Zusammenhängen
durch intuitiv-unmittelbares Erfassen. Die Grundlage der Erfahrungswissenschaft ist das Kausaldenken, das Erforschen des Verhältnisses
von Ursache und Wirkung, mit Hilfe des Experiments und der Statistik. Sie versucht, durch gehäufte Beobachtung von Einzelphänomenen

* Erstfassung als Referat gehalten anläßlich des IV. Internationalen Forums
für Psychoanalyse in New York, 1972

zu allgemeingültigen Gesetzen zu gelangen, wobei die Kenntnis der Anfangsbedingungen eines Phänomens sichere Voraussagen über seine Zukunft ermöglichen soll. Diesem Denken verdanken wir die enormen Erfolge der Naturwissenschaften.

Die Grundlage der Offenbarungswissenschaft ist das teleologische oder finale Denken, welches das Einzelphänomen und seinen Sinn aus dem ganzheitlichen Zusammenhang seiner Idee, seines Gestaltplanes, zu verstehen sucht. Einstein sagt: »Das Tiefste, das wir erfahren können, sind die Offenbarungen der Mystik. Es ist das fundamentale Gefühl, das an der Wiege aller wahren Kunst und Wissenschaft steht. Wer es nicht kennt, kann sich nicht mehr wundern, er erlebt das tiefe Erstaunen nicht mehr, er ist so gut wie tot, wie eine erloschene Kerze.«

Aus solchem Offenbarungserleben stammt wohl das überlieferte Wissensgut der Astrologie. Sie ist die Lehre vom kosmischen Zusammenhang aller Dinge und Ereignisse auf der Erde, von einer durchgehenden Entsprechung zwischen Kosmos und Mensch. Astrologische Weltsicht kennt noch ein geistiges Prinzip, das in allen Erscheinungen und Gesetzen der Natur und des Lebens sich manifestiert und das wir, durch unsere unbewußte Teilhabe daran, intuitiv erkennen können. So stellt die Astrologie den Menschen in größere als nur mitmenschliche Zusammenhänge; der Mensch ist für sie ein Teil des Weltganzen und er unterliegt als solcher dessen Gesetzmäßigkeiten.

Als Psychoanalytikern liegt uns astrologisches Denken gar nicht so fern: Das Grundkonzept der Astrologie wie der Psychoanalyse ist die Vorstellung sehr früher Prägungen, die unbewußt sind (oder geworden sind) und sich schicksalhaft auswirken. Die Psychoanalyse geht dabei von der frühen menschlichen, die Astrologie von der noch früheren kosmischen Umweltprägung aus. Beide meinen, daß die Persönlichkeitsentwicklung auf diesem Fundament früher Prägungen aufbaut. Und beide haben ein verwandtes Ziel, nämlich das Bewußtmachen unbewußter (oder unbewußt gewordener) Frühprägungen für die gesunde Wesensentfaltung: im erkennenden Verstehen unserer Anlagen und unseres Geworden-Seins liegt die Chance des Aufarbeitens von Vergangenheit und damit ermöglichter größerer Freiheit. Wenn Freuds Satz: »Wo Es war, soll Ich werden« für unser therapeutisches Bemühen als gültig angesehen werden kann, brauchen wir »nur« dieses »Es« auszuweiten, um jenen Satz gleichermaßen für die Astrologie anwenden zu können: auch in der praktisch-beratenden Astrologie geht es um das Bewußtmachen von Unbewußtem, wenn auch in einer anderen Dimension.

Wir müßten also »nur« annehmen, daß es neben dem persönlichen und dem kollektiven Unbewußten eine noch tiefere Seelenschicht gibt, die wir das »kosmische Unbewußte« nennen können. Wenn das persönliche Unbewußte den Niederschlag der frühen individuellen Umwelterfahrungen, das kollektive Unbewußte die zur Gattung Mensch gehörenden Anlagen und Instinkte enthält, so wäre das kosmische Unbewußte die Spiegelung unserer Teilhabe an kosmischen Ordnungen, Rhythmen und Gesetzmäßigkeiten und enthielte unsere Prägung durch sie, ablesbar am Horoskop. Die Schwierigkeit für uns ist heute nur, daß wir dabei außerirdische Prinzipien einbeziehen müssen, die wir sonst lediglich als astronomische und physikalische Fakten kennen und denen wir keinen so weitgehenden Einfluß auf unser Dasein zusprechen, wie es die Astrologie lehrt.

Es ist hier nicht meine Aufgabe zu zeigen, wieweit moderne Forschung bereits astrologische Lehren bestätigt – ich verweise etwa auf den im »Time Magazine« vom Januar 1972 veröffentlichten Report der Atomforscher in Albuquerque, in dem u. a. festgestellt wird, daß eine erhöhte Unfallbereitschaft für uns besteht, wenn der Mond sich in der gleichen Stellung – oder in der Opposition dazu – wie bei unserer Geburt befindet. Ich will dieses Referat nur auf die Frage konzentrieren, welche Hilfe die Astrologie uns für unsere therapeutische Arbeit geben kann, und bitte Sie, sich für eine halbe Stunde unvoreingenommen astrologischem Denken zu öffnen.

Die Grundelemente des Horoskopes, das die Fixierung der Planetenkonstellationen in einem bestimmten Zeitaugenblick und für einen bestimmten Erdort darstellt, sind: der Tierkreis, die Planeten mit ihren Aspekten und die Felder des Horoskopes. Jedes individuelle Horoskop enthält alle diese Elemente, nur in immer anderer Akzentuierung und »Mischung«. Damit hat jeder Mensch am gesamten Kosmos sowie am Gesamtmenschlichen teil, von dem er aber jeweils nur ein individueller, mikrokosmischer Ausschnitt ist.

Beginnen wir mit dem Tierkreis. Mit seinen zwölf Zeichen wird er als statisch-unveränderlich gedacht. In ihm liegen zwölf Urbilder oder Ideen; psychologisch gesprochen, enthalten diese auf der menschlichen Ebene zwölf verschiedene Arten des In-der-Welt-Seins, mit einem bestimmten Aufforderungscharakter. Wir könnten in unserer Sprache von zwölf archetypischen Wesensbildern sprechen, von denen jeweils bestimmte in uns als Zielvorstellungen oder Leitbild angelegt sind.

Die Prägung durch ein solches Zeichen läßt uns aus der Totalität der Wirklichkeit bestimmte Ausschnitte besonders scharf, andere weniger scharf und manche gar nicht wahrnehmen – als ob wir Brillen trügen, die jeweils selektiv nur für bestimmte Färbungen der Wirklichkeit durchlässig wären. So vermitteln uns die Zeichen bestimmte Neigungen, Erlebnisbereitschaften und Interessenrichtungen, denen wir unbewußt unterliegen.

Was kann das für unsere therapeutische Arbeit bedeuten? Jeder von uns hat in seiner Tätigkeit wohl immer wieder die Lücke empfunden, daß er die, wie ich sie nennen möchte, »primäre Natur« seiner Patienten nicht kennt. Der Patient kommt ja immer bereits überfremdet oder verformt durch seine Umwelt in die Behandlung. Es ist für uns daher sehr schwer, uns eine Vorstellung davon zu machen, wie er ursprünglich angelegt, nach welchem »Gesetz er angetreten« ist. Ist etwa ein stiller Introvertierter nur aggressiv gehemmt, narzißtisch regrediert, oder ist er so angelegt? Ist die Demut eines anderen eine Reaktionsbildung oder echt, der Führungsanspruch eines dritten hysterischer Geltungsdrang, hat er hypomanische Allmachtsvorstellungen, oder ist das sein Schicksal? Hat eine Frau mit einem kühnen Lebensentwurf phallische Tendenzen, ist sie animusbesessen, von Penisneid erfüllt, oder sehen nur wir sie so, und ist diese Anlage vielleicht ihr Kairos?

Wer wagte es, solche Fragen nur aus der Biographie eines Menschen zu beantworten, und wer ist so frei von eigenen Wertmaßstäben oder von theoretischen Konzepten, daß er für das auferlegte Schicksal eines anderen wirklich offen ist? Nach Auffassung der Astrologie zeigt nun das Horoskop in seinen Symbolen diese »primäre Natur« an; und zwar in einer Differenziertheit, wie sie keine von Menschen geschaffene Methode oder Typologie erreicht.

Das hieße also, daß wir im Horoskop eines Menschen seine Grundstruktur oder seinen ursprünglichen Bauplan vor uns haben – und das vom Augenblick seiner Geburt an. Ist das für Eltern und Erzieher von unschätzbarem Wert, so ist die Kenntnis des schicksalhaften Bauplanes eines Menschen auch für unsere therapeutische Arbeit von größter Bedeutung. Wir können dadurch einen neuen Respekt vor dem Einzelschicksal bekommen und lernen, in unseren Patienten nicht nur die »Neurotiker« zu sehen, wenn sie in irgendeiner Weise von einem als »normal« Geltenden oder als gesund Angenommenen abweichen oder nicht in die Forderungen der Zeit oder einer Gesellschaft passen, die sie vielleicht erst in die Neurose trieben.

46

Die Kenntnis dieser zwölf »Seelenlandschaften«, die uns die Tierkreiszeichen vermitteln, ist besonders für die Übertragungs- und Gegenübertragungsvorgänge wichtig. Wir alle machen ja die Erfahrung,
daß wir manche Patienten leichter, andere schwerer verstehen können,
daß uns manche Menschen mehr, andere weniger »liegen«. Von unserer Fähigkeit, uns in den jeweiligen Patienten einzufühlen, hängt
aber letztlich das Ergebnis der Therapie ab. Selbst Ärzte wissen, daß sie
bei ihnen sympathischen Patienten bessere Einfälle bezüglich der Diagnosestellung und Medikation haben als bei ihnen unsympathischen.
Wieviel mehr gilt das auf unserem Arbeitsgebiet, bei der langen und
differenzierten Zusammenarbeit, bei der es so entscheidend auf das
verstehende sich Einfühlen in den gesamten Erlebnisbereich eines anderen ankommt.

Bedenklicher als die »Gegenübertragung« ist es, wenn wir einen Patienten nicht verstehen, wenn wir uns in seine Erlebnisweise, in seine
»Seelenlandschaft« nicht oder nicht ausreichend einfühlen, sein In-der-
Welt-Sein nicht nachvollziehen können. Dann sind wir in der Ge-
fahr, ihn nach unserer eigenen Erlebnisweise oder nach einem theoretischen Schema zu beurteilen, und können ihn so gerade in Wesent-
lichem mißverstehen und damit evtl. schädigen. Verschiedenheiten des
Erlebens bemerken wir meist gar nicht, weil wir naiv unsere eigene
Erlebnisweise auch beim Patienten voraussetzen, ohne uns dessen
bewußt zu sein. Aber wie unterschiedlich erleben wir die Welt im
Großen wie im Kleinen – »wat dem eenen sin Uhl, is dem annern sin
Nachtigall«, sagt das Sprichwort. Dem einen bedeutet etwa Liebe
lustvolle Befriedigung seiner Triebwünsche, dem anderen höchste Da-
seinssteigerung, dem dritten das Erlebnis der Transzendenz, einem
vierten die Gefahr der Abhängigkeit; der eine sieht im Schicksal den
Ablauf festgelegter, kausal determinierter Anfangsbedingungen, der
andere einen sinnlosen Zufall, der dritte glaubt an eine sinnvolle Fü-
gung und eine ihm von der Vorsehung auferlegte Aufgabe, einem
vierten ist es etwas zu Überwindendes usf. Wir wissen im allgemeinen
gar nicht, wie viele eigene, uns als selbstverständlich erscheinende
Wertungen und Anschauungen wir naiv als allgemeingültig annehmen, noch ganz abgesehen von uns bewußten Unterschieden klassen-
oder schichtspezifischer, ideologischer oder rassischer Verschiedenheiten. Die Triebbefangenheit der Psychoanalyse hat hier lange vieles
zu sehr vereinfacht. Wer weiß wirklich etwas um das Lebensgefühl
eines anderen, das dessen gesamte Weltbefindlichkeit färbt, das ihn
dieselbe »Realität« und Erfahrungen ganz verschieden von uns emp-

finden und verarbeiten läßt? Mit unseren psychoanalytischen Konzepten allein bleiben wir dafür zu sehr im Typischen stecken. Hier kann nun das Verständnis des eigenen und des Horoskopes des Patienten, sowie der Vergleich beider Horoskope, eine große Hilfe sein. Die von der Astrologie uns vermittelten zwölf verschiedenen Weisen des In-der-Welt-Seins geben uns in ihren grundsätzlichen Beschreibungen die Möglichkeit, uns auch in uns ferner liegende Erlebnisweisen verstehend einzufühlen. Aber noch mehr: diese Beschreibungen schildern bei jedem Zeichen auch die höhere und niedere Form, in der es gelebt werden kann, ferner bestimmte zeichenspezifische Verhaltensweisen, die, durch ihre Summierung über lange Zeiten, sich zu Schicksal zusammenballen. Darin liegt eine Möglichkeit der Wahl, der Sinngebung, Selbstverantwortung und Entscheidung jenseits von Ideologien und Theorien – gerade hierin wird die Astrologie am meisten mißverstanden, nämlich als fatalistisch festlegend vermutet – und in diesem Sinne allerdings auch mißbraucht von Vulgärastrologen. Das Horoskop zeigt aber lediglich Chancen und Gefahren unserer primären Anlage, die, richtig verstanden, zu einer Aufgabe wird, die nur der betreffende Mensch lösen kann.

Mit jedem Zeichen sind zugleich bestimmte Ängste und spezifische Sensibilitäten gegeben, gegen die man sich zu schützen sucht; diese Schutzhaltungen können wir als zeichentypische Abwehrmechanismen verstehen. Die Kenntnis solcher anlagemäßigen Sensibilitäten ist für Übertragung und Gegenübertragung besonders wichtig – man weiß dann u. a. besser über bestimmte Toleranzgrenzen des Patienten Bescheid, die man respektieren muß. Soviel zu den Tierkreiszeichen.

Wenden wir uns nun den Planeten zu. Sie verkörpern das dynamische Prinzip im Horoskop und gelten als die übertragenden Kräfte der im Tierkreis ruhenden Ideen in die irdische Realität; sie sind zugleich die organischen Aufbaukräfte unseres Sonnensystems, an denen wir unbewußt teilhaben. In früheren Zeiten wurden diese Bildekräfte auf die Götter projiziert; weil es sich dabei um die Projektion konstanter Prinzipien handelt, die eine seelische Entsprechung in uns haben, wird die oft überraschende Übereinstimmung der Göttergestalten in verschiedenen Mythologien verständlich – es werden eben immer die gleichen Prinzipien projiziert, nur die Namen der Götter wechseln mit den Kulturen.

In immer neuen, sich als Gesamt nie wiederholenden Konstellationen – so daß kein Weltaugenblick jemals identisch wiederkehrt – sind die Planeten ein Symbol für den ewigen Wandel im Sein. Wir haben ja für unsere therapeutische Arbeit nur unser theoretisches Konzept, nach dem wir auf die Umwelt, den Zeitpunkt, die Art und Schwere einer Störung bei einem Patienten schließen können; wir haben aber kein Konzept für die schicksalhafte »Eigenformel« eines Menschen, wie sie in den Planetenkonstellationen seines Horoskops zum Ausdruck kommt. Im Erfassen der Einmaligkeit seines Schicksals als dem Zusammentreffen von kosmischer primärer Prägung, Erbanlage und menschlicher Umwelt liegen aber wichtigste therapeutische Möglichkeiten.

Mit den zehn Planeten sind psychologisch Teil-Ichs, Teilstrebungen gegeben, die in jedem von uns wirksam sind, gut unterscheidbar und nicht verwechselbar. Jeder Planet symbolisiert ein bestimmtes Gestaltprinzip mit spezifischen Funktionen; je nach der Zeichenstellung und Feldstellung eines Planeten sowie nach seiner Aspektierung ergibt sich eine ungemeine Fülle möglicher Modulationen. Weist ein Horoskop zu starke, zu schwache oder gestörte Auswirkung eines solchen Planetenprinzips auf, so hat das bestimmte beschreibbare Folgen, die auch zu neurotischen Störungen führen können unter entsprechenden Umweltbedingungen.

Wir können ohne Schwierigkeiten einige der Planetenprinzipien in die psychoanalytische Terminologie übersetzen. Der Sonne, das heißt dem Sonnenhaften in uns, entspricht der Drang zur Freiheit und Autonomie, der sich zwischen den Polen gesunder Selbstverwirklichung, narzißtischem Größenwahn oder aber mangelnder Kraft zur Selbstbestimmung bewegen kann; es besteht eine Beziehung der Sonne zum »Ideal-Ich« oder »Ich-Ideal«. – Über den Mond haben wir einen Zugang zu den unbewußten Regionen der Seele, was erlebt werden kann als ahnende Instinktsicherheit, als traumhaftes Leben in wirklichkeitsferner Wunschwelt oder als kindliches Steckenbleiben in früher Mutterbindung; die Beziehung zur »Oralität« ist unverkennbar. – Mit Merkur orientieren wir uns denkend in der Welt, zwischen den Polen von Erkenntnis, nur skeptisch relativierender Intellektualität oder ungenügend entwickelter Denkfunktion; er hat eine Beziehung zum »Intentionalen«. – Durch Venus werden wir vom Eros angerührt, sehnen uns nach Schönheit und Harmonie, oder leben passiv und bequem nach dem »Lustprinzip«. – Durch Mars erleben wir uns als Wollende, konstruktiv oder destruktiv; er ist das vorwärtstreibende Prinzip, das aus der Lust in die Aktivität, in die Tat treibt und die Welt verändern will; Mars hat eine deutliche Beziehung zum »Phallischen«. – Jupiter symbolisiert das Sinngebende in uns, sei es in religiös-weltanschaulicher oder sozialer Form; in seiner Zerrform

macht er uns zum Blender oder Heuchler, der zu scheinen versucht, was er gern sein möchte. – In Saturn begegnen wir dem grenzsetzenden »Realitätsprinzip«, außen als Notwendigkeit, innen als Gewissensinstanz erlebt; seine Auswirkung kann liegen zwischen reifer Selbstbeschränkung, zwanghafter Einengung und zu starkem oder zu schwachem Über-Ich; Saturn hat eine Beziehung zum »Analen«.
Eine Entsprechung für die transsaturnischen Planeten Uranus, Neptun und Pluto ist im psychoanalytischen Konzept nicht vorhanden. Astrologisch-psychologisch entspricht dem Uranusprinzip die Intuition und der Impuls zum Überwinden der Tradition, zwischen den Polen reformerischer Neuerung und rebellisch-radikaler Revolution. – Das Neptunprinzip vermittelt das Erlebnis grenzüberschreitender Transzendenz, am ehesten vergleichbar dem »ozeanischen Gefühl«, von dem Romain Rolland in einem Brief an Freud schrieb und das Freud bei sich nicht kannte. Neptun vermittelt uns Einfühlung bis zur völligen grenzaufhebenden Identifikation; er ist sowohl ein Medium für mystische Erlebnisse wie für illusionäre Selbsttäuschungen bis zum Wahnhaften, oder er kann in chaotische Auflösung des Ichs, in Rausch und Sucht, führen. – In Pluto schließlich begegnen wir chthonisch-archaischen Seelenkräften, die, vergleichbar den atomaren Energien, zum Heil oder Unheil eingesetzt werden können. –
Was ich hier nur in knappen Worten andeuten konnte, ergibt einen ungemeinen Reichtum an Kombinationen durch die verschiedenen Stellungen der Planeten im Einzelhoroskop und durch ihre gegenseitigen Aspekte. Das läßt erkennen, welche Kräfte bei einem Menschen im Widerspruch liegen, welche über- oder unterwertig zu werden drohen und damit in mögliche Fehlentwicklungen führen können. So ergibt sich aus den Planetenkombinationen ein äußerst differenziertes Modell unseres Wesens; sie lassen Spannungen, Gefährdungen, helfende Kräfte und produktive Möglichkeiten erkennen, um die zu wissen therapeutisch sehr wichtig werden kann.
In den zwölf Feldern oder Häusern des Horoskopes schließlich sieht die Astrologie die Verwirklichungsebenen der Antriebe und Neigungen, die durch die Planeten und Tierkreiszeichen gegeben sind. Die Verteilung der Planeten auf diese Felder zeigt demnach an, in welche Richtung und für welche Ziele wir unsere Antriebe einsetzen, welchen Lebensgebieten sie sich zuwenden. Die Felder haben z. B. Bezug zum Beruf, zur Partnerschaft und Gemeinschaft, zur Krankheit usf., kurz, zu allen Lebensebenen, die zu unserem Dasein gehören.
Die beschriebenen Elemente des Horoskopes – die Tierkreiszeichen,

die Planeten mit ihren Aspekten und die Felder – spiegeln den Menschen in einem ganzheitlichen Bezugssystem, das nicht vom Menschen geschaffen, sondern Abbild der Gesetzmäßigkeiten unseres Sonnensystems ist. Der Mensch erscheint darin als Schnittpunkt und Mittelpunkt der kosmischen Kräftekonstellationen in einem bestimmten Weltaugenblick, der zu seinem Schicksalsthema wird, als mikrokosmischer Ausschnitt aus einer makrokosmischen Konstellation.

Zum Schicksalhaften gehört auch unser Körperschicksal. Nach astrologischer Überlieferung wird jedem Tierkreiszeichen eine bestimmte Körperregion mit ihren Funktionen zugeordnet; in der darin enthaltenen Disposition zu körperlichen Anfälligkeiten liegt eine Brücke von der Astrologie zur Psychosomatik und zur Organwahl, also zum unbewußten körperseelischen Zusammenhang zwischen ungelösten seelischen Problemen und deren Ausdruck im Körpergeschehen: zeichentypische Konflikte und Verhaltensweisen können sich somatisieren. So wird zum Beispiel dem Zeichen Krebs der Magen zugeordnet; zugleich wird der Krebs-Typus astrologisch folgendermaßen geschildert: stark vergangenheits- und muttergebunden; lebhafter Ehrgeiz bei gleichzeitig vorhandener großer Sensibilität, Empfindlichkeit und Verwundbarkeit; reiche Phantasie und intensive Wunschkraft, mit der Neigung, sich nach Enttäuschungen und Kränkungen ressentimenthaft in sich selbst zurückzuziehen; Ausweichen vor den Härten der Realität in die Phantasie; große Stimmungslabilität mit der Neigung zur Gefühlstyrannei der vertrauten Umgebung gegenüber, wo er durch Launen und Verstimmungen seine Wünsche durchzusetzen versucht; Sehnsucht nach mütterlicher Geborgenheit. – Halten wir dem eine moderne pyschosomatische Schilderung von Ulcuskranken gegenüber[*] – »Im mitmenschlichen Erleben zeigen sich Ungeduld, latenter Neid auf sozial Bessergestellte, hochgespannte Erwartungen hinsichtlich einer mütterlich bergenden Atmosphäre, eine Neigung, sich da zurückzuziehen, wo man nicht in irgendeiner Weise etwas profitieren kann, mit häufigen Enttäuschtheits- und Ärgerreaktionen« –, so sind die Übereinstimmungen wohl auffallend genug.

Und schließlich noch ein Wort zur Prognose, zu den sogenannten Transiten, den Übergängen der laufenden Planeten über die als feststehend gedachten Tierkreisorte der Planeten im Geburtshoroskop. Da-

---

[*] Nach Werner Schwidder, »Psychosomatik und Psychotherapie bei Störungen und Erkrankungen des Verdauungstraktes«, in: Documenta Geigy, Acta psychosomatica Nr. 7, 1965

mit sind bestimmte Entwicklungsrhythmen gegeben, die in ihrer Fälligkeit voraussehbar sind, nicht indessen, was ihre individuelle Verarbeitung anbetrifft, die jeweils vom Alter und von der Entwicklungsstufe eines Individuums abhängt. Vor allem die Wiederkehr im Geburtshoroskop bereits angelegter Aspekte ist wichtig – sie erinnert an den Wiederholungszwang in der Psychoanalyse; denn unter solchen wiederkehrenden Konstellationen neigt man unbewußt dazu – wie es die Psychoanalyse vom unbewußten Wiederholungszwang beschreibt –, sie mit den einmal an ihnen erworbenen Verhaltensweisen zu beantworten, und macht dadurch immer wieder ähnliche Erfahrungen, kommt aus eingespurten Verhaltensweisen nicht heraus. Aber da solche wiederkehrenden Aspekte sich immer im Rahmen einer veränderten Gesamtkonstellation abspielen, liegt darin schon enthalten, daß es keine absolute Determiniertheit geben kann – ein wiederkehrender Aspekt vollzieht sich stets unter anderen begleitenden Konstellationen.

Für den Therapeuten bedeutet die Kenntnis der schicksalhaft fälligen Entwicklungsrhythmen, daß er Krisen eines Patienten – etwa bei suizidgefährdeten oder von einer Psychose bedrohten Patienten oder sonstigen sich ankündigenden Belastungen – in gewissen Grenzen voraussehen kann. Durch die Kenntnis der Transite hat der Therapeut zumindest eine Kontrollmöglichkeit *mehr* über die Situation eines Patienten zur Verfügung, und er kann sein therapeutisches Verhalten danach modifizieren, Entwicklungskrisen des Patienten als solche erkennen, die er sonst vielleicht als Regression, Widerstand oder als Agieren ansehen würde. Auch die erkennbare zeitliche Begrenzung solcher Transite kann schon eine Hilfe bedeuten.

Ich fasse zusammen: Wenn wir mehr als die biographische und triebstrukturelle Seite eines Patienten kennen möchten, sollten wir das Horoskop einbeziehen. Es erleichtert uns die Möglichkeit einer individuellen Fokaltherapie, des gezielten Angehens der spezifischen Problematik eines Patienten. Vor allem auch in Phasen stagnierender analytischer Arbeit oder bei Patienten, mit denen wir besondere Schwierigkeiten haben, kann das Einbeziehen des Horoskopes sehr hilfreich sein. Die Gefahr der Voreingenommenheit des Analytikers erscheint mir dabei nicht größer als bei irgendeinem theoretischen Konzept; eher als geringer, weil theoretische Konzepte gegenüber dem astrologischen viel enger und festlegender zu sein pflegen. Die wohl auch vorschwebende Gefahr, daß der Analytiker durch sein astrologisches Wissen für den Patienten zum allmächtig Wissenden werden könne, ist bei sachgemäßer Verwendung des Horoskopes nicht gegeben – sie wäre ein Problem des Deutenden, nicht der Astrologie, und sie kommt auch ohne Astrologie vor, wenn sich der Helfende in das Gewand autoritärer Allwissenheit kleidet. Über das Horoskop können wir also Seiten des Patienten kennenlernen, die uns bei unserer nur analytisch ausgerichteten Arbeit entgehen. Zudem wird unser Blick geschärft für die Verschiedenheit der Erlebnismöglichkeiten und Wesensanlagen, die hinter scheinbar ähnlichen Erscheinungsbildern liegen können. Die Kenntnis unseres eigenen Horoskopes sollte eigentlich selbstverständlich sein; sie reicht über das hinaus, was wir durch unsere Lehranalyse über uns erfahren können. Der Vergleich unseres Horoskopes mit dem eines Patienten kann uns mögliche Gegenübertragungen aufzeigen, die wir sonst vielleicht nicht erkennen, kann uns Hinweise dafür geben, wo und wodurch wir einen Patienten vielleicht mißverstehen, belasten, überfordern oder unbewußt frustrieren. Die Beschäftigung mit dem eigenen Horoskop führt erfahrungsgemäß zu vertiefter Selbsteinsicht, zu immer erneuter Auseinandersetzung mit uns selbst, vergleichbar der »unendlichen Analyse«, die durch den einmal in Gang gebrachten analytischen Prozeß eingeleitet wurde. So vermittelt uns das Horoskop einen wichtigen Zugang *mehr* zum Wesen des Patienten – nicht mehr und nicht weniger. Wer glaubt, auf ihn verzichten zu können, läßt sich zumindest eine ebenso umfassende wie differenzierte Verständnismöglichkeit für seine Patienten entgehen.

Der Sinn meiner Ausführungen wäre erreicht, wenn sie einige von Ihnen nachdenklich gemacht hätten und so vielleicht für Sie zum Anstoß wurden, sich selbst mit dem Thema zu befassen, eigene Erfahrungen zu machen und sich ein Urteil zu bilden. Skeptiker werden mir vorhalten, ich sei der Gefahr erlegen, astrologisches Wissen in meine Patienten projiziert und dann bestätigt gefunden zu haben. Psychoanalyse und Astrologie sind sich aber auch in dieser Hinsicht ähnlich: beide können dazu verleiten, ein bestimmtes Wissen als Erwartung in die Patienten zu projizieren und im Sinne dieses Wissens zu deuten – denken Sie nur an die Traumdeutung. Aber wie durch die Psychoanalyse die vor ihr als unwissenschaftlich abgelehnte »Traumdeuterei« zu einer bedeutsamen Wissenschaft vom Traum geworden ist, könnte Entsprechendes mit der Astrologie geschehen. Das wäre etwa durch ein Forschungsprogramm zu erreichen, das interessierte Psychotherapeuten, die gleichzeitig erfahrene Astrologen sind, ausarbeiten müßten. An breiten Erfahrungen, detaillierten Krankengeschichten und Behandlungsverläufen ließen sich die von der Astrologie behaupteten Zusammenhänge und Aussagemöglichkeiten überprüfen, was für beide Gebiete fruchtbar werden würde. Im übrigen ist die Gefahr der oben erwähnten Projektion eines Wissens überall dort gegeben, wo wir kein kontrollierbares »sicheres« Wissen haben – aber wo im Bereich des Lebendigen könnten wir uns anmaßen, ein solches zu haben?

VI
Über die Praxis astrologischer Beratung*

> Der drohenden Verflachung gegenüber be-
> wahrt der Astrologe einen sicheren Blick für
> die angeborene Würde des Menschen, ohne
> sich auf abstrakte Formeln von Gleichheit und
> Freiheit einzulassen ... Er meint, daß ... mit
> jedem einzelnen nicht nur ein neues Bild der
> Spezies, sondern auch eine neue Welt geboren
> wird.   Ernst Jünger

Wenn nicht alle Zeichen trügen, steht die Astrologie vor einer Renaissance. Zwar wurde das schon länger vorausgesagt, aber dann
schien es wieder, als ob unsere Gegenwart mit ihrem so betonten Bedürfnis nach rationaler Erklärbarkeit, nach experimenteller Machbarkeit und Berechenbarkeit, nach willensmäßiger Steuerung und Beein-
flussung auch von Lebensvorgängen und der damit einhergehenden
Entmythologisierung der Welt, auf die wir so stolz sind – als ob gerade diese Gegenwart einen denkbar ungünstigen Boden für die Rehabilitierung der Astrologie abgäbe. Denn einer ausschließlich naturwissenschaftlichen Orientierung, der nur kausal verstehbare Zusammenhänge als wissenschaftlich gelten, müßte es besonders leichtfallen, die
Astrologie »wissenschaftlich zu widerlegen« – was ja auch mehrfach
getan wurde. Ob die dabei angewandten Methoden dem zu unter-
suchenden Phänomen angemessen waren, wurde gar nicht gefragt, wie
es der Fall zu sein pflegt, wenn man, einem theoretischen oder welt-
anschaulichen Konzept zuliebe, auf Palmströmsche Art festlegt, was
nicht sein kann, weil es nicht sein darf.
Überraschenderweise erfreut sich die Astrologie aber trotzdem eines
zunehmenden Interesses. Vielleicht können wir es als ein Zeichen des
Erwachsen-Werdens verstehen, wenn wir heute nicht mehr so leicht
bereit sind, Vorurteile zu übernehmen und ungeprüft etwas abzulehnen, nur weil es nicht in das Konzept einiger Wissenschaftler paßt oder
kollektiven Vermassungstendenzen widerspricht. Vor allem in den
jungen Generationen findet sich oft eine erfrischende Bereitschaft da-

* Erstfassung veröffentlicht in der »Zeitschrift für Parapsychologie und
Grenzgebiete der Psychologie«, 1972/XIV, 4

für. Die heute so wichtig gewordene Motivforschung lehrt uns zugleich, subjektive Faktoren und die damit gegebene Einengung unseres Blickfeldes überall da in Betracht zu ziehen, wo wir forschen, und die Motive zu erkennen, die vom Individuum und seinen subjektiven Einstellungen abhängen. Und schließlich steht hinter dem neu erwachenden Interesse für die Astrologie und verwandte Gebiete offensichtlich ein Bedürfnis nach etwas, das uns andere Wissensgebiete nicht vermitteln: nach einer Bewußtseinserweiterung durch eine überlieferte Symbolwelt, die wir vielleicht doch nicht so einfach abtun und als erledigt ansehen dürfen, die uns möglicherweise wieder etwas zu sagen hat. Wird es aber zu einer Renaissance der Astrologie kommen, können wir nicht erwarten, daß sie so, wie sie heute noch von vielen Astrologen ausgeübt wird, die Aussicht hat, ernstgenommen zu werden. Unsere Lebenssituation ist eine andere, unser Wissen hat sich erweitert und unsere Ansprüche sind höhere geworden. So müssen sich die Astrologen neu orientieren und ein neues Konzept davon entwickeln, welche Aufgaben sie sich setzen wollen. Von den vielen damit auftauchenden Fragen: Wird es zu einer offiziell geregelten Ausbildung kommen? Wie werden die Voraussetzungen für den Berufsstand praktizierender Astrologen aussehen müssen? Welche Vorbildung soll dafür gefordert werden? Kann Astrologie wieder ein Lehrfach an der Universität werden? Wo liegen die Möglichkeiten und Grenzen dieses Gebietes? usf. – will ich hier nur die Frage aufgreifen, welche Funktion der praktische Astrologe haben kann, wo die Chancen und Gefahren seiner Tätigkeit liegen werden.
Da der praktizierende Astrologe noch keine umrissene soziale Rolle und Funktion, noch kein festgelegtes »Image« hat wie der Arzt, der Richter, der Priester usf., unterliegt er stärker als diese den vagen Erwartungen und Projektionen seiner Klienten; er wird um so bereiter sein, solche Erwartungen anzunehmen, je weniger er sich selbst über seine soziale Rolle im klaren ist. Verspricht der Berater zuviel und ist er sich seiner eigenen Begrenztheit sowie der Grenzen seines Gebietes nicht bewußt, verführt er den Ratsuchenden zu Erwartungen, die er nicht erfüllen kann. Sind die Ratsuchenden ihrerseits zu naiv-unkritisch, zu wundergläubig oder voll kindlicher Erwartungen, Wünsche und Ängste, verführen sie leicht den Berater dazu, über seine verantwortbaren Aussagen hinauszugehen. Ähnliches gibt es auf anderen Gebieten auch, doch ist auf ihnen im allgemeinen die Vorstellung davon klarer, was man von ihren Vertretern erwarten kann, was nicht. Die Situation einer astrologischen Beratung, und die Psychologie

der daran Beteiligten, läßt es oft dazu kommen, daß der Berater den Ratsuchenden in die Kindrolle schiebt, indem er ihm zuviel Verantwortung abzunehmen bereit ist; wie andererseits der Beratene ihn in die Rolle des »Allwissenden« schieben kann, in dessen Hände er »sein Schicksal« zu legen bereit ist. Das ist natürlich nur denkbar auf der Basis einer breiten Unkenntnis über die Möglichkeiten und Grenzen der Astrologie.

Hier liegt m. E. die wichtigste Forderung, die sich bei einer Renaissance der Astrologie ergibt: die klare Einsicht in ihre Aussagegrenzen – worauf unter den heutigen Astrologen vor allem Thomas Ring unermüdlich hingewiesen hat. Das bedeutet für die Astrologen: vernünftige und angemessene Vorstellungen über ihre Funktionen als Berater; für die Ratsuchenden: vernünftige und angemessene Erwartungen von einem Beratungsgespräch. Es wird eines langen wechselseitigen Erziehungsprozesses bedürfen, um diese Bedingung erfüllen zu können. Die Versuchung, aus welchen Motiven auch immer, die Rolle des großen Magiers zu spielen, ist für viele Astrologen recht erheblich; die Bereitschaft, sich von ihnen die Selbstverantwortung und Entscheidung abnehmen zu lassen, ist bei den Ratsuchenden nicht minder erheblich. Beides erschwert die sinnvolle Einordnung der Horoskopdeutung in den Bereich beratender Gespräche und macht auch an sich Wohlmeinende immer wieder skeptisch bezüglich der Astrologie, zumindest gegenüber ihren Vertretern.

Zweifellos befinden sich die Astrologen heute noch in einer schwierigen Lage: Auf der einen Seite werden sie angegriffen, abgelehnt und bekämpft, mit oft unwürdigen Mitteln, und das meist von Leuten, die sich selbst nie ernsthaft mit Astrologie beschäftigt haben. Auf der anderen Seite sehen sie sich den beschriebenen Projektionen und Erwartungen ihrer Klienten gegenüber, die meist gar nicht das erfahren wollen, was der Astrologe wirklich verantwortlich aussagen kann, sondern ein Orakel erwarten. In dieser Situation versuchen manche Astrologen, sich unbedingt wissenschaftlich zu gebärden, andere, ihren Nimbus eines Magiers zu verstärken.

Die ersteren wollen ihre Befunde statistisch erhärten – wofür heute Computer besonders geeignet sind – und meinen, durch möglichst eindeutige Aussagen den Wahrheitsgehalt der Astrologie »beweisen« zu können. Sie wollen daher möglichst viele »Treffer« erzielen, die nachkontrollierbar sind, was so weit gehen kann, daß sie den Klienten auffordern, ihre Aussagen zur späteren Verifizierung bei einem Notar zu hinterlegen. So hilfreich statistische Untersuchungen manchmal sein mögen, sollten sie doch nicht überbewertet werden; man sucht dann, statistisch erfaßbare Ähnlichkeiten und vergröbernde Analogien zu finden, um mit großen Zahlen imponieren zu können, wobei aber das einmalig Individuelle eines Geburtsthemas geopfert wird zugunsten einer unspezifischen Breite der Aussage. Man kann dann mit Recht den Vorwurf machen, daß solche Aussagen auf die meisten Menschen zuträfen. Es gibt ja nie »die« Konstellation – »den« Mars im achten Haus, »den« Jupiter am M. C. usf. –, sondern immer nur diesen Mars oder Jupiter im Gesamthoroskop eines bestimmten Menschen mit allen weiteren Konstellationen seines Horoskopes, durch die jeder Planet individuell modifiziert wird in seiner Auswirkung, ganz abgesehen von den astrologisch nicht erfaßbaren Gegebenheiten eines Menschen, die jeweils modifizierend mitwirken (Rasse, Erbmasse usf.). Hierin liegt sowohl die ungemeine Vielfalt als auch die große Schwierigkeit astrologischer Deutungskunst. Meines Erachtens ist schon die Einstellung auf »Treffer« – das bezieht sich auf Blinddiagnosen, vor allem aber auf die an sich schon sehr problematischen prognostischen Aussagemöglichkeiten, die gerade für solche verifizierbare »Beweise« herhalten sollen – ein falscher Ansatz. Es geht ja in der astrologischen Beratung nicht darum, die Astrologie oder das eigene Können zu »beweisen«, sondern darum, im Beratungsgespräch einem Menschen zu besserem Selbstverständnis zu verhelfen.

Andere Astrologen bemühen sich, den Ratsuchenden und sich selbst gegenüber den Nimbus des Magiers oder Propheten zu geben, was sie oft noch durch Kleidung und Umgebung unterstreichen sowie durch Formulierungen, die den Ratsuchenden einen Schauer der Ehrfurcht vor soviel Wissen einflößen (sollen). Das sind bestenfalls berufliche Kinderkrankheiten, und darauf sollten wir auf jeden Fall verzichten; man kann sagen, daß magischer Aufwand und wirkliches Können in umgekehrt proportionalem Verhältnis zu stehen pflegen. Wir wollen ja nicht beeindrucken und eigene Geltungsbedürfnisse oder Machtgelüste befriedigen, sondern den Ratsuchenden zu größerer Selbsteinsicht verhelfen, also seine Mitarbeit ansprechen. Aber nun zu den Ratsuchenden selbst. Wer kommt zum Astrologen und mit welchen Fragen? Zum Teil liegt es am Astrologen selbst, wie sich seine Klientel zusammensetzt – je mehr er den Magier spielt, um so mehr finden Wundergläubige zu ihm. Nach den Erfahrungen Thomas Rings handelt es sich bei der Klientel der Astrologen häufig um »Zukurzgekommene, Gehemmte und Verklemmte«, und »manche brauchen nichts als eine Beichte und Absolution«, weil sie »eine Bestätigung abseits von den gewohnten Sätzen ihrer Umgebung brauchen, in deren Augen sie gegebenenfalls nutzlose Subjekte sind«. Sosehr ich Ring darin zustimme, daß der Astrologe dem Anfrager nur Betrachtungspunkte und Vorschläge bringen soll, und darin, daß es »zum unabdingbaren Sinn der astrologischen Aussage gehört, nie einem Anfrager die Entscheidung abzunehmen«, würde ich doch die Funktion eines Beichtvaters und Absolution Erteilenden in Frage stellen und für mich ablehnen. Auch das wäre m. E. eine falsche Erwartung von uns selbst sowie der Ratsuchenden von uns. Was Ring wohl vorgeschwebt hat, ist das lösende, befreiende, manchmal regelrecht kathartische Geschehen, das durch eine gut geführte Horoskop-Besprechung in Gang kommen und das unter Umständen eine ähnlich befreiende Wirkung wie eine Beichte haben kann. Und etwas der Absolution Ähnliches kann manchmal darin liegen, wenn der Ratsuchende etwa erfährt, daß er ein schwieriges Horoskop zu leben hat, daß ihm eine schwer zu lösende Aufgabe zugefallen ist – das kann eine ungemeine Entlastung für ihn bedeuten von überwertigen oder unberechtigten Schuldgefühlen wegen eines vermeintlichen »Versagthabens« oder von Minderwertigkeitsgefühlen, daß er mit seinem Leben nicht besser fertig wird.

Es ist ja sehr leicht, jemanden nach einem theoretischen oder sozialen Konzept zu verurteilen oder zum Neurotiker zu stempeln, wenn man selbst dessen Leben nicht zu leben braucht. Gerade die Kenntnis des Horoskopes, zusätzlich zu der der Umwelt und der Genese, kann uns in der Beurteilung anderer gerechter und toleranter machen und uns besonders klar vor Augen führen, wie verschieden die »Startbedingungen« der Menschen sind. Es gibt Horoskope, die ungemein konflikthafte Spannungen enthalten, die nicht nur mit einem Neurosenschema zu erfassen sind und die sich die Betreffenden ja wahrhaftig nicht selbst ausgewählt haben, will man nicht karmatische Zusammenhänge annehmen. Manche Astrologen weigern sich, ein so problematisches Horoskop zu besprechen, was vom Ratsuchenden wie die Diagnose einer unheilbaren Krankheit erlebt werden kann, wenn er die Aussagegrenzen der Astrologie nicht kennt. Nach meinen Erfahrungen sind aber gerade Menschen mit solchen Horoskopen sehr zugänglich für eine astrologische Beratung, die ihnen ein Verständnis für ihre innere Situation und möglicherweise Hilfen für die Lösung ihrer Konflikte aufzeigen kann. Für unser Fremdverständnis ist die Astrologie eine unschätzbare Hilfe im Sinne eines Sprichwortes amerikanischer Indianer (zitiert nach Tobias Brocher in »Das Selbstverständnis des Psychoanalytikers«): »Bevor du über deinen Nächsten urteilst, mußt

du erst eine Meile in seiner Spur in seinen Mokassins gelaufen sein.«
Das Horoskop sagt viel über die Spur und die »Mokassins« aus.

Da ich praktizierender Psychotherapeut und Psychoanalytiker bin,
kommen zu mir zur astrologischen Beratung Menschen in Krisen ir-
gendwelcher Art – Berufs-, Ehe-, Familienkrisen, bei Erziehungsschwie-
rigkeiten mit Kindern oder vor wichtigen Entscheidungen. Bevor ich
jemanden zur Beratung annehme, will ich sein Anliegen kennen und
mache es davon abhängig, ob ich die Beratung übernehme. Für prognostische Fragestellungen und die Erwartungen von Voraussagen (»wann
werde ich heiraten«, »soll ich meinen Beruf wechseln«, »wird meine
Ehe zu halten sein« etc.) erkläre ich mich als nicht zuständig, wenn
nicht der Ratsuchende bereit ist, auf die erwartete Abnahme von Entscheidungen zu verzichten zugunsten eines Gespräches über sein Horoskop, das sein Selbstverständnis bzw. seine Problematik anspricht.
Aus eigener Erfahrung kann ich nur über diese Formen der Beratung
sprechen, die mir indessen als die wichtigsten erscheinen.
Zunächst zur *Berufsberatung.* Diese kann indirekt schon sehr früh
ansetzen, indem wir etwa Eltern die voraussichtlichen Neigungen,
Interessen und Begabungen ihrer Kinder schildern, die die Eltern von
früh an unterstützen, zumindest nicht bekämpfen sollten, wenn sie
vielleicht auch nicht ihren Wünschen von den Kindern entsprechen.
Häufiger kommt es zur Berufsberatung im eigentlichen Sinne um die
Zeit des Schulaustritts, vor allem bei jungen Menschen, die durch ihr
Milieu zuwenig eigene Neigungen entwickeln konnten. Wichtig kann
eine solche Beratung auch später noch werden, wenn man auf das
Alter zugeht und nach sinnvoller Gestaltung dieser Lebensphase sucht.
Viele Menschen leben ihr Horoskop zu einseitig, konnten es oft nicht
anders, aus mancherlei Gründen; manchmal fehlt der Mut zu Um-
und Neuorientierungen, nicht selten, weil sie von früh an zu wenig
die Möglichkeit hatten, eigene Wünsche zu verwirklichen.
Diese Art der Beratung zeigt wohl am wenigsten Probleme; im Gespräch stellt sich oft heraus, daß die im Horoskop erkennbaren Neigungen »eigentlich schon immer der stille Wunsch« des Betreffenden
waren, und die Besprechung bestätigt ihm eigene Neigungen. Bei stär-
kerer Milieuüberfremdung kommt man u. U. erst über das Horoskop
an die eigentlichen Interessen eines Menschen heran, was ungemein
befreiend wirken kann. Im Erkennen von Ausdrucksmöglichkeiten unabhängig vom Beruf, der ja bei vielen Menschen nur noch ein Job für
den Lebensunterhalt geworden ist, kann eine große Hilfe liegen; einmal für eine reichere Gestaltung ihres Lebens, aber auch dafür, daß

das Umsetzen der Dynamik einer als problematisch erlebten Konstellation in produktive Tätigkeit dieser Konstellation einen völlig neuen Aspekt abgewinnen läßt. So können etwa kritische Mars-Saturn-Konstellationen ein schöpferisches Ventil finden in handwerklicher, gestalterischer Tätigkeit, in Konstruktionen, Basteleien oder Methoden des Selbsttrainings, was alles gleichzeitig einen nicht zu unterschätzenden therapeutischen Effekt hat.

Die *Eheberatung* liegt meist problematischer; schon deshalb, weil hier persönliche Wertungen und Vorstellungen des astrologischen Beraters mitzusprechen pflegen oder seine schablonenhaften Vorstellungen davon, wer zueinander »paßt«. Als Grundforderung sollte hier gelten, daß man nicht zu- oder abraten darf zu Bindung oder Trennung usf.; sondern der Berater sollte sich darauf beschränken, die Schwierigkeiten bewußtzumachen, die sich aus den Einzelhoroskopen sowie aus den Vergleichshoroskopen bezüglich der Partnerschaft ergeben. In kritischen Fällen kann er helfen durch Überweisung in eine Eheberatung, in Ehepaargruppentherapie oder im Rat zu einer Einzeltherapie eines oder beider Partner. Oft ist es eine entscheidende Hilfe, wenn man den Partnern die Erlebnisweise und Erlebniswelt des jeweils anderen schildert (seine »Mokassins«), die er aus seiner eigenen Struktur heraus nicht versteht oder mißdeutet. Hier liegt ja eine der großen Chancen astrologischer Beratung: daß man bei den Partnern aufgrund ihrer Horoskope, sozusagen auf den ersten Blick, sowohl ihre Eigenproblematik ansprechen als auch die Stellen aufzeigen kann, wo sich beide gegenseitig harmonisch oder kritisch konstellieren. Man muß sich dabei bewußt sein, daß es gerade auch bei kritischen Konstellationen sehr von der Reife der Partner und ihrem Zueinander-Wollen abhängt, wie sie mit den Spannungen leben, die ja immer auch die Chance des sich aneinander Entwickelns enthalten. Und man muß auch bedenken, daß wir kritische Konstellationen in verschiedenem Alter verschieden erleben und beantworten, mit ihnen umzugehen lernen.

Gerade hier scheint mir ein besonderer Vorzug der Astrologie gegenüber anderen Beratungsmethoden zu liegen: im Schildern der Gegebenheiten des Horoskopes, die uns uns selbst, andere und die Welt in besonderer Weise erleben lassen. Hier haben wir – allein schon durch die zwölf Tierkreiszeichen – die Möglichkeit, die Verschiedenartigkeit individueller Erlebnisweisen in einer Differenziertheit beschreiben zu können, die wir sonst nirgends finden. Das ermöglicht uns ein Fremd- und Selbstverständnis, das sonst durch unbewußte Wiederholungszwänge, Eingeengt-Sein in subjektiv-individuelle Erlebnisweisen, durch Projektionen, Enttäuschungen und Mißverständnisse weitgehend verschüttet werden kann. Und meist ist es ja so, daß Spannungen und Gegensätze auf einer Seite Verständnismöglichkeiten auf anderen Seiten des Horoskopes gegenüberstehen, die man ansprechen kann. Und schließlich ist Partnerschaft keine Lebensversicherung, sondern auch eine Aufgabe, die Aufgabe, sich wechselseitig in seinen Problemen und Konflikten zu helfen. Man hüte sich besonders vor behauptend-festlegenden Aussagen wie etwa: »Mit Ihrem Venus-Saturn-Quadrat werden Sie nie eine glückliche Partnerbeziehung haben« u. ä. Solche Aussagen sind unverantwortlich, oft ein Zeichen von Sadismus oder Machtansprüchen des Astrologen oder einfach von Unfähigkeit und mangelnder Phantasie. Es ist ja eine Tatsache, daß heute noch viele Astrologen unbeschwert von jeder Vorbildung ihre Tätigkeit ausüben; sie haben weder psychologische noch medizinische noch psychotherapeutische Kenntnisse, glauben aber, auf jedes Fachwissen verzichten zu dürfen und allein vom Horoskop her »alles« aussagen zu können; sie haben ein paar astrologische Bücher gelesen und geben deren Regeln und Rezepte schematisch weiter. Solche Aussagen werden aber von manchen Menschen wie eine schicksalhafte Bestimmung aufgefaßt; erleben sie dann in einer Partnerbeziehung Schwierigkeiten, bemühen sie sich zu wenig um ihre Lösung, resignieren zu früh mit der Vorstellung, daß es ja doch keinen Zweck habe, weil es ihnen nicht beschieden sei, »Glück« in partnerschaftlichen Beziehungen zu haben. Solches Aussageverhalten mancher Astrologen hat viel dazu beigetragen, daß die Astrologie einen schlechten Ruf bekommen hat. Sinnvoll und hilfreich ist natürlich nur, zu beschreiben, welche kommunikativen Schwierigkeiten ein solches Quadrat bezeichnet, welche Hemmungen und wie diese mit frühen Enttäuschungen und von diesen stammenden unbewußten Wiederholungszwängen zusammenhängen.

In der astrologischen Eheberatung geht es darum (wie in allen anderen partnerschaftlichen Beratungen auch), den Partnern die psychologischen Hintergründe der Reibungs- und Konfliktstellen zwischen ihnen bewußtzumachen, Möglichkeiten und Wege besseren einander Verstehens mit ihnen gemeinsam zu erarbeiten. Ist ein gegenseitiges Bemühen vorhanden – auf das wir immer angewiesen sind –, können wir oft sehr Hilfreiches aussagen. Immer sollte man sich dabei die realen Schwierigkeiten der Partner miteinander genau schildern lassen, um klarer zu sehen, wie sich ihre Konstellationen im alltäglichen Leben verhaken und was jeder dazu tun kann, solche eingefahrenen Fehlhaltungen zu korrigieren.

Im Vergleichshoroskop haben wir eine meines Wissens sonst nicht zu findende Gegenüberstellung der beiden Partner vor uns, die äußerst aufschlußreich zu sein pflegt – wenn man damit umgehen kann. Was wir hier anstreben sollten, ist ein Beratungsgespräch, das nicht den Charakter einer Verbalsuggestion hat und nichts behauptend festlegt; das gilt noch unbedingter für Blinddiagnosen, wenn wir über das Horoskop des nicht anwesenden Partners etwas aussagen. Wer es weiß, was Partner alles aufeinander projizieren, wie sie einander den schwarzen Peter zuschieben und, statt der eigenen Realität, ein Wunschbild von sich selbst oder vom Partner für die Wirklichkeit halten, weiß auch, mit welch großer Vorsicht man nur über den abwesenden Partner etwas aussagen darf; man muß immer damit rechnen, daß das Mitgeteilte zu Hause tendenziös verwendet wird. Ich ziehe daher i. a. eine Beratung beider Partner zusammen vor, spreche sonst über das Horoskop des nicht anwesenden Partners nur mit dessen ausdrücklicher Erlaubnis oder beschränke mich in der Einzelberatung auf das Horoskop des mich konsultierenden Partners.

Ähnlich liegt es bei der astrologischen *Erziehungsberatung*. Hier sind die Hinweise, welche die Vergleichshoroskope der Eltern und der Kinder ermöglichen, besonders wichtig; denn hier geht es nicht um eine Partnerschaft, die man evtl. auflösen kann und die man freiwillig einging, sondern um schicksalhafte Beziehungen, denen man sich nicht entziehen kann. Besonders häufig kann man Eltern klarmachen, daß ihre Schwierigkeiten mit einem Kind daher rühren, daß sie ein Wunschbild von ihm haben, das weitgehend die Eigenart des Kindes unberücksichtigt läßt: es hat so zu sein, wie man es haben möchte. Vielleicht wollen sie aus ihm einen Akademiker machen, sind unglücklich über seine schlechten Schulleistungen – die oft den gesunden Protest des Kindes gegen solche Überfremdung seines Wesens ausdrücken – und übersehen dabei etwa, daß das Kind ausgezeichnete praktische oder künstlerische Anlagen besitzt. Die Kenntnis des kindlichen Horoskopes könnte Eltern und Kindern viel vermeidbaren Kummer und Enttäuschungen ersparen. Schließlich sollten die Eltern es dem Kind ja ermöglichen, zumindest nicht erschweren, seinem Horoskop gemäß zu leben; sonst werden sie mit ziemlicher Sicherheit neurotische Entwicklungen bei dem Kind setzen. Aber auch in einer anderen Hinsicht kann der Vergleich der elterlichen Horoskope mit dem des Kindes hilfreich sein; er zeigt etwa, daß der Mars oder Saturn eines Elternteiles auf wichtigen Stellen des kindlichen Horoskopes lastet; wenn die Reaktionen des Kindes darauf nun von den Eltern mißverstanden und bekämpft werden, statt daß sie erkennen, wieweit ihr Verhalten jene Reaktionen erst hervorruft, können tragisch-hoffnungslose Situationen entstehen. Solche Zusammenhänge kann man natürlich auch auf anderem Wege erfragen, aber das Horoskop hat den Vorteil, daß man, aufgrund bestimmter Konstellationen, auf den ersten Blick Probleme erkennen und gezielt angehen kann und daß man in den drei Horoskopen der Eltern und des Kindes »Aussagen« vor sich hat, die, unentstellt durch subjektive Schilderungen der Beteiligten, die Dynamik des Familiengefüges darstellen. Und – auch das ist wichtig – durch die Familienhoroskope kann man bereits von der Geburt an Hilfen dafür geben, was Eltern bei einem Kind besonders beachten sollten, gerade auch bezüglich ihrer Wirkung auf das Kind.

Eine weitere Funktion des Astrologen ist schließlich die *Lebensberatung*. Vor allem in aktuellen Krisen und vor wichtigen Entscheidungen kommen Menschen zu uns (nach meinen Erfahrungen vor allem unter kritischen Saturn- und Uranus-Einflüssen); sie wollen sich selbst besser verstehen, den Zusammenhang einer Konfliktsituation mit ihrem eigenen Verhalten erkennen. Wenn man dem Ratsuchenden Hilfen dafür geben kann, was in seinem Horoskop für oder gegen eine geplante Entscheidung spricht, vergißt er meist seine geheime Erwartung, daß ihm die Entscheidung abgenommen werde, weil er als eine Persönlichkeit angesprochen wird, die aus den gemeinsam erarbeiteten Fakten die Entscheidung selbst zu fällen fähig wird.

Wenn wir m. E. heute noch nicht in der Lage sind, die Reichweite beratender Horoskopdeutung klar bestimmen zu können, vermag sie doch den *Ansatz* zu einer nachwirkenden, manchmal tiefgreifenden Persönlichkeitswandlung zu geben und damit eine Neuorientierung einzuleiten. Es werden seltene Idealfälle sein, bei denen es gelang, Entscheidendes so anzusprechen, daß gleichsam eine neue »Weichenstellung« erreicht wurde. Eine beratende Horoskopdeutung kann eine evtl. notwendige Psychotherapie natürlich nicht ersetzen, ihr aber wichtige Hilfen geben. Wenn unser Leben in dem schwer abgrenzbaren Bereich von uns selbst abhängiger Verhaltensweisen sich zusammenfügt aus vielen kleinen Schritten, Entscheidungen, Handlungen und Vermeidungen, die sich durch Wiederholung und Summierung im Lauf der Zeit schicksalbildend auswirken, kann eine Horoskopdeutung die Stellen aufzeigen, die ich als »Keimsituationen« bezeichnet habe: die Stellen, wo wir entweder unsere Fehlhaltungen – aus unbewußtem Wiederholungszwang oder aus Trägheit — immer tiefer ein-spuren oder wo wir die Chance ergreifen, eine schöpferische Neuant-wort auf unsere Konflikte zu versuchen, und damit unser Leben in dem uns möglichen Ausmaß verändern. Das Bewußtwerden sol-cher schicksalsträchtiger Stellen und die dadurch ermöglichte Korrektur eingespurter Verhaltensweisen kann eine therapeutische Dauerwir-kung haben im Sinne des Umlernens und Erwerbens neuer Verhal-tensweisen, die dann meist auch das Umfeld des Betreffenden miter-greifen und zu veränderten Haltungen veranlassen – hier berührt sich Astrologie mit manchen verhaltenstherapeutischen Methoden. Ich bin völlig der Ansicht Thomas Rings, daß »kein Mensch, der nicht auf fixen Ideen und autistischer Absperrung beharrt, sich dem aufgewie-senen Bedeutungszusammenhang, dem Evidenzerlebnis entzieht«, das ein gut geführtes astrologisches Gespräch bedeuten kann. Vor allem in der Kombination mit einem psychotherapeutischen Verfahren können dadurch große therapeutische Potentiale aktiviert werden.

Wir können uns aber zugleich die Aussagegrenzen des Horoskopes bzw. unserer Deutungsmöglichkeiten gar nicht klar genug bewußt-machen: es zeigt *einen*, allerdings einen ungemein wichtigen und auf andere Weise nicht zu findenden Persönlichkeitsaspekt, den »Kosmo-typus«, wie Thomas Ring ihn bezeichnet hat, der zusätzlich zum Geno-typus und Phänotypus hinzukommt. Wir kennen aus dem Horoskop weder das Geschlecht noch die Erbmasse und die soziale Situation eines Menschen, sein familiäres Umfeld und seine Biographie, zumin-dest heute noch nur sehr begrenzt. Wir befinden uns bei der Horoskop-deutung damit in einer ähnlichen Situation wie bei der Traumdeu-tung: der Tiefenpsychologe kennt zwar die Symbolsprache des Trau-mes und wird aus einem Traum die sich in ihr ausdrückende unbe-wußte Problematik des Träumers intuitiv erfassen können. Aber – ab-gesehen von den verschiedenen Auffassungen und Deutungsmethoden des Traumes sowie vom individuellen Faktor des Deutenden selbst – der Psychotherapeut verbliebe in seiner Deutung eines Traumes im Typischen und Allgemeingültigen ohne die Einfälle des Träumers selbst zu seinem Traum. Erst diese lassen gleichsam die »Erdung«, die individuelle Konkretisierung und die Beziehung des Traumes zur aktuellen Situation des Träumers herstellen und verstehen. Ohne diese Einfälle bleibt Traumdeutung entweder ein reizvolles, ästhetisch-geist-reiches »Glasperlenspiel« oder ein Deutungsverfahren, das seine eige-nen Aussagegrenzen nicht beachtet und daher gefährlich oder wir-kungslos wird.

So kennt der Astrologe die Symbolik des Horoskopes, die aber ohne Kenntnis der Persönlichkeit des Horoskopeigners auch im zu Allgemeinen und Typischen verbleiben muß, will man nicht vom Deutenden hellseherische Fähigkeiten verlangen. Verführt durch die »Kochbuchrezepte« mancher Lehrbücher, zugleich aus ungenügend durchdachtem Konzept ihrer Tätigkeit, wenden viele Astrologen solche Rezepte schematisch an und vergessen dabei, wie oben schon erwähnt, daß es keine der dort angeführten und gedeuteten Konstellationen »wirklich« gibt, sondern immer nur in bezug auf eine bestimmte Gesamtkonstellation bzw. ein Gesamthoroskop – hier liegt der zu vollziehende Schritt astrologisch gesehen – vom abstrakt Typischen zum konkret Individuellen. Dadurch wird jeder Aspekt – wie beim Traum jedes Traumdetail – sofort modifiziert, und es entstehen immer neue Variationen, für die es keine »Rezepte« gibt, geben kann. Sowenig es »den« Deutschen oder Neger usf. bei dennoch vorhandenen typischen Eigentümlichkeiten gibt, sowenig gibt es – ebenfalls bei typischen Gemeinsamkeiten – »den« Widder-, Stier- oder Saturnmenschen usf.

Wir sind als Astrologen zusätzlich in der schwierigen Lage, daß wir unsere Deutungsaussagen in eine dem Ratsuchenden verständliche Sprache übersetzen müssen, weil die astrologische Symbolsprache nur wenigen vertraut ist. Es ist daher jemandem, der von Astrologie nichts versteht, nicht damit gedient, wenn man ihm etwa sagt: »Sie haben ein schlechtes zwölftes Haus« oder »eine Mond-Uranus-Konjunktion« oder ähnliches. Wir müssen unsere Einsichten in verständlicher Form und ohne Fachausdrücke bringen oder, wenn wir solche verwenden, sie erklären. Natürlich ist an den abstrakten Regeln und »Rezepten« der astrologischen Lehrbücher auch immer etwas Richtiges, weil sie aus langen Erfahrungen stammen. Aber man darf sich nicht damit zufriedengeben, wie es hier und da geschieht, daß eine Horoskop-»Deutung« so aussieht: Man hat fertige Blätter, auf denen für alle möglichen Konstellationen die üblichen Deutungen stehen; nun gibt man dem Ratsuchenden, je nach den in seinem Horoskop vorkommenden Konstellationen, etwa ein Blatt mit der allgemeinen Beschreibung der Mars-Uranus-Opposition, eines mit Venus-Jupiter-Trigon, eines für Saturn im 5. Haus usf. usf., aus denen sich der Ratsuchende sein Horoskop nun selbst zusammenstellen soll.

Blinddeutungen, die nur aus dem Horoskop, ohne Kennntnis des Geschlechtes, des sozialen Umfeldes und des Betreffenden selbst gemacht werden, ermöglichen nur Vermutungen und unspezifische Allgemeinaussagen. Der Empfänger weiß das aber nicht und nimmt an, daß sein Wesen nun von »höherer Warte« gespiegelt wurde, und meint, »so bin ich also«, ohne daß ihm gesagt wird, daß blinddiagnostisch eben nur Annäherungen an sein Wesen und wahrscheinliche Auswirkungen der Konstellationen gegeben werden können. Und weiter: es ist leicht, aus dem Horoskop etwa Goethes nachträglich Züge seines Wesens und seines Lebenslaufes zu belegen – aber niemand wäre in der Lage gewesen, aus dem zu seiner Geburt errechneten Horoskop den späteren Goethe zu beschreiben oder bei der Vorlage seines Horoskopes, ohne zu wissen, wessen Horoskop es ist, zu sagen: das kann nur Goethe sein. Und dennoch würde die Deutung viel Charakteristisches von ihm zutreffend schildern, was seine Anlagen betrifft – was er daraus machte, und das gilt für jeden von uns, reicht über astrologische Aussagemöglichkeiten hinaus. Die sinnvolle Anwendung der astrologischen Deutung liegt daher nur im beratenden Gespräch, im Aufzeigen von Anlagen, Möglichkeiten und Gefahren, als Hilfe für das Selbstverständnis – und das ist wichtig genug.

Zum Abschluß noch einige Bemerkungen zur Psychologie der Astrologen selbst. Wer wird aus welchen Motiven Astrologe? Oft liegt schon in der Motivation der richtige oder falsche Ansatz für die spätere praktische Tätigkeit. Bewußte oder unbewußte »Allmachtsansprüche« sind ein häufiges Motiv; die Vorstellung, Schicksale »in der Hand« zu haben, zu beeinflussen, vorauszusagen, der damit verbundene Nimbus des magischen Propheten, hat für manche Astrologen eine große Anziehungskraft, vor allem, wenn sie damit Unzulänglichkeitsgefühle kompensieren wollen. Das gibt es natürlich bei anderen Berufen auch, und die jeweilige »Berufspersona«, die soziale Bewertung, pflegen bei jeder Berufswahl eine große Rolle zu spielen. Bei Berufen mit einem Spezialwissen vom Menschen (wie etwa bei Ärzten, Priestern und Psychotherapeuten) ist damit immer eine gewisse Macht verbunden – und die Gefahr, diese zu mißbrauchen, gegeben. Das ist letztlich natürlich Sache der Persönlichkeit, ihrer Reife und Integrität. Ich erwähnte schon, daß bei diesen Machtansprüchen das Publikum insofern mitbeteiligt ist, als es zu bereit ist, solche Macht an andere zu delegieren, um Eigenverantwortung abgenommen zu bekommen. Astrologen mit solchem Machtkomplex pflegen sich ihrer »Treffer« zu rühmen und sind in der Horoskopdeutung behauptend, festlegend und unbeirrbar in ihrer Meinung.

Andere gehen von dem zunächst positiven Wunsch aus, zu helfen. Aber oft haben sie ein zu unbestimmtes, unklares Konzept davon, was

Helfen ist. Ihre Gefahr liegt meistens darin, daß sie Helfen-Wollen mißverstehen als tröstendes Beschwichtigen; sie verniedlichen Spannungen im Horoskop des Ratsuchenden, deuten mögliche Gefahren, die in Fehlhaltungen des Betreffenden liegen, verharmlosend um und erwecken falsche Hoffnungen im Erraten seiner Wunschvorstellungen. Sie versprechen zuviel, lenken die Erwartungen auf kommende gute Transite, auf die man nur zu warten brauche, usf. Mögen sie manchmal im Augenblick tröstend helfen, lassen sie den Ratsuchenden dann mit seiner Enttäuschung allein, wenn der »gute Jupiter« doch nicht das gebracht hat, was er bringen sollte. Das ist natürlich keine Hilfe; sie machen den Ratsuchenden zum Kinde, dem man in der Zukunft etwas verspricht ohne eigene Leistung, anstatt ihm zu größerem Selbstverständnis und zu Gestaltungsmöglichkeiten seines Lebens zu verhelfen. Für sie besteht das Schicksal lediglich aus guten und schlechten Transiten.

Es gibt aber auch den Astrologen, der alles zu dunkel malt und einen düsteren Fatalismus vertritt, dem man nicht entgehen könne; auf solche Weise können sich neurotische Züge des Beraters – Macht- und Geltungsansprüche, Ressentiments oder auch Sadismen – gefährlich auswirken. Diese Astrologen bedenken nicht, was ihre Deutungen für Wirkungen haben können, gerade wenn hinter ihnen die magische Person eines Propheten zu stehen scheint. Ihre Prognosen können beim Ratsuchenden einen unbewußten Vollzugszwang setzen, so daß er die Prognose erfüllt, was der Astrologe dann als »Erfolg« bucht. Thomas Ring spricht in diesem Zusammenhang mit Recht vom Erfüllungszwang, den »suggestive Aussagen mit der Ewigkeit im Rücken« – und das gerade bei labil-suggestiblen und ängstlich-autoritätsgläubigen Menschen – setzen können. Ähnliches gab und gibt es auf anderen Gebieten auch – man denke etwa an manche Vertreter der Kirche, die mit Hölle und Fegefeuer oder mit der Androhung ewiger Verdammnis arbeiten und dabei ebenfalls ihre neurotischen Bedürfnisse, scheinbar legitim, ausleben. Aber, wie auf diese Weise ekklesiogene Neurosen beim Gläubigen entstehen können, so müssen wir es vermeiden, durch Horoskopdeutungen die Beratenen zu neurotisieren; wir müssen ihre Toleranzgrenze einbeziehen und uns bewußt sein, daß Unmündigkeit und Unwissenheit der Boden für alle Arten von Suggestion ist. Dagegen hilft nur eigene Kritik und das Sich-Bemühen um richtige Informationen, was Astrologie vermag, was nicht. Dies wieder ist abhängig von einer vernünftigen berufsständischen Qualifizierung der Astrologen. Denn – zum Astrologen werden Menschen gehen, solange es Astrologen gibt, und es wird sie immer geben, wenn nicht öffentlich anerkannt, dann heimlich, was viel gefährlicher ist. Das einzig Vernünftige und schon längst Fällige wäre, mit qualifizierten Astrologen über einen Berufsstand mit bestimmten Ausbildungsbedingungen und klar abgegrenzten Funktionen zu beraten. Affektive, weltanschauliche oder sonstwie motivierte Ablehnung oder Unterdrückung der Astrologie ohne Sachkenntnis ist nicht nur unwürdig, sondern begünstigt gerade ihre gefährlichen Auswüchse.

Kommt es wirklich zu einer Renaissance der Astrologie, müssen die Astrologen in vieler Hinsicht umlernen. Sie müssen vom Podest magischer Prophetie und Schicksalsverkündigung herabsteigen auf die Ebene schlichter, beratender Tätigkeit – was übrigens viel schwerer ist. Das beratende Gespräch auf astrologischer Basis wird wohl ein Sektor der Psychotherapie der Zukunft werden. Aber dann darf Horoskopdeutung nicht mehr mittelalterliche Magie oder primitive Vermittlung unspezifischer Kochrezepte bleiben. Sie kann dann eine Lücke füllen, die jeder Psychotherapeut kennt, der nicht nur eingeschworen ist auf eine bestimmte Lehre oder Methode und sich mit deren Grenzen zufriedengibt: nämlich uns das fehlende Konzept einer Entelechie vermitteln, des Angelegt-Seins eines Menschen noch vor aller Umwelteinwirkung und Überfremdung, mit der wir Therapeuten ja den Patienten schon kennenlernen. Zum kausalgenetischen Ansatz der Psychoanalyse z. B. bringt das Horoskop den finalen hinzu, durch die in ihm erkennbaren Selbstverwirklichungsmöglichkeiten und Entfaltungstendenzen eines Menschen.

Aus eigener Erfahrung bin ich der Überzeugung, daß die Einbeziehung des Horoskopes in alle Formen psychotherapeutischen, beratenden und medizinischen Tuns sehr fruchtbar ist. Auf psychotherapeutischen und beratenden Gebieten besonders auch wegen der Übertragungs- und Gegenübertragungsvorgänge. Es ist eine Erfahrungstatsache, daß nicht jeder Therapeut jeden Patienten behandeln kann – manche »liegen« ihm nicht. Der Vergleich des eigenen mit dem Horoskop des Patienten kann uns zeigen, wo wir einen Patienten hemmen und warum wir ihn schwer verstehen können, ihm nicht gerecht werden, und daraus können sich neue Verständnismöglichkeiten für sein Wesen ergeben – manchmal vielleicht auch die Einsicht, daß wir nicht der für ihn geeignete Therapeut sind. Wollen wir einen Menschen möglichst umfassend verstehen – und ist das nicht das Bestreben jeder Psychotherapie? –, sollten wir auf die Kenntnis seines Horoskopes nicht verzichten.

In der Praxis kann das so aussehen, daß der Therapeut dem Patienten empfiehlt, sein Horoskop mit einem erfahrenen Astrologen durchzusprechen, und die Deutung mit dem Patienten durcharbeitet. Oder er kann sich vom Patienten die Erlaubnis geben lassen, daß er es mit einem Astrologen durchspricht und dann den Patienten über das Resultat der Besprechung informiert. Ist der Therapeut selbst astrologisch bewandert, kann er zu einem ihm als günstig erscheinenden Zeitpunkt die Besprechung natürlich auch selbst vornehmen. Der »Reinheit der Lehre« zuliebe sind Therapeuten Freudscher Observanz nach meinen Erfahrungen dazu selten bereit, während in der Jungschen Schule hierfür größere Offenheit besteht – beides verständlich aus der Auffassung des Menschen, die diese Schulen vertreten. Wir sollten doch nicht vergessen, daß es zuerst um den Patienten geht und daß bei dem ungemein komplexen und komplizierten Wesen Mensch jede Hilfsmöglichkeit für sein Verständnis und für die Eigenkontrolle beachtet werden sollte, vor allem in so differenzierten und tiefgreifenden Begegnungen, wie es eine psychotherapeutische Behandlung ist.

Die Zusammenarbeit von Psychotherapeuten und Astrologen scheint mir in vieler Hinsicht für die Zukunft wünschenswert zu sein; sie würde zweifellos beide Teile fruchtbar beeinflussen, wäre für Forschung und therapeutische Praktiken ein Gewinn. So wünschenswert es einerseits wäre, daß Psychotherapeuten und Berater sich Kenntnisse in der Astrologie erwerben, ihr eigenes Horoskop und das ihrer Patienten und Ratsuchenden kennten, so wünschenswert und notwendig wäre es andererseits, daß Astrologen eine psychologische, besser noch: tiefenpsychologische Ausbildung, möglichst eine eigene informatorische Analyse durchgemacht hätten; das würde die Gefahr verringern, ihre eigenen unbewußten Probleme in ein zu besprechendes Horoskop zu projizieren.

VII
Die zwölf Tierkreiszeichen

Die Ideen sind nicht verantwortlich für das,
was die Menschen aus ihnen machen.

Werner Heisenberg

Wir haben heute zum Verständnis der Symbolik der Tierkreiszeichen und der Planeten drei verschiedene Ansatzmöglichkeiten. Einmal können wir ausgehen von den antiken Astralmythen, wie es in eindrucksvoller Weise Philipp Metman in seinem Buch »Mythos und Schicksal« getan hat. Dort spiegelt sich der Reichtum der Seele personifiziert in den Gestalten der antiken Götter. In ihnen ist eine zeitlose Darstellung menschlicher Leidenschaften, Fähigkeiten, Wünsche und Ängste Gestalt geworden in einer Vielschichtigkeit, Differenziertheit und Fülle, vor der alle sonstige Psychologie verblaßt.

Dann können wir die astrologischen Symbole nach esoterischer Lehre aufschlüsseln, wie es uns die Theosophie und Anthroposophie vermittelt haben und wie es vor allem Oskar Adler in seinem großangelegten Werk »Das Testament der Astrologie« uns hinterlassen hat. Nach diesen Lehren stehen hinter den astrologischen Symbolen geistige Wesenheiten und ist im Tierkreis das »totale Menschenbild« angelegt, beginnend mit dem Widder, dem der Kopf, und endend mit den Fischen, denen die Füße entsprechen*. Aus der überlieferten Zuordnung der zwölf Zeichen zu bestimmten Körperregionen oder Körperorganen werden der Sinn und die Funktion der einzelnen Zeichen im Gesamtorganismus abgeleitet, ausgehend von der alten Vorstellung, daß der Mikrokosmos Mensch eine Entsprechung zum Makrokosmos unseres Sonnensystems habe. Auf diese Lehre habe ich mich im folgenden des öfteren bezogen, wenn es sich um das symbolische Denken in Entsprechungen zwischen Psyche und Physis handelt.

* In Lionardos »Abendmahl« ist die Zuordnung der Jünger zu den Tierkreiszeichen an kleinen zeichenspezifischen Symbolen gut zu erkennen (s. Alfons Rosenberg: »Zeichen am Himmel«).

71

Und schließlich können wir das uns überlieferte astrologische Wissensgut als den Niederschlag eines offenbarten, mit der Zeit Erfahrung
gewordenen Wissens ansehen und es mit unserem heutigen Erfahrungswissen vergleichen: diesen Weg bin ich gegangen, wobei ich, gemäß meinem beruflichen Erfahrungsbereich, meine tiefenpsychologischen und psychotherapeutischen Einsichten zum Vergleich heran-
zog.

Wenn der Astrologe heute in der schwierigen Lage ist, in seinen deutenden Aussagen auf eine Tradition angewiesen zu sein, über deren
Entstehung noch immer nur hypothetische Vorstellungen möglich
sind, so gilt das in besonderem Maße für den Tierkreis. Ist man nicht
Anhänger einer Geheimlehre, die den Schlüssel zu jenen Symbolen zu
haben glaubt, so wird unser heutiges Denken von keiner der versuch-
ten Erklärungen voll befriedigt. Ich habe mich daher darauf beschränkt, die Überlieferung der Astrologie aus dem Erfahrungsbereich
eines praktizierenden Psychotherapeuten zu erfassen und darzustellen. Ich bin der Meinung, daß wir ein Wissensgut, das einmal eine
so wesentliche Rolle in der Geistesgeschichte gespielt und so viele
große Geister gefesselt hat, nicht einfach ungeprüft beiseite schieben
dürfen, nur weil wir nichts über seine Entstehung wissen und es mit
den Mitteln heutiger Wissenschaft nicht erklären können.

Aus den Erfahrungen in meiner psychotherapeutischen Praxis hat
sich mir eine verblüffende Bestätigung der Tradition ergeben. So enthalten die folgenden Schilderungen der Tierkreiszeichen primär den
uns überlieferten Symbolinhalt, den ich aus meinen Erfahrungen an-
zureichern und in eine uns heute verständliche Sprache zu fassen versucht habe. Ich habe mich dabei bemüht, das jeweilige Tierkreiszeichen in seiner »Idee« oder als ein »psychisches Prinzip« darzustellen, aus welchem sich seine Ausdifferenzierungen leicht verstehbar ableiten lassen, was zugleich vermeidet, eine Aufzählung von nur anein-
andergereihten Eigenschaften anzuführen, die ihren Sinnzusammen-
hang nicht erkennen läßt.

Im Tierkreis sind also zwölf Ideen oder, wie wir heute auch sagen
können, zwölf archetypische Urbilder ruhend gedacht, die von den
Planeten als »Übermittler« auf die Erde übertragen werden, in die
zwölf Häuser oder Felder des Horoskopes, als zwölf Interessenrichtungen der menschlich-irdischen Realität.

Der Mensch hat somit in der Astrologie einen dreifachen Aspekt: Er
gehört der Erde an im Gebundensein an die irdische Wirklichkeit seiner
Tätigkeiten und Ziele – der Bereich der Felder des Horoskopes. Er

unterliegt zugleich den dynamischen sich wandelnden Impulsen der Planetenwelt und hat so Anteil an den unser Sonnensystem bewegenden Kräften und Rhythmen – sein zeitlicher, vergänglicher Aspekt. Und er hat Anteil an den zwölf Urbildern des Tierkreises, die seinen archetypischen, überzeitlichen Aspekt symbolisieren und zwölf Antwortmöglichkeiten auf unsere Befindlichkeit in der Welt sind. Jedes Einzelhoroskop enthält immer den gesamten Tierkreis, alle Planeten und Felder, jedoch stets in einer einmaligen Verteilung und Akzentuierung sowie in bestimmter Aspektierung: das Horoskop fixiert durch den individuellen Geburtsaugenblick und den Geburtsort eine Tageskonstellation und damit jeweils einen Ausschnitt aus dem Fluß der sich ewig wandelnden Bewegungen, der dem Geborenen zum Lebensthema wird. So hat er zwar einen geahnten Anteil an der Totalität, innerhalb deren aber nur eine begrenzte Aufgabe, die er verwirklichen soll.

In den zwölf Tierkreiszeichen hat uns die Astrologie eine höchst differenzierte Bilderwelt menschlicher Erlebnisweisen und Daseinsformen überliefert. Die Stellung der Sonne, des Mondes und des Aszendenten – des bei der Geburt im Osten aufsteigenden Tierkreisgrades – in einem dieser Zeichen hat eine besonders prägende Kraft, die sich in drei verschiedenen Wesensschichten auswirkt: die Stellung der Sonne wird von uns erlebt als ein uns eingeborenes Leitbild, als eine Zielvorstellung, die wir vorschweben haben. Für die Verwirklichung dieses Leitbildes bringen die anderen Planeten helfende oder hemmende Einflüsse hinzu.

Die Stellung des Mondes in einem Zeichen läßt uns dessen Thematik als sehnsüchtiges Wünschen oder als unfreies Müssen erleben; in ihr kommen familiäre und biographische Umweltfaktoren zur Auswirkung, denen wir in größerer Abhängigkeit unterliegen als bei der Sonne, durch die wir mehr Entscheidungsfreiheit haben. Deshalb spricht die Astrologie beim Mond auch von unserer »zweiten Natur«, die wir vor allem in unserer Kindheit durch Umwelteinflüsse erwerben. Der Mond läßt uns eine zeichenspezifische selektive Auswahl der Reize und Eindrücke treffen; er ist der wichtigste Faktor für unsere mitmenschlichen Kontakte.

Und schließlich beeinflußt die Stellung des Aszendenten in einem Zeichen vor allem unsere psychophysische Konstitution, das auf ihr ruhende vitale Temperament und Lebensgrundgefühl mit den darauf fußenden instinkthaften Verhaltens- und Reaktionsweisen. In dieser Wesensschicht sind wir am abhängigsten von der Zeichenprägung, sie ist weitgehend ein Hinzunehmendes, in ihr leben wir die Impulse eines Zeichens am naivsten und am wenigsten reflektiert aus.

In den folgenden Schilderungen wird nur die Stellung von Sonne, Mond und Aszendent in den Zeichen beschrieben, wobei eine scharfe Trennung der damit angesprochenen »Wesensschichten« nicht möglich ist, wie ja auch in der lebendigen Wirklichkeit geistige, seelische und vitale Wesensseiten für unser Erleben oft nicht klar zu unterscheiden sind, sondern sich wechselseitig beeinflussen und durchdringen. Unseren Sonnenstand kennen wir alle durch unseren Geburtstag; für die Stellung des Aszendenten, des Mondes, sowie für die anderen hier nicht beschriebenen Planetenstellungen in einem Zeichen ist die Berechnung des Horoskopes notwendig. Erst die Gesamtkonstellation eines Horoskopes läßt uns das Wesen eines Menschen astrologisch verstehend erfassen. Da es mir hier darum geht, astrologisch Unbewanderten zunächst einmal die fundamentale Symbolik der Tierkreiszeichen und der Planetenprinzipien nahezubringen, habe ich mich auf deren Darstellung beschränkt. Damit bleiben zwar diese Beschreibungen unvermeidlich im Typischen stecken, doch wird so die den astrologischen Laien nur verwirrende Vielschichtigkeit der möglichen Aussagen vermieden, die mit den Planetenpositionen in den Zeichen und Feldern sowie in den Planetenkombinationen durch ihre Aspekte gegeben ist – deren Darstellung wäre Sache eines Lehrbuches. Der Leser möge entscheiden, wieweit schon die Schilderung dieser Grundlagen ihm für sein Selbstverständnis und für das Verständnis anderer etwas gibt, ob er vielleicht bereits dadurch eine neue Dimension und einen Reichtum menschlicher Daseinsbefindlichkeiten angeboten bekommt, den ihm so nur die Astrologie geben kann.

Jedes Tierkreiszeichen kann, bei gleichbleibender Idee, durch die Einflüsse unserer Umwelt und Erziehung verschieden nuanciert gelebt werden – solche transastrologischen Einflüsse können sich begünstigend oder hemmend auf den »Kosmotypus« auswirken. Aber unabhängig davon hängt es auch von uns selbst ab, wie wir die Idee eines Zeichens verwirklichen: wir können sie zum Wohl des Ganzen oder nur zu egoistischen Zielen leben – hierin liegt der sittliche Aspekt der Astrologie, die es, jenseits von Ideologien, zum Maßstab nimmt, ob der einzelne seine Aufgabe im Kollektiv erkennt und erfüllt oder nicht.

In der Schilderung der Tierkreiszeichen will ich ferner versuchen darzustellen, welche Auswirkung typische, zeichenspezifische Verhaltens- und Reaktionsweisen, Entscheidungen und Ausweichhaltungen haben, die, über lange Zeiten wiederholt, sich summieren und zu Schicksal zusammenballen, auch neurotische Störungen und psychosomatische Erkrankungen entstehen lassen können. Ich will das an den von mir als »Keimsituationen« bezeichneten Stellen aufzeigen, in denen wir entscheiden, wie wir eine Aufgabe, einen Konflikt lösen, einen Entwicklungsschritt vollziehen oder ihn vermeiden; es sind die besonders schicksalsträchtigen Stellen in unserem Leben, in denen von uns die »Weichen gestellt« werden, gleichzeitig die Stellen, die wichtige Ansatzpunkte für unsere Selbsteinsicht, für therapeutische und beratende Hilfen abgeben, die uns zu Wendepunkten und Neuorientierungen verhelfen und uns »leben lernen« helfen können.

Ich habe in den nun folgenden Beschreibungen der Zeichen und Planeten deren Auswirkung auf die Frau gesondert dargestellt; die Gesamtschilderung eines Zeichens oder Planeten gilt zwar immer für beide Geschlechter; bei der Frau finden sich aber oft spezifische Auswirkungen, die wohl mit ihrer traditionellen Rolle in unserer Gesellschaft zusammenhängen, welche sich allerdings bereits so verändert hat, daß jene abgrenzende Unterscheidung unwesentlich zu werden beginnt. Dennoch bewirkt diese Rolle, daß bestimmte Seiten eines Zeichens oder Planeten von der Frau anders gelebt werden als vom Mann, was ich andeutungsweise zu schildern versucht habe.

WIDDER

Im Anfang war die Tat.

Goethe

Der Tierkreis beginnt mit dem Zeichen Widder, in das die Sonne zum Frühlingsanfang eintritt. Dieses Zeichen trägt daher alle Züge des Anfangs, des Beginnens – »Aufbruch der Kräfte« nennt Philipp Metman es zur Charakterisierung. Alle von ihm ausgehenden Impulse tragen die Kennzeichen des Beginnens, sind aus dem hier noch fehlenden Geschichtsbewußtsein zu verstehen, das jeden Anfang auszeichnet: die noch von keiner Erfahrung oder Tradition belastete Initiative; das Etwas-in-Gang-bringen-Wollen; die unbefangene Expansion und das unbekümmerte, unreflektierte Sich-durchsetzen-Wollen um jeden Preis, das als rücksichtslos beeindrucken kann, weil der Mensch noch auf keine bindende oder hemmende Vergangenheit zurückblickt, nur erfüllt ist von seinem Willen und Vorwärtsstreben.

Von diesem Grundprinzip, einen Anfang zu setzen, den »ersten Schritt« zu tun, lassen sich die typischen Charakteristika des unter diesem Zeichen Geborenen ableiten. Auf der Ebene des Aszendenten in diesem Zeichen, der eine eher robuste, motorisch-propulsive Konstitution und ein schizoid-cholerisches Temperament bedingt, finden wir eine naive Frische und ungebrochene Tatkraft, ein Lebensgrundgefühl, das, voll dynamischen Elans und Vertrauens in seine Willenskräfte, auf die Zukunft ausgerichtet ist – Zukunft bedeutet dem Menschen hier das noch zu Tuende. Er erlebt sich als autonom in seinem Wollen, ohne einschränkende Bedenken, und sucht seine Ziele auf dem direktesten Weg zu erreichen – das Ziel hat eine magische Anziehungskraft für ihn und füllt ihn so aus, daß er kein Zögern oder Zaudern kennt. Jede Einschränkung seines Freiheitsdranges und Eigenwillens verträgt er schlecht und reagiert darauf mit heftigen Aggressionen. Voller Energie, Wagemut und Ungeduld, ist er der Mensch der Überraschungssiege, des »veni-vidi-vici« und des Risikos, bereit, alles auf eine Karte zu setzen. Jugendlicher Übermut und Unbesonnenheit reifen bei ihm nur langsam zur Einsicht in seine Grenzen, am ehesten durch Mißerfolge; er kann das Altern schwer annehmen wie alles, demgegenüber er die Ohnmacht seines Willens spürt, die die Quelle *seiner* Angst ist.

Der Mond in diesem Zeichen bringt eine reizbar-aggressive seelische Gestimmtheit mit sich und einen hypomanischen Temperamentseinschlag. Der Mensch neigt zu autoritären Verhaltensweisen, zu unbedingtem Freiheitsdrang und zur Unabhängigkeit; er läßt sich leicht zu etwas hinreißen, zu übereilten Entschlüssen und vorschnellem Handeln bis zur Unüberlegtheit und Tollkühnheit, zu Kurzschlußhandlungen, die er gleich danach bereut, bei nächster Gelegenheit aber wieder begeht. Er hat etwas immer Wetteiferndes an sich, weshalb ihm der Mitmensch schon durch sein Vorhandensein zum Rivalen wird, den es auszustechen gilt; er ist der Plänemacher, der immer etwas planen muß, aktiv sein muß und daraus sein Selbstwertgefühl bezieht.

Mit der Sonne in diesem Zeichen hat der Mensch eine Leitlinie, auf der Leitbilder liegen wie der Pionier, der Bahnbrecher, der Eroberer, der Führer und Heros (bei der Beschreibung der Leitbilder folge ich öfters den Formulierungen Oskar Adlers). Er sieht die Welt, auch die mitmenschliche Umwelt, vorwiegend als Objekte seines Wollens, die er nach seiner Absicht formen und verändern möchte. Dabei leitet ihn ein idealistischer Elan, eine große Begeisterungsfähigkeit und ein schwer zu erschütternder Lebensoptimismus, der alles für möglich und erreichbar hält, soweit es von seinem Willen abhängt. Er hat einen unverwüstlichen Glauben an sich selbst, der auch nach Mißerfolgen und Niederlagen wie ein Stehaufmännchen sich wieder an sich selbst erkraftet und sich Neuem zuwendet. Aber er ist auch zu heroischem Selbstopfer fähig für seine Ideen und Ziele, und die damit gegebene Leidensbereitschaft kann den sonst schwer Belehrbaren durch Schicksalsschläge reifen: zumindest nach der Lebensmitte sollte sein alles überrennender Tatwille und seine Überheblichkeit der Einsicht in das Erreichbare weichen.

Die Keimsituationen, in denen zeichenspezifische Verhaltensweisen durch ihre Summierung dem Menschen zum Schicksal werden, lassen sich folgendermaßen beschreiben: es sind vor allem Probleme nicht integrierter Aggression und propulsiver Expansion sowie eines überwertigen Geltungsdranges. Das führt ihn oft in Übertreibungen; ungeduldig macht er den zweiten Schritt vor dem ersten; er kann nicht warten und deshalb immer wieder daran scheitern, daß er zu weit geht, daß er die geduldigen Vorbereitungen für seine Pläne überspringt und hemmende Realitäten übersieht. So kann hier der Pläneschmied entstehen, der voller Strohfeuer immer wieder etwas Neues beginnt, wodurch sein Leben in immer neue Anfänge und Fragmente zerfällt, und statt zu konkreter und konsequenter Zielsetzung kommt es nur zu Luftschlössern, die immer wieder sich auflösen.

In seinen mitmenschlichen Kontaktbeziehungen wird es ihm zum Problem, daß er wenig Neigung oder Fähigkeit zeigt, sich in andere einzufühlen. Im Erotisch-Sexuellen hat er etwas Ungestümes, Eroberndes, und ein geglückter Sieg ist ihm oft wichtiger als die Beziehung selbst. Auf der Basis ungekonnter Annäherung an das andere Geschlecht, die oft an pubertierendes Verhalten erinnert, weil er Zärtlichkeit und Werbung nicht wagt oder sie als Schwäche ansieht, kann es zu Kontakt-, Hingabe- und Potenzstörungen kommen – der Partner soll ihm »zu Willen sein«, was bei dessen Widerstand alle möglichen sadistischen Impulse bis zur Vergewaltigung bei ihm auslösen kann.

Es ist wichtig zu wissen, daß für ihn die Aggression oft nur Kontaktmittel ist, weil ihm andere Möglichkeiten des In-Kontakt-Kommens nicht ausreichend zur Verfügung stehen – er hat gleichsam auf der Palette seines Verhaltens zu wenig Zwischentönungen. Aggression muß man daher bei ihm nicht von vornherein als feindselig ansehen – sie pflegt es erst zu werden, wenn er auf zuviel Widerstand stößt. Aber abgesehen davon ist das Umgehen mit seiner spontanen Impulsivität und seinen starken Affekten und Aggressionen immer ein Problem für den Menschen hier, und wenn er keine produktiven Ventile dafür findet oder zu wenig körperliche Ausarbeitung hat, kann seine Dynamik in Polemik, Streit- und Prozeßsucht münden, in Reizbarkeit und Unduldsamkeit, schließlich im Asozialen enden.

Weil der Mensch hier immer Anführer, Leiter, »Haupt« und Erster sein will, ist er schwierig als Untergebener; auch das Nicht-zu-Ende-Führen seiner Pläne hängt oft damit zusammen, daß er lieber Anweisungen und Anleitungen gibt, als selbst die notwendige Kleinarbeit zu tun; er verliert leicht das Interesse an seinen Plänen, wenn ihm die Durchführung zu mühsam und langweilig erscheint.

Und schließlich kann ihm sein Geltungsdrang zum Problem werden. Das eigenwillige Streben nach vorn, das ehrgeizige Rivalisieren, die geringe Anpassungsbereitschaft sowie der meist vorhandene Mangel an kritischer Selbsteinsicht können zu naiver Selbstüberschätzung führen und ihm die soziale Anpassung (schon das Wort ist ihm zuwider) sehr erschweren. So kann er zum »Störer« in der Gemeinschaft werden, und bei entsprechend schwierigen Kindheitsschicksalen kommt es zu den Extremformen des Widderprinzips, die sich mit Begriffen wie: der Verführer, der Autokrat, der Gewaltmensch, der Despot und Fanatiker beschreiben lassen und die gleichsam das Gegenbild, der »Schatten« der anfangs skizzierten Leitbilder sind. Dann finden sich hier Züge von Bedenkenlosigkeit und Rücksichtslosigkeit bis zur Brutalität, bis zu Roheitsdelikten und anderen destruktiven Akten, aus denen nur noch die Lust am Zerstören spricht. Unsensible Undifferenziertheit und die immer bereitliegende Aggressivität lassen ihn dann am Mitmenschen nur so weit interessiert sein, als er ihn zum Objekt seines Willens machen, ihn benutzen kann.

Es ist immer wichtig, daß die jeweilige mit einem Zeichen gegebene Anlage schon beim Kind verstanden und richtig auf sie reagiert wird; die Astrologie bietet uns ja durch das Horoskop die einmalige Chance, ein Kind von der Geburt an in seinem kosmischen Angelegtsein zu erkennen – ich brauche nicht zu betonen, wie wichtig das für Eltern und Erzieher ist. Kinder mit starker Betonung dieses Zeichens sind »unbequeme Kinder«, sind schwer zu bändigen, oft die »enfants terribles« in Familie und Schule. Sie »stören« leicht durch ihre Lebhaftigkeit und ihr lautes Wesen; sie wollen jeden Impuls sofort umsetzen und gefährden sich dadurch leichter als andere. Es ist für sie wichtig, daß sie genügend Bewegungsfreiheit haben und sich austoben dürfen; ihrer Unternehmungslust müssen Ziele angeboten werden, die ihren Mut und ihren Einsatzwillen, andererseits das Durchhalten statt sofortige Abreaktion ansprechen. Durch zu frühe oder zu weitgehende Einschränkung ihres Freiheitsbedürfnisses und ihrer Motorik kann der Ansatz zu späteren zwanghaften Persönlichkeitsstrukturen gelegt werden; aber auch schizoid-asoziale Züge können auf dem Hintergrund eines intoleranten oder schädigenden Milieus oder durch die Identifikation mit asozialen Leitfiguren entstehen, mit gefährlichen Durchbrüchen des Unterdrückten oder Vorgelebten. Sie sind Raufbolde und spielen andern gern einen Schabernack, mit oft merkwürdig geringer Einfühlungsfähigkeit für die Wirkung ihres Tuns. Es ist hier besonders wichtig, dem Kind die Möglichkeit zu geben, etwas aus eigenem Willen anzufangen, es zu tun, solange es Lust dazu hat, und cs aus eigenem Willen zu beenden. Eingriffe, auch wohlgemeinte, lösen sonst einen vermeidbaren Trotz bei ihm aus: das »mach doch mal dies« und »hör doch damit jetzt auf« usf. sind solche vermeidbaren Klippen.

Frauen mit starkem Einfluß dieses Zeichens haben es im allgemeinen schwerer, die von ihnen erwartete weibliche Rolle zu übernehmen; die Partnerschaft wird ihnen leicht zum Machtkampf, zum Rivalisieren mit dem Mann. Beide Geschlechter empfinden Werbung, Zärtlichkeit und Hingabe fast als Zeichen der Schwäche oder als Niederlage. Die Frauen haben hier eher erobernde Züge, sie sind oft mehr Kameradinnen als frauliche Partnerinnen. Aus ihrer Neigung zum Führen- und Bestimmen-Wollen, die bei manchen in Herrschsucht ausartet, wählen sie nicht selten Männer, die wenig Eigeninitiative haben, die gern Entscheidungen und Entschlüsse an sie delegieren und selbst im Erobern gehemmt sind. Hingabestörungen und Frigidität haben hier oft den seelischen Hintergrund des Nicht-mit-sich-geschehen-lassen-Könnens oder zu starken Einschaltens des Willens in körperseelische Abläufe, denen sie sich mehr überlassen sollten.

Nach dem Gesagten ist es verständlich, daß es für die Entwicklung des Menschen hier entscheidend wichtig ist, für welche Ziele er seine Kräfte anwendet. Er ist zu großen Leistungen, zu Einsatz- und Opferbereitschaft fähig – er kann sie pionierhaft für unternehmerische, für politische, soziale oder sportliche Ziele einsetzen, mit viel Mut und Idealismus; er kann aber auch blindlings und unbelehrbar zum Störer in der sozialen Gemeinschaft werden bis zum Zerstörer. Die lang anhaltende Jugendlichkeit seines Lebensgefühls macht ihn fortschrittsgläubig bis zum Eiferer.

Der Mensch neigt hier zum hypothetischen Denken; er nimmt gern das Denkresultat vorweg, und die genaue Begründung und Beweisführung interessiert ihn weniger. So kann er zu kühnen gedanklichen Konstruktionen und Erfindungen kommen, kann aber auch in zu stark abstrahierender Vereinfachung oder zu sehr vom Willen beherrschten Denken (etwas ist so, weil ich will, daß es so ist) sich verrennen, weitab jeder Objektivität.

Nach astrologischer Tradition wird jedem Tierkreiszeichen eine bestimmte Körperregion oder ein Organ zugeordnet. Darin liegt sowohl ein Hinweis auf die Funktion, die ein Zeichen im Gesamtorganismus hat, als es auch den »locus minoris resistentiae« anzeigt, an dem sich ungelöste Konflikte oder Fehlhaltungen am ehesten somatisieren. Dem Zeichen Widder wird der Kopf zugeordnet; die Erfahrung bestätigt, daß sich bei ihm Kopfschmerzen, Schlafstörungen (nicht entspannen können), Gesichtsneuralgien, Migräne und Schwindelgefühle häufig finden, im Alter auch Neigung zu hirnarteriosklerotischen Affektionen und Schlaganfällen. Krankheit sucht der Mensch hier mit dem Willen zu bekämpfen, denn er empfindet Kranksein, wie jedes Nachgeben, als Zeichen der Schwäche. – Als ein Mann mit starker Betonung dieses Zeichens den Wartegg-Erzähltest ausführte, schrieb er bei dem zu ergänzenden Satz: »Gestern trafen wir uns auf dem Markte. Wir waren beide überrascht. Ich faßte mich zuerst und ...«: »erkannte meinen Todfeind in ihm, stürzte mich auf ihn und schlug ihn nieder.« – Ein anderer bekam Angst- und Schwindelanfälle, wenn er Beifahrer in einem Auto war oder Karussell fuhr – abhängig von fremdem Willen, konnte er sich nicht vertrauend überlassen und bekam Angst, weil er das Geschehen nicht mit *seinem* Willen beeinflussen konnte. – Ohnmacht des Willens ist das Schlimmste, was dem Menschen hier passieren und für ihn zum Angstauslöser werden kann. Daher neigt er zu allen möglichen Formen des Willenstrainings: ein Mann legte sich jedes Jahr einen Monat lang ein Rauchverbot auf – nicht aus Gesundheitsgründen oder Sparsamkeit, sondern lediglich, um sich zu beweisen, daß er es vermochte, auf das Rauchen zu verzichten, wenn er es wollte. – Ein anderer hatte ihm unverständliche Kontaktschwierigkeiten, bis er erkannte, daß er in jedem Menschen einen potentiellen Rivalen und Gegner sah, dem er sich dementsprechend – ihm selbst nicht bewußt – feindselig herausfordernd näherte.

Zur Lebenslüge kann es hier kommen, wenn der Mensch sich in immer neue Aktivitäten und unbekannte Abenteuer stürzt, um dadurch vor der Begegnung mit sich selbst, vor seiner inneren Realität, letztlich vor seinen Ängsten, auszuweichen. Dann wird er zum »Gschaftlhuber«, entwickelt eine leere Betriebsamkeit, die mit den Jahren immer mehr Fluchtcharakter annimmt – auch Abenteuerlust und Reiz des Unbekannten können von einem gewissen Alter an dazu werden. Dann weicht er auch vor tieferer mitmenschlicher Begegnung aus, indem er mit dem anderen immer »etwas tut«, sich nichts gefallen läßt, ihn bevormundet oder manipuliert, so daß es gar nicht zu einer Begegnung kommen, der andere nicht zum Partner werden kann. Er hält dann diese Aktivitäten, die nur Lücken füllen und ihn vor der Selbstbegegnung schützen sollen, für sinnvolles Tun, und glaubt sich weiterhin auch da noch als Wollender und Handelnder zu erleben, wo ihm seine Fehlhaltung bereits zum nicht erkannten Zwang geworden ist, er gar nicht mehr anders kann. So begegnet uns als die erste unserer möglichen Lebenslügen hier: die Flucht in die Aktivität und die Zukunft, im Ausweichen vor den erschreckenden Abhängigkeiten menschlichen Daseins und vor dem schlichten Sein, das er nur als Untätigkeit zu sehen vermag.

Die Lösung der Aufgabe dieses Zeichens liegt im unermüdlichen Bemühen, neue Entwicklungsmöglichkeiten, neue Ansätze zum Fortschreiten zu finden und zu setzen, im Glauben an die Entwicklungsfähigkeit der Menschen, die aber vom Menschen kommender Anstöße bedarf, um verwirklicht zu werden; im Mut und einer Einsatzbereitschaft, die auch Opfer zu bringen bereit und fähig ist. So kann er zum Befreier werden, indem er Möglichkeiten erkennt und anstrebt, an die Gebundenere nicht zu denken wagen.

Den Einfluß des Zeichens können wir wohl an Bismarck, Ludendorff, A. Briand, Savonarola, H. Blüher, E. Jünger und H. v. Karajan erkennen.

STIER

Denn alle Lust will Ewigkeit, will tiefe tiefe
Ewigkeit.   Nietzsche

Nach dem unbedingten und bei allem Beginnen notwendigen Ja zu
sich selbst und dem eigenen Willen, mit der Gefahr unkontrollierter
Verselbständigung der zentrifugalen Kräfte und der Überschätzung des
Wollens, folgt nun im Zeichen Stier, gleichsam wie die Systole auf die
vorangegangene Diastole, ein Gegenimpuls. Hier geht es um ein fast
weiblich zu nennendes Hinnehmen, um geduldiges Beharren und Aus-
harren, um die zentripetale Sammlung der Kräfte. Ein passiv aufneh-
mendes Sich-einverleiben-Wollen ist hier das Grundprinzip sowie das
pflegliche Hüten und Vermehren des Übernommenen und Erworbenen. Erlebte der Mensch unter dem Zeichen Widder sich am intensivsten im Wollen, so hier im geduldigen Ertragen, im langsam-bedächti-
gen Sich-Entfalten. Er möchte sowohl sich nun im Sein verwurzeln,
alles beglückende Erleben unverändert festhalten und möchte zugleich
sich dem Leben öffnen mit allen Sinnen und Gemütskräften; hier
liegt ein Ansatz seines Leidens an sich selbst. Der Mensch braucht hier
Zeit und Muße für seine Entwicklung und Selbstfindung, und das
»Warten«, im doppelten Wortsinn (O. Adler) des geduldigen In-sich-
reifen-Lassens seines Wesens und andererseits des sorglichen Pflegens
des Gegebenen, wie es im »Wärter« zum Ausdruck kommt, ist ihm
hier ein Grundbedürfnis.
Von dem Grundprinzip des Sich-einverleiben-Wollens lassen sich die
Charakteristika des unter diesem Zeichen Stehenden ableiten. Der
Aszendent vermittelt ihm eine eher zum Pyknischen neigende Konstitution mit melancholischem Temperamentseinschlag, und ein Lebensgrundgefühl, das wir mit dionysischer Sehnsucht oder idyllischen
Wunschvorstellungen beschreiben können. Wir finden hier oft eine
schwerblütige Trägheit, ein ängstliches Haften am Gewohnten und
ein Festhalten am Besitz in jeder Form. »Die Kraft des Widders ist Ge-

schwindigkeit und Wille, die des Stieres Gewicht und Zorn« (Metman). Die Tendenz zur Selbstbewahrung kann sich steigern zu trotziger Abwehr aller Fremdeinflüsse, denen er eine hartnäckige Opposition entgegensetzt – er möchte sich nicht ändern, vertritt daher eine konservativ-konservierende Grundeinstellung. Aus ihr heraus sagt er in Abgrenzung und Selbstbewahrung zu allem neu auf ihn Zukommenden zunächst einmal nein, ist, im Gegensatz zum Menschen unter Widder, der primär auf Angriff eingestellt war, primär auf Verteidigung eingestellt. Das hat noch den tieferen Grund, daß der Mensch hier durch seine langsam-schwerblütige und manchmal schwerfällige Reaktionsweise und dadurch, daß er alles ihm Begegnende so emotional erlebt und gründlich verarbeiten muß, sich gegen das Überfremdet-Werden von rascher und oberflächlicher Reagierenden abgrenzen muß zum Selbstschutz. Wird dieser überwertig, kann die Abwehr bis zur Sturheit gehen, das Sich-Abgrenzen zur Beschränktheit, das Sich-bewahren-Wollen zu lebensängstlicher Hypochondrie werden.

Beim Mondstand in diesem Zeichen findet man viel Gutmütigkeit, Gemüthaftigkeit und emotionale Wärme; was der Mensch tut, tut er mit innerer Anteilnahme. Seine Bereitschaft, sich empfangend zu öffnen, widerspricht seinen Selbstbewahrungstendenzen. So erlebt er den Zwiespalt zwischen erdhafter Sinnenfreudigkeit und Genußliebe, dionysischer Sehnsucht nach Fülle und leidenschaftlicher Hingabe an das Leben und der gleichzeitigen Angst, sich dadurch zu verlieren; er kommt in die Lage, die das englische Sprichwort »to eat the cake and to have it« ausdrückt – er wagt nicht zuzugreifen, weil dann etwas zu Ende geht. Das Bewußtwerden dieses Zwiespaltes läßt bei ihm oft den Humor im Sinne des »Humor ist, wenn man trotzdem lacht« entstehen. Zu starkes Festhalten-Wollen konstelliert aber die Verlustangst, oder es führt schließlich zum Haften an Gewohnheiten, Traditionen, Prinzipien usf., zur Scheu vor der Selbstverantwortung. Jede Veränderung wird ihm dann zum Problem, dem er sich gern durch diplomatische Scheinanpassung entzieht, hinter der er unverändert der alte bleiben kann; oder er schiebt die Entscheidung hinaus durch Zögern und Zaudern.

Mit der Sonne in diesem Zeichen trägt der Mensch Leitbilder in sich, die auf der Linie des dionysischen Menschen, des Kontemplativen, des Sammlers oder des »Dulders« (O. Adler) liegen. Durch seine Neigung zu konservierendem Sammeln wird er der Hüter und Bewahrer von Traditionen und Kulturwerten. Im Gegensatz zum kühn hypothetischen vorausdenkenden Menschen unter dem Zeichen Widder ist er der Empiriker, sach- und realitätsbezogen, der exakt-gründliche, konsequent denkende Naturwissenschaftler, der bedächtig planende Konstrukteur und Baumeister – die Treue zu sich selbst und der Mangel an Beweglichkeit können ihn auf seinem Gebiet zum Dogmatiker werden lassen. Zutiefst hat der Mensch hier eine Lebensfrömmigkeit, eine naturnahe Liebe zum Leben und zur Welt, die an Demut grenzen kann und ihn seine Ängste überwinden läßt; er vermag dann in chthonische Wesenstiefen zu tauchen, aus denen ihm die großartige Bilderwelt der Mythen, Sagen und Märchen zugänglich wird.

Die zeichenspezifischen Keimsituationen, die sich für ihn schicksalhaft auswirken, liegen im Ausweichen vor allen ihn beunruhigenden Veränderungen. Er flüchtet dann in passive Bequemlichkeit, hält an ihm liebgewordenen Gewohnheiten fest, was indessen seine Lebensängstlichkeit nur steigert; er übernimmt Vor-urteile, bleibt so autoritätsgläubig und wird autoritätsabhängig. Er scheut die Selbstverantwortung; muß er sich doch einmal entscheiden, verfällt er in zögerndes Aufschieben in der stillen Hoffnung, daß ihm die Entscheidung abgenommen wird. So kann es hier zu den Schattenbildern obiger Leitbilder kommen, die auf der Linie des bukolisch-behaglichen Genießers liegen, des engen Spießbürgers, der sich ängstlich von der Meinung anderer abhängig macht, mit subalternen Zügen bis zur Hörigkeit. Trägheit wird ihm oft zur Klippe, er braucht Anstöße von außen, um »in Gang zu kommen«.

In psychoanalytischer Terminologie könnten wir hier von einem »oral Stigmatisierten« sprechen. Das »Haben-Wollen« fixiert ihn an seine Wünsche, und da er schwer verzichten kann, bildet das oft den Ansatz von Depressionen. Die intensive und immer auf Konkretes gerichtete Wunschkraft bleibt leicht in passiven Erwartungsvorstellungen stecken, in gleichsam Schlaraffenland-Vorstellungen vom Leben. Die Depressionen können hier alle Grade annehmen, von sie verschleiernden Bequemlichkeitshaltungen und Trägheit bis zur Süchtigkeit und zur Schwermut. Der Oblomow aus Gontscharows gleichnamigem Roman ist ein glänzend beschriebenes Beispiel für eine solche Entwicklung, das auch die biographischen Hintergründe einbezieht.

Seine schwerblütige Reaktionsweise, seine primäre Gutmütigkeit und Bedächtigkeit lassen es bei ihm zu Affektstauungen kommen, die sich, wenn seine Toleranzgrenze überschritten wird, in heftigen Affektdurchbrüchen entladen, bis zum »Rotsehen« und zu blinden Jähzornausbrüchen bei entsprechender Biographie bis zu Affektverbrechen.

Sonst äußert sich seine Aggression eher in Trotz, Opposition und Umständlichkeit.

Wenn seine tief in seinem Wesen verankerte Sehnsucht nach Dauer überwertig wird, können zwanghafte Züge entstehen; er kann dann nichts loslassen, möchte am liebsten alles konservieren und unverändert festhalten; dann lebt er wie in einem Museum, und das Sicherungsbedürfnis wird sein zentrales Anliegen und engt seinen Horizont immer mehr ein. Entwickelte der unter Widder Geborene zwanghafte Züge zur Bannung seiner Dynamik und Überaggressivität, so der Mensch hier zum Schutz vor Wandlung und Veränderung. Die »Klebrigkeit« seiner Libido fährt sich dann fest in Prinzipien, starren Gewohnheiten und mangelnder Plastizität. All das kann den Hintergrund abgeben für seine Verlustangst und seine Angst vor der Vergänglichkeit, die er durch Sammeln, Besitzvermehrung und haushälterische Sparsamkeit zu vermindern sucht, durch gesunde Lebensprinzipien mit oft hypochondrischem Einschlag.

In der Erziehung ist es von besonderer Wichtigkeit, die langsamgründliche Verarbeitungsweise des Kindes zu respektieren. Drängt man es zu rascherem Reagieren, bevor es die innere Bereitschaft dazu hat, will man es zwingen und hält man schon seine Wesensart für Trotz, kann das zu unlösbaren tragischen Situationen führen. Das Kind muß dann seine Wesensart zum Selbstschutz verteidigen; wird das wieder als Trotz gelesen, läßt es einen Teufelskreis entstehen, denn es muß nun zur Selbsterhaltung sich erst recht in den Trotz retten, wodurch es aber in eine ausweglose Lage gebracht wird. Es kann sich dann nur noch im »nein« erleben, in Opposition um jeden Preis – oder aber, es wird gefügig gemacht, sein Widerstand gebrochen, und das gibt dann oft den Ansatz zu den beschriebenen Bequemlichkeitsentwicklungen, zur Autoritätsabhängigkeit und dem Mangel an Mut zu sich selbst. Wichtig ist es immer, seine musisch-gemüthaften Seiten anzusprechen, anzuregen.

Frauen haben unter diesem Zeichen oft etwas naturhaft-erdhaft Sinnliches; in der Jugend verführerisch und verführbar, neigen sie später eher zur Gefühlstreue und zu fester Bindung. Ihre Hingabebereitschaft kann ihnen zum Problem werden, wenn sie den Partner zu sehr zur Autorität und sich von ihm abhängig machen, indem sie zuviel an ihn delegieren, was sie selbst tun könnten und sollten (Entscheidungen usf.); dadurch bleiben sie kindlich und unselbständig. Sie haben meist eine gute Beziehung zur Jugend und zum Kind, können es aber aus ihrer Lebensängstlichkeit und dem Nicht-loslassen-Können zu fest an sich binden. Sie strahlen Wärme aus und können Atmosphäre, Behagen und Gemütlichkeit vermitteln. Auch ihre Verlustangst und Bequemlichkeit kann sie zu abhängig vom Partner machen, und unter entsprechenden biographischen Vorbedingungen gibt es hier Entwicklungen in seelischen oder sexuellen Masochismus, in Hörigkeit und Dirnentum. Manchmal kommt es hier zu paradoxen Reaktionen, zu Untreuen, die gerade auf der zu großen Bereitschaft, sich abhängig zu machen, fußen – wer weiß, daß er dem anderen total verfallen kann, muß sich mehr schützen.

Die Tradition ordnet dem Zeichen Stier die Hals-Nacken-Schulter-Region zu und den gesamten oralen Aufnahmetrakt (Mund, Schlund, Speiseröhre). Ungelöste Konflikte oder Fehlhaltungen führen hier öfter zu Verspannungen der Schulter-Nackenmuskulatur (»Hartnäckigkeit«, »Halsstarrigkeit«); Gehör- und Sprachstörungen (Stottern) haben oft denselben psychosomatischen Hintergrund, sind der körperliche Ausdruck von nicht gewagten Trotzaffekten oder Widerstand. Anginen und sonstige Affektionen des Aufnahmetraktes spiegeln oft orale Frustrationen, Versagungserlebnisse oder das Nicht-verzichten-Können. Dysfunktionen der Schilddrüse können psychosomatisch im Zusammenhang mit nicht zu verarbeitenden, schweren affektiven Erschütterungen und Schreckerlebnissen auftreten. Hypochondrische Züge finden sich hier häufiger; im Unterschied vom Menschen unter Widder, der Krankheiten oft erfolgreich mit dem Willen bekämpft und sie als Schwäche oder Niederlage ansieht, ist der Mensch hier eher krankheitsängstlich und betreibt alle möglichen prophylaktischen Maßnahmen. Er ist meist ein Anhänger »natürlicher« Lebensweise und von Naturheilverfahren – der Pfarrer Kneipp stand unter dem Einfluß dieses Zeichens. Suizidale Impulse entstehen hier aus dem Nicht-loslassen-Können des zu sehr der Erde Verhafteten, der Verluste und Frustrationen schwer erträgt, oder der aus gehemmtem Zugreifen-Können und gehemmter Aggression in schwermütige Hoffnungslosigkeit verfällt.

Die Neigung zu passiver Bequemlichkeit und der mangelnde Mut zur Selbstverantwortung, andererseits die Gefahr der Erstarrung in Gewohnheiten oder im Dogmatismus pflegen die Keimsituationen zu sein, die dem Menschen hier zum Problem werden.

Zwei meiner Patienten brauchten Jahre, um sich für eine Bindung zu entschließen, bis es zu spät war und der Partner sich anders entschied. – Das besonders gute, gleichsam konservierende Gedächtnis kann sich hemmend auswirken; der Mensch kann sich dann schwer vom vergangenen Erlebten frei machen, schwer vergessen; überhaupt können ihm Erinnerungen zur Last werden und ihn zu wenig offen sein lassen für neue Eindrücke, die die alten auslöschen. – Bei einem Patienten erreichte das ein solches Ausmaß, daß er, nach Gesprächen mit Freunden, sich die Gespräche minutiös genau rekapitulieren mußte, an einem Erinnerungszwang leidend, der ihn viele Stunden am Tag kostete, ihn zugleich vor Handeln und Entscheidungen bewahrte. – Eine Mutter zu ihrem Sohn: »Wenn an dich als Kind etwas Neues herankam, sagtest du immer zuerst ›nein‹.«

Zur Lebenslüge kann es hier kommen, wenn der Mensch seine Lebensangst durch hamsterndes Besitzen-Wollen und träge Genüßlichkeit zu betäuben versucht, nicht bereit, für seine Wünsche und Triebbefriedigungen das Maß an Verzichten auf sich zu nehmen, das das Leben nun einmal von uns fordert. Oder auch dadurch, daß er sich dem Fließen der Zeit und der Forderung, uns zu wandeln, glaubt entziehen zu können durch krampfhaftes Festhalten am Gewohnten; er versucht dann, jede Erschütterung zu vermeiden im Verteidigen seiner einmal gefaßten Meinung, im Sich-Wehren gegen Veränderung. Treu ist er dann aus Verlustangst; Kontemplation wird zu passivem Unberührt-Bleiben; Frömmigkeit zu Kleingläubigkeit; dionysischer uns ergreifender und wandelnder Rausch zu banalem Genießen-Wollen. So liegt die Lebenslüge hier in der Flucht in die Passivität starrer Unveränderlichkeit.

Die Lösung der Stier-Thematik liegt im Vertrauen auf die Wachstumsmöglichkeiten alles Lebendigen, im geduldigen Arbeiten an den Entwicklungsprozessen, die allem Lebendigen innewohnen. Das führt ihn zum bedächtig-beharrlichen Aufbauen seines Lebensplanes, in gleichsam organischer Wesensentfaltung. Sein Wissen um die Großartigkeit der Natur führt ihn zur Demut, gibt ihm die Kraft auszuharren, zu hoffen und mit ruhiger Sicherheit konsequent seinen Weg zu gehen, in der Achtung vor allem Gewordenen und Gewachsenen.

Bei Menschen wie Hebel, Schlüter, Schadow, bei Brahms und Tschaikowsky, Krishnamurti und Teilhard de Chardin vermögen wir wohl Züge des Zeichens wiederzufinden.

ZWILLINGE

Ach lauf doch nicht nach Witz und Weisheit
übers Meer!
Der Seele Würdigkeit kommt von der Liebe
her.
                                        Angelus Silesius

Drohte sich im Zeichen Stier alles Dynamische festzufahren in unver-
änderlicher Ruhe und haftendem Halten, bringt das nachfolgende
Zeichen Zwillinge hierzu wieder einen Gegenimpuls. Hier geht es
um ein ungemein waches, lebendiges und vielseitig interessiertes Wis-
sen-Wollen; der Mensch ist auf sich Mitteilen und Austausch angelegt. Er sucht von der Welt Besitz zu ergreifen durch denkendes Verstehen, durch Erkennen der Gesetzmäßigkeiten hinter den Erscheinungen, die er in Begriff und Zahl nach-denkend entdeckt und benennt.
Es ist, als ob auf der Basis des vorangegangenen statischen sich Ver-
wurzeln- und Verweilen-Wollens nun eine geistige Beweglichkeit ermöglicht würde, eine weltoffene Neugier und Wißbegierde, und ein
Inter-esse, das dem Menschen hier seine Abgelöstheit von Affekten
und Emotionen gibt, die Distanz auch zu sich selbst. Die Lust am Denken, an der Betätigung der reinen Funktion des Denkens, beherrscht
ihn. Im Gegensatz zum Denken des unter Stier Geborenen, das immer
anschaulich-konkret bleibt, schwerfälliger, aber gründlicher ist, neigt
der Mensch hier zum abstrakt-theoretischen Denken, das wendiger ist,
aber auch spielerisch-unverbindlicher. Denn diesem Denken relativiert
sich alles; es reizt hier, die Vielseitigkeit möglicher Aspekte und Gesichtspunkte, die verschiedenen Denkmöglichkeiten zu sehen, ohne
sich festzulegen. Die Sprache ist sein bevorzugtes Medium, und hatte
der unter Stier Geborene Humor, so hat er Ironie und Witz; er liebt
geistreiche Wortspiele, ist redselig und sprachbegabt.
Vom Grundprinzip des wachen, beweglichen Interesses ausgehend, ergeben sich auf der Ebene des Aszendenten folgende Charakteristika:
ein nervös-lebhaftes, eher sanguinisches Temperament, mit dem Lebensgrundgefühl der Rastlosigkeit und dem Bedürfnis nach Anregung,
das bis zur ruhelos-unsteten Betriebsamkeit und zum Reizhunger

reichen kann. So entsteht bei ihm eine ungemeine Vielseitigkeit der Interessen, die scheinbar universell ist, aber oft zur Zersplitterung führt und die Unfähigkeit verdeckt, sich tiefer auf etwas zu konzentrieren. Der Mensch kann hier in kontaktsüchtiger Geschäftigkeit und in distanzlosem Mitteilungsdrang steckenbleiben und damit seine Angst vor Langeweile und Einsamkeit zudecken, die der erlebt, der zu einseitig nach außen, auf die Umwelt ausgerichtet ist und sich nicht die Zeit läßt, etwas in sich wachsen und reifen zu lassen – hierin geradezu der Gegenpol zum Menschen unter Stier.

Mit der Mondstellung in diesem Zeichen entsteht die Neigung, alle Probleme und Konflikte nur aus rationaler Orientierung heraus zu lösen. Man meint daher, man braucht nichts ernst zu nehmen – dem Verstand stehen so viele Denkmöglichkeiten offen, daß er immer einen Ausweg findet. Das vermittelt das Gefühl einer gewandten Überlegenheit und heiteren Leichtigkeit, die zur Oberflächlichkeit wird, wenn man damit auch Tieferes glaubt erklären zu können. So kann man zum spöttischen Skeptiker werden, der in seiner Scheinüberlegenheit nie zu fassen ist, dem der Verstand, die Ratio, einziger Maßstab ist, mit dem man »alles« erklären kann; für ihn gibt es nichts Unerklärliches mehr; das Dunkle, das Numinose, Glaube und Mysterien, werden durch ironischen Zweifel oder »Aufklärung« abgewehrt und abgewertet. So kann er immer mehr verflachen und verarmen, bis zur Charakterlosigkeit, wenn er seine Intelligenz dazu mißbraucht, alles verstehen zu wollen, ohne einen eigenen Standpunkt zu beziehen.

Mit der Sonne in diesem Zeichen könnte der Mensch hier mit Descartes sagen: »cogito, ergo sum«; ihm ist eine Leitlinie eingeboren, die sich mit Bildern wie dem Gelehrten, dem Erfinder, dem Enzyklopädisten und universellen Geist umschreiben läßt. Hier wird das Denken zum subtilen Suchen nach Wahrheit, die vielseitige Interessiertheit zur Forderung, das Verbindende und die gemeinsamen Wurzeln der Erscheinungen zu erkennen. Der Mensch erfährt hier besonders intensiv das quälende Bewußtsein des Gespaltenseins in Beobachter und Beobachtetes, in Denker und Gedachtes, in Subjekt und Objekt, das sich ihn als zwiespältig erleben und nach einer Synthese suchen läßt. Denn er hat zutiefst die Sehnsucht nach dem erlösenden Zurückfinden in die ungeteilte Ganzheit, in der die Gegensätze zugleich enthalten und aufgehoben sind.

Die für ihn schicksalhaften Keimsituationen sind folgende: die denkerische Vielseitigkeit der Gesichtspunkte bringt ihn in die Gefahr, alles zu relativieren; dann zweifelt er jede Einsicht sofort wieder an und sucht nach anderen Erklärungen. Das kann zum Zweifeln um des Zweifelns willen führen, zur Kritiksucht bis zum Nihilismus, der letztlich Ausdruck der ihm nicht bewußten Ver-zweiflung ist, nirgends etwas Verbindliches und Tragendes zu finden – ohne daß ihm klar wird, daß gerade der alles relativierende Intellekt ihm solche Gewißheit verwehrt und verbaut.

So finden wir denn als »Schatten« der oben skizzierten Leitbilder den »Intellektuellen« und Rationalisten, den Aufklärer, Renegaten und Abtrünnigen, den Plagiator und hybriden Spötter. Mit seiner Zweifelsucht entzieht er sich jeder Festlegung und eindeutigen Endgültigkeit und bleibt dann Dilettant oder wird zum Eklektiker, der sich überall das ihm Passende heraussucht ohne eigene schöpferische Leistung und persönliche Stellungnahme. An die Stelle gründlichen Wissens und wesentlicher Erkenntnisse tritt dann lexikalisches Vielwissen ohne persönlichkeitsvertiefende Wirkung, »Bildung« in diesem Sinne wird ihm wichtiger als Sinnfindung, über Glauben zu diskutieren wichtiger, als selbst den Glauben zu wagen.

Seine an sich positive Fähigkeit, Dinge von verschiedenen Gesichtspunkten aus zu betrachten, kann ihm zu spielerisch-unverbindlichem Relativismus werden, ihn zu jeder Wahrheit und Meinung sofort die Gegenwahrheit und Gegenmeinung mitdenken oder konstruieren lassen. Er unterliegt dann der Gefahr, sich mit nichts wirklich zu identifizieren, und hält die dadurch ermöglichte Freiheit und Beweglichkeit für inneren Reichtum.

Wir finden hier Persönlichkeitsstrukturen, die auf der hysterischen Linie liegen mit ihrer Neigung, sich nicht festzulegen und festlegen zu lassen, sich immer ein Hintertürchen offenzuhalten. Das kann zum Leben in einer intellektuellen Pseudowirklichkeit werden, in der Unaufrichtigkeit und Lüge die Auseinandersetzung mit sich selbst ersparen sollen. Neigte der unter Stier Geborene mehr zu Gemütskrankheiten, so der Mensch hier zu geistigen Krankheiten bis zur Geisteskrankheit im Sinne schizoid-schizophrener Gespaltenheit. Die Gefahr der Gedanken und Ideenflucht ist gegeben, der »pseudologia fantastica« und von Konzentrationsstörungen aller Schweregrade, die die Angst, Dinge klar anzuschen und Gedanken zu Ende zu denken, die Angst vor der Tiefe und den Mächten des Unbewußten verdecken. Aber wir finden hier auch zwanghafte Zweifler, die sich in den Netzen der eigenen Zweifelsucht fangen und sich dann in spitzfindigen, unlösbaren Fragen festfahren, wie die nach der Priorität von Huhn oder

Ei, in Scheinproblemen also, die sich vor die eigentlichen schieben. In den schwersten Fällen kann es zu Selbstentfremdungserlebnissen kommen oder zu größenwahnsinnigen Vorstellungen von Allwissenheit. Kriminelle Neigungen gehen hier bei entsprechender biographischer Belastung bevorzugt in die Richtung von Diebstahl, Fälschung und Betrug.

In der Erziehung ist es besonders wichtig, darauf zu achten, daß das Kind sich auf etwas zu konzentrieren lernt, bei dem es mit Lust und Liebe dabei ist. Wegen der raschen Auffassungsgabe werden solche Kinder leicht auf die intellektuelle Ebene geschoben, indem man ihre Klugheit und ihr Wissen zu sehr prämiert, so daß sie darin ihren größten Wert sehen. So wichtig es ist, ihnen für ihren Wissensdrang etwas anzubieten, so wichtig ist es auch, zu unterstützen, daß sie bei einer Sache bleiben, sich »beschränken« im fruchtbaren Sinn des Wortes. Ebenso ist auf die Entwicklung ihrer gemüthaften und emotionalen Seiten Wert zu legen. Das Kind wird hier durch seine Umgebung besonders leicht in altkluge Verhaltensweisen gedrängt; es lernt mit einem Wissen umzugehen, das ihm selbst noch gar nichts bedeutet, offensichtlich aber anderen um so mehr; das kann seine Entwicklung zum Intellektualismus einspuren, und seine Gewandtheit im Erfinden von Ausflüchten wird nur zu leicht zur Basis von Unaufrichtigkeit und Lügen.

Frauen unter diesem Zeichen haben in der Jugend oft etwas Gaminhaftes, Knabenhaftes in Wuchs und Wesen; sie sind kontaktfreudig, interessierbar und anregend, und ihre Kontakte spielen sich mehr auf der intellektuellen oder geistigen Ebene ab. In der Beziehung zum anderen Geschlecht können sie in unverbindlichem Flirt und in Koketterie steckenbleiben, im Spielerischen. Problematisch ist es, wenn sie ihre Weiblichkeit dem Intellekt opfern, und dann zu den von Jung so benannten »animusbesessenen« Frauen werden. Sie wollen mit dem Mann auf intellektueller Ebene rivalisieren, kopieren ihn dabei nur und haben nur »Meinungen« übernommen statt eigenständiger Denkleistung, Sentiments statt Gefühlen. Aus ihrem Abwechslungsbedürfnis und aus Neugier neigen beide Geschlechter zu wechselnden Beziehungen, die nicht befriedigen, weil sie sich zu wenig hineingeben. Die Treue kann von ihnen intellektuell zerpflückt werden, wie sie alles Gemüthafte und Emotionale gern ironisieren, worin ihre Unsicherheit auf diesem Gebiete zum Ausdruck kommt. Ihre Kontaktfreudigkeit kann zur Kontaktsucht ausarten, und vermutlich hat eine Zwillingsfrau einst den Klatsch erfunden; sie können schwer allein sein, brauchen »Betrieb« und »Ablenkung«, wodurch sie immer mehr veräußerlicht leben. In der Sexualität sind sie nicht selten unsicher, scheuen eher tiefere Leidenschaft und können so im erotischen Vorfeld der Liebe stehenbleiben, im amüsanten erotischen Spiel. Ihre Neugier läßt sie oft viele erotische Erfahrungen machen, darunter auch lesbische.

Ungelöste Probleme und Konflikte somatisieren sich bei unter Zwillinge Geborenen bevorzugt an den Luftwegen (Bronchien, Lungen, Rippenfell; Asthma). Die Astrologie ordnet diesem Zeichen die Lungen sowie die oberen Extremitäten zu. Es besteht eine heute noch nicht näher spezifizierbare Anfälligkeit für Störungen des Nervensystems, eine nervöse Labilität und Konzentrationsschwierigkeiten bis zur Fahrigkeit – Ausdruck einer psychophysischen Konstitution, die man früher pauschal als »Neurasthenie« bezeichnete. Die Atmungsorgane, die Organe für den Austausch zwischen innen und außen, sind das wichtigste Kommunikationsorgan, an dem zugleich im Aus- und Einatmen die früheste Form des Subjekt-Objektseins erlebbar wird, den Doppelaspekt von sich entäußern und sich beeindrucken lassen symbolisierend, der dem Menschen hier so leicht zur Zwiespältigkeit wird, wenn Denken und Fühlen, Ausdruck und Eindruck auseinanderklaffen, anstatt zur Ahnung einer möglichen Synthese zwischen Subjekt- und Objektsein zu führen, zu der uns nur die Liebe finden läßt.

Die Integration des Gemüthaften und Gefühlshaften ist hier von größter Wichtigkeit, will der Mensch nicht zum flachen Intellektuellen werden, der damit zufrieden ist, wenn er den Dingen einen Namen gegeben oder einen Begriff gefunden hat, auf den er Lebendiges simplifizierend zurückführen kann. Intellektualismus ohne Innerlichkeit und Ehrfurcht läßt zum zersetzenden, mephistophelischen Versucher werden, der anderen ihre Gläubigkeit oder Überzeugungen zerstören will, zerreden will, aus eigener seelischer Dürftigkeit. So liegen die Pole der Entwicklungsmöglichkeiten hier zwischen dem Hinfinden zu einer Weisheit, die um die zeitliche und individuelle Begrenztheit alles Wissens weiß, die es nur als Mittel, nicht als Ziel ansieht, und einem oberflächlichen, alles bewitzelnden Relativismus, durch den sich der Mensch vor dem Ergriffen-Werden zu schützen versucht. So stehen bei ihm verinnerlichte Besinnlichkeit und Tiefe akademischer Schulweisheit gegenüber, Sinnfindung gegenüber sinnentleerter Vielwisserei.

Ein Patient pflegte, nach seiner Meinung über etwas befragt, zu sagen:

»Ich habe darüber erstens diese Ansicht, und zweitens . . .« – und nun folgte die zur ersten genau entgegengesetzte Ansicht. Er dachte in rationalen Gegensätzen, nicht in sich ergänzenden Antinomien; so war für ihn die lebendige Antinomie zur Autorität nicht die Selbstverantwortung, sondern, rational gedacht, die Antiautorität. – Eine Patientin sagte einmal: »Raum und Zeit existieren für mich nicht wirklich, überhaupt ist alles relativ – nur der Schmerz ist wirklich und läßt sich nicht überspielen oder wegdenken; deshalb habe ich solche Angst vor Schmerzen.« Solche Angst vor Schmerzen ist aus dem von der Patientin angeführten Grund hier häufig.

Die Lebenslüge, die hier entstehen kann, ist die Flucht vor der Lebensangst in den alles relativierenden Intellektualismus, ist die Angst vor Gefühlsbindung und Tiefe. Dann flüchtet der Mensch in Zerstreuung und Ablenkung; Liebe wird ihm zum amüsanten Flirt, Wahrheit zu doppelzüngiger Polemik, Erkenntnis zu relativierbarer geistiger Spielerei, Ethik zur nicht verpflichtenden Ansichtssache, Glauben zur Selbsttäuschung, Ehrfurcht zu hybridem Besserwissen, die Mächte des Unbewußten zu kindlichen Schreckgespenstern, Träume zu nicht ernst zu nehmenden Hirnvorgängen. Aber so verliert der Mensch jeden Schwerpunkt in sich, er ver-rückt seine Weltorientierung im Ausweichen vor allem Endgültigen, vor Entscheidung und Verzichten-Müssen, vor Leid und Schmerz, und rettet sich in das Zweifeln, das ihn doch vor dem Verzweifeln nicht bewahren kann. Wem alles relativ geworden ist, der kann wohl mit allem spielen, aber er bemerkt nicht, daß er sein Leben verspielt.

Die Lösung der Zwillingsthematik wäre, immer die Vielzahl der Denkmöglichkeiten bei allen Phänomenen aufzuzeigen und durchzudenken, so Einseitigkeiten und verhärtende Entweder-oder-Lösungen zu vermeiden; wäre, im Vergleichen das ihnen Gemeinsame zu erkennen, scheinbar Getrenntes und sich Ausschließendes zu verbinden, im schöpferischen Zusammenfügen der verschiedensten Aspekte und Gegebenheiten zu einem Ganzen; wäre, immer bereit zu sein, zu allem Neuen – Erkenntnissen und Geschehnissen – sofort einen Bezug herzustellen, im besten Sinne des Wortes »up to date« zu sein, immer offen für die ganze Breite des Gegenwärtigen, für seine universellen Interessen oder für die Gestalten seiner schöpferischen Phantasie.

Bei Leibniz, Pascal und Dante, bei R. Wagner, R. Strauss, Sartre und Thomas Mann lassen sich wohl die reichen Möglichkeiten dieses Zeichens nachfühlen.

KREBS

Wohl dem, der seiner Ahnen gern gedenkt.

Goethe

Wie um die im Zeichen Zwillinge drohende Gefahr der Zersplitterung und Intellektualisierung aufzuhalten, bringt das folgende Zeichen Krebs einen Gegenimpuls, eine Rückbesinnung, bei der das Gewicht nun ganz auf dem persönlichen Gefühls-Erleben, auf der Erinnerung, die ja das subjektivste, individuellste Erleben ist, ruht. Denn unsere Vergangenheit, unsere persönliche Lebensgeschichte, ist ein seelisches Eigentum, das uns ganz allein gehört und das uns von allen anderen Menschen unterscheidet. Der Mensch hängt hier an der Vergangenheit und ihren Gefühlswerten, die Rückbindung ist bei ihm besonders stark, vor allem die Bindung an das Mütterliche als der ersten, Wärme und Geborgenheit gebenden mitmenschlichen Beziehung. Die Frage nach dem »woher?« fasziniert ihn, nach den Quellen und Ursprüngen, nach dem verlorenen Paradies der frühen Kindheit. — »Auf den Spuren der verlorenen Zeit« nennt Marcel Proust, der von diesem Zeichen besonders stark beeinflußt war, seinen autobiographischen Roman.
Aber die Vergangenheit bedrückt hier den Menschen nicht wie den unter Stier Geborenen, der sie wie eine Last hinter sich her zog; sondern er ist hier wie von einem sehnsüchtig-wehmütigen Heimweh erfüllt, und Erinnerungen sind ihm manchmal wirklicher als die konkrete Gegenwart. Sensibel, empfindsam und beeindruckbar wie er ist, braucht der Mensch hier eine größere Geborgenheit als andere, gleichsam ein »Gehäuse«, in das er sich zurückziehen kann, wenn der so leicht Gekränkte und Verletzte mit der Härte des Lebens zusammenstößt. Das kann eine vertraute mitmenschliche Nähe, eine Partnerschaft, ein Zuhause, eine Liebhaberei sein, die ihm zur Heimat werden; auch eine helfende Tätigkeit, eine mütterlich-sorgende Aufgabe, in der er anderen das gibt, was er selbst so ersehnt, kann ihm zum schützenden Gehäuse werden.

Aus der Grundbefindlichkeit schutzbedürftiger sensibler Empfindsamkeit erklären sich die charakteristischen Wesenszüge des unter diesem Zeichen Geborenen. Auf der Ebene des Aszendenten finden wir eine eher zart-sensible Konstitution, die nach größerer Anfälligkeit in der Kindheit, später immer zäher zu werden pflegt, sowie ein sensibel-phlegmatisches Temperament mit großer Reizempfänglichkeit und Beeindruckbarkeit. Dabei besteht aber, wie zum Ausgleich für die Vitalschwäche, ein ausgeprägter Ehrgeiz, der ihm zum Problem werden kann, wenn die vitalen Nachschubenergien und die geringen dynamischen Expansionskräfte zum sich Durchsetzen und zur Realisierung seiner Ziele nicht ausreichend zur Verfügung stehen, es ihm an Härte, an »Ellenbogen« fehlt. Er geht daher mit diplomatischer Vorsicht und elastischer Scheinanpassung im Erreichen seiner Ziele vor, ersetzt die ihm fehlende Härte durch Zähigkeit. Durch seine Verletzlichkeit befindet er sich in der Situation dessen, der im Glashaus sitzt, und daher nicht mit Steinen werfen darf – Aggressionen äußert er daher mehr indirekt, in Beleidigtsein und nachtragenden gekränkten Verstimmungen, die im anderen Schuldgefühle erwecken und ihn so strafen. Bei Kränkungen und Enttäuschungen zieht er sich gern in seinen »Schmollwinkel« zurück, in die sehr lebhaften Wunschträume und seine Phantasiewelt, die er lieber gewinnen kann als die Realität, weil sie ihm erfüllen, was diese ihm verweigert.

Der Mond in diesem Zeichen vermittelt starke mütterlich-fürsorgliche Neigungen. Das Bedürfnis nach seelischer Geborgenheit, nach Aufgehobensein in Gefühlsbeziehungen, ist groß und hat immer den möglichen Doppelaspekt von Geborgenheit suchen oder geben. Beides kann problematisch werden; einmal im Sinne des Bemuttert-Werden-Wollens und damit Kind-Bleibens; zum anderen im überfürsorglichen Bemuttern anderer, das diese zum Kind macht. Beides kann zur Gefühlstyrannei (O. Adler) werden, wenn man durch demonstrativ gezeigte Empfindlichkeit oder Launen Rücksichtnahme oder Zuwendung erzwingen will. Bei beiden Geschlechtern pflegt der »Familienroman«, die Gefühlsanhänglichkeit an Heimat, Familie und Verwandtschaft besonders nachhaltig und prägend zu sein; zugleich besteht ein lebhafter Wandertrieb, so daß der Mensch hier zwischen Heimweh und Fernweh schwebt, aber immer ein »Nest« als Basis braucht, in das er, vom Fernweh fortgetrieben, wieder heimkehren kann.

Mit der Sonne in diesem Zeichen liegen die vorschwebenden Leitbilder etwa auf der Linie des Arztes und Helfers, des Geschichtsforschers, Künstlers und Romantikers. Die Durchlässigkeit und die differenzierte

Feinfühligkeit wird zur Basis helfender oder künstlerisch-gestaltender Fähigkeiten. Soziale, seelsorgerische und andere helfende und therapeutische Tätigkeiten liegen ihm besonders; er ist selbst ein am Leben Leidender, gleichsam auf Moll gestimmt, und wenn er sich gegen seine Empfindsamkeit nicht künstlich zum Selbstschutz verhärtet, hat er im Kollektiv die Aufgabe eines Seismographen für alles Krankmachende, Schädliche, Unsoziale und Hilfsbedürftige.

Für diese Menschen werden vor allem die mitmenschlichen Beziehungen zu schicksalhaften Keimsituationen, sowie ihr Ehrgeiz, den sie zur Kompensation ihres vitalen Unzulänglichkeitsgefühls zu brauchen glauben. Sie ertragen mitmenschliche Enttäuschungen und Verluste schwer, weil sie in ihre Beziehungen viel investiert und daher tatsächlich viel zu verlieren haben, zugleich auch deshalb, weil sie durch ihre Schüchternheit und Empfindlichkeit nicht leicht neue Menschen für sich gewinnen können. Ein zentrales Problem pflegt für sie die notwendige Ablösung von den Bezugspersonen der Kindheit zu werden – jede Ablösung, jede Trennung und jeder Abschied hinterlassen in ihnen Wunden, die nur langsam heilen; sie können schwer darauf verzichten, die ersehnte zärtlich-innige Vertrautheit der Kindheit später wiederzufinden. »Uns zu trennen, war soviel wie uns vernichten«, sagt J. J. Rousseau, der diesem Zeichen unterstand, von seiner Kindheitsfreundschaft mit seinem Vetter (»Bekenntnisse«).

Die ehrgeizigen Wunschziele bei gleichzeitig mangelnder Härte lassen einen Zwiespalt zwischen Wunschwelt und Realität entstehen, der zur Basis von Minderwertigkeitsgefühlen und manchmal extremer Blamageangst werden kann. Dann liegt die Gefahr besonders nahe, sich in die Phantasiewelt zurückzuziehen bis zur Realitätsflucht. Aber damit verlernt es der Mensch mehr und mehr, mit der Welt umgehen zu können, was dann in verhängnisvollem Kreislauf zum immer neuen Anlaß wird, sich von ihr abzuwenden und sich noch mehr in die Wunschwelt zurückzuziehen; im Grenzfall kann das bis zum psychotischen Realitätsverlust führen.

Sein Geborgenheitswunsch macht den Menschen hier abhängig von anderen; er unterliegt dadurch einer Verlustangst, die er durch Überfürsorglichkeit und anscheinend altruistische Verhaltensweisen zu überwinden sucht; das soll andere ihm zu Dank verpflichten und nun sie von ihm abhängig machen, indem sie ihn brauchen. Die Verschleierung des dahinterliegenden Egoismus ist sehr problematisch; er gesteht sich dann nicht ein, daß *er* die andern für sich braucht, und die Grenze ist sehr schmal, wo sich einfühlende mütterliche Fürsorglichkeit von sich aufdrängender Fürsorge scheidet, die dem anderen Wünsche von den Augen abzulesen meint, die letztlich die eigenen Wünsche sind – was bis zur Lebenslüge führen kann. So läßt es sich auch verstehen, daß der Mensch sich hier oft lieber mit ihm Unterlegenen oder von ihm Abhängigen umgibt – Gebrauchtwerden ist wenigstens *eine* gewisse Garantie, nicht verlassen zu werden. Aber er kann seine Geborgenheitswünsche auch dadurch zu erreichen versuchen, daß er andere so braucht, sich von ihnen abhängig machend, indem er ihre väterlichen oder mütterlichen Beschützerinstinkte anspricht, die es ihm erlauben, unter solchen bergenden Fittichen länger Kind bleiben zu können.

Aus dem Beschriebenen wird verständlich, daß wir hier vor allem Angstneurosen finden (Erythrophobie, Blamageangst, Lampenfieber), Agoraphobie, die hier besonders klar den Konflikt zwischen expansiven Wunschphantasien und gleichzeitigem Wunsch nach Geborgenheit zeigt. Man darf auch nicht übersehen, daß der Phantasiereiche an sich leichter zu Ängsten neigt als der Dumpfe und Stumpfe. Depressionen hängen hier oft mit dem Konflikt zwischen der ehrgeizigen Phantasie und den aus mangelnder Durchsetzungskraft entstehenden Minderwertigkeitsgefühlen zusammen; sie wirken eher asthenisch, näher der wehmütigen Trauer, der Verstimmtheit und Gekränktheit, der mutlosen Resignation stehend als die sthenisch-melancholischen Depressionen der unter Stier Geborenen, die mehr im Oralen fixiert sind und mit konkreten Frustrationen zusammenhängen. So äußern sich Depressionen hier mehr als jammernde Klagen und vorwurfsvolle Anklagen, und der Mensch kann sich leichter in die wunscherfüllende Phantasie zum Trost und Ersatz zurückziehen als der auf konkret-reale Wunscherfüllung hoffende Stiermensch.

In der Erziehung ist es wichtig, der reichen Phantasie des Kindes Ansatzmöglichkeiten zu geben, ihm die Märchenwelt zugänglich zu machen und es zu schöpferisch-gestaltendem Tun anzuregen, ein Instrument spielen zu lehren, die meist vorhandene Musikalität anzuregen. Durch seine Zartheit und Sensibilität fordert das Kind hier leicht zum Geschontwerden auf, zu Verzärtelungen, die gefährlich werden können, wenn sie sich zum Anspruch, zur Erwartung einspuren und wenn womöglich die Empfindlichkeit noch als besondere »Feinheit« gewertet wird. Eine gesunde Abhärtung ist daher wichtig, auch durch Sport, da das Kind hier zu einem gewissen körperlichen Phlegma neigt. Lügen sind bei ihm oft der Ausdruck von Wunschphantasien, von wunschgemäßen Umdichtungen der Realität – es ist dann wichtiger, zu erkennen, warum es etwas umdichtete, also nach dem Motiv zu forschen, als prinzipiell strafend einzugreifen.

Frauen unter diesem Zeichen haben in der Jugend oft etwas Undinenhaftes, Träumerisch-Zartes, das sie für Animaprojektionen des Mannes besonders geeignet macht, mit allen daraus möglichen Komplikationen. Sie können einen eigentümlichen Charme und Zauber haben, der sie dem Mann als rätselhaft und faszinierend erscheinen läßt, eine scheinbar zerbrechliche Zartheit, die sie zum Beschütztwerden prädestiniert. Wenn das bewußt genutzt wird, kann die Frau hier die Rolle des der Schonung und Rücksicht bedürftigen »Seelchens« spielen, vor dem der Mann sich mit seinen Wünschen roh und primitiv vorkommt. So können hysterische Züge entstehen, die aber kaum offen destruktive Formen annehmen, wie wir sie beim Skorpion kennenlernen werden. Später entwickeln sie sich oft zu mütterlichen, aber auch gluckenhaften Frauen, die das Kind im Manne konstellieren, und als »overprotecting mother« ihre Kinder nicht loslassen können für deren eigene Entwicklung. So bleiben manche in der Partnerschaft das schutzsuchende Kind, oder sie werden mehr Mutter als Partnerin und Frau. Zärtlichkeit ist ihnen wichtiger als Sinnlichkeit, doch können sie auch im Erotischen eine reiche Phantasie entwickeln. Sie haben einen ausgeprägten Familiensinn; die Familie gibt ihnen Schutz vor dem »feindlichen Leben« draußen. Mütter unter diesem Zeichen können gefährlich für Kinder werden, wenn sie, gleichsam vom Mutterarchetypus besessen, alles unter ihre Fittiche nehmen, was in ihre Nähe kommt, wobei aber dann die Fittiche zu lastenden Fesseln werden. Manche Frauen werden zu wahren Ur-Müttern, die gar nicht genug Kinder bekommen können und am liebsten eine eigene »Dynastie« gründen möchten.

Die Astrologie ordnet diesem Zeichen den Magen zu. Wir finden bei den unter ihm Geborenen häufig Affektionen des Magens, speziell Ulcera, auf psychosomatischer Basis, und die moderne Psychosomatik bestätigt in erstaunlicher Weise den gleichen Zusammenhang, wenn sie die Neigung zu Ulcuserkrankungen nach ihren Erfahrungen so interpretiert, daß sie besonders bei Menschen vorkommen, die mit einer ehrgeizigen, zugleich empfindsamen und nicht durchsetzungsfähigen Persönlichkeit starke Geborgenheitswünsche vereinen. Das inkorporierte Mutterbild ist bei diesen Menschen ganz besonders wichtig; sehr belastende Muttererfahrungen führen hier leichter als sonst auch zu Mager- oder Fettsucht. Als Möglichkeit der Realitätsflucht greift der Mensch auch zu medikamentösen oder alkoholischen Mitteln, an denen er süchtig werden kann. So hat der Mensch hier folgende Pole seiner Entwicklung: er kann seine einfühlende Empfindsamkeit und reiche Phantasie sowohl künstlerisch-gestaltend und sozial-helfend einsetzen; er kann sie aber auch als Alibi für seine Weltflucht benutzen, oder, im Eintauchen in das Gewesene, das, weil es schon vergangen ist, nicht mehr gefährlich werden kann, sich eine eigene Welt aufbauen – dann wird die Vergangenheit, die Geschichte sein Lebensinhalt. –

Ein jüdischer Patient war im Dritten Reich nicht zu bewegen zu emigrieren; er war gefühlsmäßig so an sein Heim, seine Bibliothek und die ihm vertraute Umwelt gebunden, daß ihm diese Anhänglichkeit und zugleich Abhängigkeit zum Verhängnis wurde. – Eine Patientin kannte nichts Beglückenderes, als stundenlang bei leiser Musik vor sich hinzuträumen. – Als Therapeut macht man die Erfahrung, daß diese Menschen besonders reich und farbig zu träumen pflegen. – Eine Ehefrau brachte ihren Mann dadurch zur Raserei, daß sie ihm – gegen seinen Willen – die Brote dick bestrich, überfürsorglich darauf achtete, daß er sich nicht erkältete usf., und in vieler Hinsicht besser als er selbst zu wissen glaubte, was für ihn gut sei; das wurde alles unter dem Motto ihrer großen Liebe getan, so daß er sich undankbar vorkam und Schuldgefühle bekam, wenn er wütend darüber wurde, so zum Kind gemacht zu werden. Überfürsorglichkeit wird hier oft auch als Aggressionsäquivalent benützt. – Rousseau schreibt in seinen »Bekenntnissen«: »Ich hatte noch keine Vorstellung von den Dingen, als mir schon alle Gefühle bekannt waren. Ich hatte nichts begriffen, aber alles gefühlt.« Und: »... denn obwohl ich für Lob wenig empfänglich war, war ich es doch stets sehr für Beschämung.«

Die Lebenslüge kann sich hier vor allem in der Regression in die Phantasie und die Vergangenheit ausdrücken. Dann wird Krankheit als willkommene Regressionsmöglichkeit benützt, um Versorgtwerden und Geborgenheit zu bekommen. Vor der Lebensangst wird ausgewichen in weltabgewandte Sehnsucht und Phantasien, die eine kindlich-romantische oder pubertierend-sentimentale Wunschwelt anstelle der Realität setzen. Der Ansatz zu solcher Weltflucht ist daran zu erkennen, daß die Phantasie nicht auf das Leben hin, sondern von ihm weg gerichtet ist. Das sich Anklammern an Menschen oder Dinge verdeckt die Angst vor dem Verlassen-Werden, zeigt zugleich die geringe Bereitschaft, auf Wunscherfüllung zu verzichten, Entsagungen auf sich zu nehmen – in der Zähigkeit solchen Anklammerns kann hier eine unerwartete seelische Härte entwickelt werden. Das Umdeuten von Dank und Liebe erwartender Fürsorge in scheinbar selbstlose Liebe ist vor allem bei Frauen eine häufige Lebenslüge; auch das Festhalten an einer unglücklichen Liebe kann zur Flucht vor einer gefährdeteren gewagten Liebe benutzt werden. Die Grenze ist oft sehr schmal, wo tröstende und hilfreiche Mütterlichkeit zu besitzergreifendem Abhängigmachen Schwacher und Bedürftiger wird.

Die Lösung der vom Zeichen Krebs gestellten Aufgabe fordert die seelische Durchlässigkeit, die uns erst freude- und leidensfähig macht, uns Wesenstiefen zugänglich werden läßt, aus denen alles echte Künstlertum und alles einfühlende Nacherleben anderer Menschen kommt. So kann der Mensch hier im Überwinden seiner Lebensängstlichkeit ein Helfender werden, sei es, daß er durch künstlerische Tätigkeit Unbewußtes gestaltet, Beglückungen und Erschütterungen schenkend; sei es, daß er Leid und Not in tätiger Hilfe lindert, in ärztlicher, therapeutischer, pfleglicher oder fürsorglicher Hinwendung zum Mitmenschen, zum Nächsten; sei es, daß er als Historiker der Geschichte ihren Sinn abzulauschen versucht, uns an die Vergangenheit anschließend, vergangene oder fremde Kulturen uns zugänglich machend. J. J. Rousseau, Klopstock, Gellert, Lafontaine, G. Freytag, H. Hesse, Kafka, Ricarda Huch, Marcel Proust, Käthe Kollwitz sowie C. L. Schleich und Semmelweis können als Beispiele für von diesem Zeichen Beeinflußte genannt werden.

LÖWE

Ich gleiche, glaubt es oder glaubt es nicht,
Gott Schillern ach so ähnlich im Gesicht,
Daß ich oft lange vor der Spiegelscheibe
Den großen Mann bewundernd stehen bleibe.
          Justinus Kerner, Verse eines Kraftgenies

Konnte der vom Krebs ausgehende Impuls den unter ihm Geborenen dazu verleiten, sich in romantisch-schweifender Sehnsucht oder in träumendem Nacherleben der Vergangenheit zu verlieren, sich der Realität des Hier und Jetzt entziehend, wird dem im nun folgenden Zeichen Löwe energisch Halt geboten. Hier ist der Mensch ganz diesseitig gerichtet, voller Lebensbejahung und Kraftbewußtsein; er lebt aus einem Mittelpunktsgefühl, aus dem Einklang mit sich selbst heraus, das wir als das Prinzip dieses Zeichens ansehen können. Dieses in sich selbst Zentriert-Sein vermittelt dem Menschen hier ein von keinem Zweifel angekränkeltes Selbstbewußtsein und verführt ihn dazu, sich zum Maß aller Dinge zu machen. Das ist die Wurzel für jene Eigenständigkeit, für den Mut zu sich selbst und dem als unerschöpflich erlebten Kraftgefühl des unter Löwe Geborenen, das einen wesentlichen Teil alles Könnens und aller Meisterschaft ausmacht, um die er von vielen beneidet und zugleich bewundert wird.
Vom Grundprinzip dieses Mittelpunktsgefühls leitet sich auf der Ebene des Aszendenten das stark im Vitalen und in der pyknisch-athletischen Konstitution wurzelnde Selbstwertgefühl ab. Der Mensch hat hier etwas Kraftvolles, eine Ausstrahlung, im Bewußtsein derer er zupackend auf die Welt zugeht, mit der selbstverständlichen Erwartung der Anerkennung, wie er auch sich selbst mit allen seinen Licht- und Schattenseiten fraglos annimmt. Er lebt mit dem Gefühl, im Besitz eines unerschöpflichen Kräftereservoirs zu sein, das ihm das Bewußtsein gibt, sich auf sich verlassen zu können. Das gibt ihm die Überzeugung von der Großartigkeit seines Wesens, läßt ihn wohlwollend-herablassend, großzügig und voller Bonhomie sich andern zeigen, Wärme und Herzlichkeit abstrahlend – leben und leben lassen könnte sein Wahlspruch sein. Seine Überzeugtheit von sich selbst

wirkt überzeugend auf andere und ist die Basis vieler seiner Erfolge; von ihm geht etwas Bezwingendes aus, überschäumende Lebensfreude, mitreißender Lebensoptimismus und faszinierende, kraftvolle Sicherheit.

Mit dem Mond in diesem Zeichen neigt der Mensch zur Maßlosigkeit, zur »Lebenslüsternheit« (O. Adler); er ist in allem verschwenderisch. Voll bedingungsloser Lebensbejahung, möchte er nichts versäumen, sich nichts entgehen lassen. Er entwickelt einen beträchtlichen Stolz, ein ausgeprägtes Gefühl dafür, was er sich schuldig zu sein meint. Er verträgt daher schwer Kritik – nicht wie der unter Krebs Geborene aus Blamageangst und Unterlegenheitsgefühlen –, sondern weil er alles gegen sich Gerichtete, auch Schicksalsschläge, wie eine Majestätsbeleidigung empfindet, die niemandem zusteht. Seine Selbstsicherheit wurzelt nicht zuletzt auch im Mangel an Selbstkritik und in der Fähigkeit, auch seine Fehler noch irgendwie bewundernswert zu finden. Seine Stärke liegt in der enormen Wunschkraft, die aber zur Schwäche wird, wenn er nicht auch zu verzichten lernt. Er bemächtigt sich anderer Menschen, belegt sie ganz selbstverständlich mit Beschlag, und kann schwer verstehen, daß nicht alle so sind wie er.

Mit der Sonne in diesem Zeichen steht der Mensch unter Leitbildern wie dem Herrscher und Souverän, dem Könner und Meister, dem epikuräischen Lebenskünstler, dem Unternehmer oder Organisator großen Stils. Er hat einen großen Lebensentwurf, und seine Pläne gehen oft ins Großartige, Überdimensionale. Aber da er ein Mensch ist, der von der Pike auf lernt und sich auf diese Weise wirkliches Sachwissen und Fachkenntnisse erwirbt und da er zugleich ein enormer Arbeiter ist, kann er oft Unwahrscheinliches erreichen – aus eigener Kraft, worauf er stolz ist, ein echter »selfmademan«, der letztlich nur auf sich selbst vertraut. Machtgesichtspunkte können seine geistige Objektivität stören, sonst ist aber sein Denken wirklichkeitsnahe und konkret. Im Gegensatz zum unter Widder Geborenen, der seine ganze Lebenskraft in seinen Zukunftsentwurf verlegte, ruht sie hier im Real-Ich; das Erfülltsein vom eigenen Wesen kann sich bis zur Ich-Apotheose, zum Gefühl des »grandiosen Selbst« (Kohut) steigern. Er ist der Mensch des kompromißlosen Alles oder Nichts, der vom Glauben an sich selbst getragen wird; Erschütterungen dieses Glaubens an sein Können, der seine eigentliche Kraftquelle ist, treffen ihn daher am tiefsten.

Der »Schatten« zu diesen glänzenden Bildern liegt auf der Linie des Stars und Prahlers, des »Tartarin de Tarascon« (A. Daudet), der Selbst-

bespiegelung und Selbstüberschätzung, des »Philisters des Lebensge-
nusses« (O. Adler). Es ist dann seltsam, wie dieser so selbstbewußte
und in sich zu ruhen scheinende Mensch abhängig wird von ungetrübter Bewunderung und Bestätigung. Die ihm zum Schicksal werdenden
Keimsituationen liegen vor allem in seinem großen Narzißmus, in
seiner Selbstherrlichkeit begründet. Er lebt lange gleichsam mit dem
Gefühl der eigenen Unsterblichkeit, kann daher schwer altern, krank
sein und sterben. Instinktiv geht er deshalb auch allem Schwachen,
Kranken und allen Leidenden aus dem Weg, es sei denn, daß er sie
seinem Machtwillen unterordnen kann. Das führt dann zur verfla-
chenden Banalisierung seines Lebens, im Ausweichen vor allem, was
ihn ergreifen und erschüttern könnte; oder sein Gefühl selbstverständlich beanspruchter, ihm zustehender Sonderrechte führt ihn in eine
Art Selbstvergottung.

Sein Stolz wird ihm zur Klippe, wenn er begangene Fehler sich oder
anderen schwer zugeben kann; verletzt man ihn hier, kann er zum
unversöhnlichen Gegner werden, es sei denn, man gibt ihm die Gelegenheit zu großmütigem Verzeihen. Der Mitmensch – auch der Partner – wird von ihm oft wie eine Verlängerung seines eigenen Wesens
erlebt; das Du wird geliebt als Empfänger seiner ausstrahlenden Kraft,
er spielt mit den Mitmenschen wie ein Dirigent mit seinem Orchester.
Er läßt sich in Gefühlsbeziehungen nicht all zu tief ein, ist dadurch
weitgehend unabhängig von seiner Umgebung. Zuviel Nähe ist ihm
lästig und einengend, für zuviel Treue hat er ein zu weites Herz und
braucht die Bewunderung mehr als eines einzelnen.

Sein Kraftgefühl kann ihn dazu verleiten, mit seinen Kräften Raubbau
zu treiben – es ist, als ob er sich und der Welt unablässig Beweise seiner »Potenz« im weitesten Sinn des Wortes liefern müsse. Diese Ich-
bezogenheit läßt ihm wenig Raum für Einfühlung und Fremdverständnis; er beurteilt andere zu sehr nach sich selbst, ist insofern ein
schlechter Menschenkenner, der aber einen sicheren Instinkt für
Machtverhältnisse hat und es versteht, Funktionen an andere zu delegieren, ohne dabei die Fäden aus der Hand zu geben, nach dem Prinzip des »divide et impera«.

Gestörte Persönlichkeitsentwicklungen führen hier am ehesten in die
Richtung der Schizoidie und Hysterie. Auf der schizoiden Linie können Machtmenschen entstehen, die sich auf Kosten anderer ausleben,
dabei noch das Gefühl haben, es müsse den anderen Freude machen
und zur Ehre gereichen, sich von ihnen benutzen zu lassen. Schizoide
Egozentrik bis zur Ichbesessenheit und zu Allmachtsvorstellungen sind

dann möglich, autistisches Autokratentum. Hysterische Seiten liegen in der Neigung zum Persönlichkeitskult, zu Starallüren und Kraftprotzentum, das in der Partnerbeziehung vorwiegend eine Möglichkeit zum Beweisen seiner Potenz sieht und nicht selten nach gehabtem Genuß den anderen verachtet, weil er sich dafür benutzen ließ. Das alles hat aber selten etwas Destruktives – dafür ist der Mensch hier viel zu lebensbejahend. Der Mangel an Distanz kann extreme Formen der Bemächtigung annehmen als monomaner Totalitätsanspruch, wie auch quasi-manische Züge nicht selten sind, in der Richtung von Leichtsinn und Verschwendung. Der Mensch hat hier oft eine tiefe Angst, etwas zu versäumen, aus einem unersättlichen Lebenshunger heraus, den er schwer mäßigen kann.

In der Erziehung ist es wichtig, den empfindlichen Stolz des Kindes zu respektieren, ihn anzusprechen als Motor für zu leistende Entwicklungsschritte. Auch sollte man darauf achten, das Verständnis für das außerhalb seines Wesens Liegende zu unterstützen, ihn durchlässiger zu machen für andere; wichtig ist es auch, ihm vorzuleben, das Verlieren zu lernen, ohne daß damit sein Selbstwert in Frage gestellt wird. Selbstüberschätzende Haltungen sollten früh durch Anregung zur Selbstkritik bewußtgemacht werden. Die Neigung zu maßlosen Ansprüchen wird meist früh spürbar und sollte nicht unterstützt, eine größere Frustrationstoleranz angestrebt werden.

Frauen unter diesem Zeichen haben oft etwas ausgesprochen Prächtiges und Majestätisches, sie neigen zur Üppigkeit, lieben Luxus und Prunk. Sie können anspruchsvolle Schönheiten sein, denen ihr Narzißmus eine echte partnerschaftliche Beziehung erschwert. Sie haben oft einen herrschsüchtigen Totalanspruch an den Partner, und heiraten nicht selten Männer, die ihnen in irgendeiner Hinsicht unterlegen sind und sich ihnen weitgehend fügen. Der Partner wird von ihnen zu sehr als Spiegel für ihren Narzißmus gebraucht; er kann daher selbst unscheinbar sein, wenn er nur diese Funktion erfüllt. Sie sind meist Mittelpunkt der Familie und Gesellschaft, lieben einen großzügigen Lebensstil. Als Hausfrauen sind sie gut organisierend und tüchtig, brauchen Selbständigkeit in ihren Entschlüssen und Handlungen, haben auch den dafür notwendigen Mut; als Mütter sind ihnen Kinder wie ein Teil ihres eigenen Wesens – was dem Kind nicht immer gut bekommt. Eifersucht kommt bei ihnen nicht aus Verlustangst oder Minderwertigkeitsgefühlen, sondern aus verletztem Stolz; sie können dann etwas von einer großen Raubkatze haben, die man nicht gern zum Feinde hat und die zu allem fähig ist, wenn es gilt, den verletzten

Stolz wiederherzustellen. Aus Stolz lassen sie auch eine sich lockernde Beziehung eher fallen, als ihrerseits einmal zu werben.

So läßt sich als zentrales Problem dieser Menschen erkennen, daß sie zu schwer von sich loskommen, daß ihr Stolz und ihr Narzißmus sie zu egozentrisch in sich isoliert. Großzügige Weite und Fülle des Wesens, andererseits unkomplizierte und nicht erschütterbare Selbstüberzeugtheit ohne Selbstkritik sind hier die möglichen Pole, im Extremfall Despoten, die sich an der Macht berauschen, völlig identifiziert mit dem Machtgenuß sind.

Somatisch neigt der Mensch hier zu Affektionen des Herzens und des Kreislaufs. Kreislaufstörungen, Herzinsuffizienzen, Herzschlag, Herzinfarkte, und die heute so benannten Managerkrankheiten finden sich bevorzugt; sie lassen sich zum Teil erklären aus der beschriebenen Neigung zur Übertreibung und Maßlosigkeit auf allen möglichen Gebieten. Er ist oft zu stolz, sich zu schonen oder zuzugeben, daß ihm etwas zuviel wird, und manchmal kann ihn ein Schicksalsschlag, eine Erkrankung menschlicher machen im Annehmen auch seiner Grenzen. Rückgrat und Rückenmark scheinen auch anfällig zu sein. –

Ich war im letzten Weltkrieg sehr beeindruckt von dem Mut eines Kameraden, der sich offenbar furchtlos Gefahren aussetzte beim Bergen von Verwundeten vor dem Feind. Eines Tages bekam er einen leichten Streifschuß am Arm, der ihn merkwürdig erschütterte – bis ich verstand, daß diese Verwundung den privaten Mythos seiner Unverletzlichkeit zerstört hatte – wenn *das* möglich, er verletzlich war, konnte auch Schlimmeres möglich werden. – Ein hoher Beamter bekam bei einer Beförderung Angstzustände, die er nicht verstand, bis ihm klar wurde, daß sie mit seinem Stolz zusammenhingen, der es ihm nicht erlaubte, sich zu unterrichten, wie sein Vorgänger das Amt versehen hatte – ihm selbst nicht bewußt, erwartete, ja verlangte er von sich, immer alles sofort zu können, weil er meinte, sich das schuldig zu sein. – Eine »Schattenfigur« dieses Zeichens sagte einmal: »Keine Familie der Welt ist es wert, daß ich mir ihretwegen die Hände mit Arbeit beschmutze.« Eine Patientin: »Eigentlich empfinde ich Krankheit als Schande«; eine andere: »Ich bin wie ein Tier mit vielen Mündern.« Die Ansprüche des »Sonnenkönigs« Louis XIV.: »L'état c'est moi«, der unter dem Zeichen Löwe stand, zeigen die hybride Selbstherrlichkeit.

Zur Lebenslüge wird dem Menschen hier am ehesten sein Ausweichen vor Erschütterungen, vor Leiden, Niederlagen und Demütigungen: er deutet es als Zeichen seiner besonders intensiven Lebensbejahung und

Freudefähigkeit, ohne sich die dahinterstehende Lebensangst einzugestehen, die ihn reifen könnte, wenn er sich auch mit den dunklen Seiten des Lebens auseinandersetzen würde. So kann man hier von einer »Flucht in die Freude« sprechen, in einen Positivismus, der es ihm ermöglicht, sein Imponiergehabe und seine Selbstvergottung aufrechtzuerhalten. Im Nicht-annehmen-Wollen der Grenzen seines Wesens geht er allem aus dem Wege, was sie ihm aufzeigen könnte, verliert aber damit die innere Aufrichtigkeit und läßt es nicht zu Erlebnissen seiner Ohnmacht kommen, die ihn doch erst menschlicher machen würde.

Die Lösung der Löwe-Thematik liegt im Durchstoßen durch die egozentrische Selbstherrlichkeit zur Vorbildlichkeit, von der dann etwas Bezwingendes ausgeht. Die Aufforderung zur bedingungslosen Hingabe an das Leben und zum Mut, zu sich selbst ja zu sagen, ermöglicht ihm dann eine Selbstverwirklichung, die, gerade auch im Anerkennen seiner Grenzen, zur Autonomie, zu souveräner Unabhängigkeit und zu einem Ruhen in sich selbst führt, das nicht mehr der Beweise seiner Macht und seines Könnens bedarf, weil der Mensch dann zur Identität mit sich selbst gefunden hat, aus seinem Seinsgrund, seiner »Mitte« lebt.

Vielleicht können wir das »Löwenhafte« erspüren an Menschen wie Henry Ford, Lorenzo Medici (»il Magnifico«), dem »roi soleil« Ludwig XIV., an Napoleon I., Balzac, Hamsun und der Dubarry.

JUNGFRAU

Alles messen, was meßbar ist, und alles meßbar machen, was es noch nicht ist.   Galilei

Wie um dem selbstherrlichen und zur Maßlosigkeit neigenden Narzißmus des unter dem Zeichen Löwe Geborenen mit seinem naiven
Persönlichkeitskult Einhalt zu gebieten, setzt mit dem Zeichen Jungfrau
wiederum ein Gegenimpuls ein. Der Mensch hat hier das Bewußtsein
seiner Abhängigkeiten und seines Ausgeliefert-Seins an die Gewalten
der Natur und des Lebens. Aus diesem Lebensgefühl erwächst ihm
eine Bescheidenheit, die sowohl zu kluger Selbstbescheidung führen
als auch zu einem Mangel an Vertrauen in sich selbst werden kann.
Statt unbedenklicher Verschwendung der Kräfte dort geht er hier
haushälterisch mit ihnen um. Er weiß um seine Gefährdetheit und
sucht daher nach sicherer Orientierung in der Welt; er will Bescheid
wissen über sich, über seine Möglichkeiten und Grenzen. So ist seine
Grundeinstellung ein distanziertes Beobachten und Sammeln von
Erfahrungen; die Frage nach dem Verhältnis zwischen dem Kraftauf-
wand und dem zu erreichenden Nutzeffekt wird hier nüchtern-reali-
stisch gestellt, die Ökonomie der Kräfte wird wichtig, vernünftige Ein-
teilung, Übersicht und kluge Voraussicht sind ihm Grundbedürfnisse.
Die Vielgestaltigkeit und Fülle des Lebens wirkt auf ihn eher be-
drückend und verwirrend, beunruhigend, und er versucht daher, sie
zu ordnen, sie zu katalogisieren und »meßbar« zu machen, hoffend,
daß dadurch vieles »machbar« wird. So ist er der Mensch der gründlichen und gewissenhaften Methoden, des schrittweisen Erforschens
und Zusammenfügens des Erkannten, das er dann in ein klares System zu bringen versucht, mit einem besonders ausgeprägten Blick
für das Detail, für das Unterscheiden feinster Nuancen und mit
einer Vorliebe für die Statistik.
Aus dem Grundprinzip des vernünftigen Auswertens und Nutzbar-
Machens lassen sich seine charakteristischen Verhaltensweisen ablei-

ten. Statt der Selbstbezogenheit des unter Löwe Geborenen bringt der Aszendent hier Sachbezogenheit. Die Konstitution ist eher asthenisch, das Temperament leicht melancholisch. Der Mensch will sich durch nichts Unvorhergesehenes überraschen lassen; möglichst alles soll kalkulierbar sein und so ablaufen, »funktionieren«, wie er es für richtig hält. So entwickelt er die hier typischen sichernden Tendenzen, die, überwertig geworden, ihn zum nörglerischen Pedanten ohne Schwung werden lassen, der vor lauter sich absichernder Vorbedenklichkeit in den Vorbereitungen steckenbleibt, der nichts wagt, bis er in eintönigschematisierter Lebensform sich und andere auf Gleise festgelegt hat, die keine Bewegungsfreiheit mehr zulassen. Im Wesen hat er etwas Schlichtes, manchmal Sprödes; er hat sich immer »in der Hand«, läßt sich zu nichts hinreißen, ist gleichsam immer bei sich, nie außer sich; er scheut alles, was seine kluge Behutsamkeit und kritische Nüchternheit bedrohen könnte, und all das läßt ihn schwunglos und etwas farblos wirken.

Mit dem Mond in diesem Zeichen ist der Mensch, wieder im Gegensatz zu dem Menschen mit Mond im Löwen, der unbefangen sein Ich-Sein auslebte, um Selbstverständnis bemüht, das Bewußtsein der menschlichen Abhängigkeiten läßt das Bedürfnis in ihm entstehen, auch sich selbst scharf zu beobachten, um sich bestmöglich in die Hand zu bekommen. Kann er durch kluge Selbstbeobachtung und Selbstkritik viel über sich erfahren, mit sich »umgehen« lernen, geht ihm dabei meist der unbeschwerte Elan, die Fähigkeit zum Improvisieren durch zuviel Selbstreflexion verloren. Der Mensch ist hier sehr störbar durch Kleinigkeiten; Unregelmäßigkeiten und Nachlässigkeiten irritieren ihn, tun ihm fast physisch weh, weil er sehr bestimmte Vorstellungen davon hat, wie etwas sein soll; so wird er zum intoleranten Palmström, für den nicht sein kann, was nicht sein darf, wobei das Nicht-Sein-Dürfende ganz von seiner persönlichen Meinung abhängt. Im mitmenschlichen Kontakt ist er eher zurückhaltend und reserviert, aber zuverlässig und verständnisvoll, solange man ihm nichts zumutet, was seine nicht sehr weit gesteckte Toleranzgrenze überschreitet – dann verschanzt er sich hinter einer Sachlichkeit, die ihn emotional unerreichbar macht, oder er argumentiert mit »Beweisen«, die sich an irgendein Detail hängen und das eigentliche Problem rechthaberisch übersehen.

Mit der Sonne in diesem Zeichen hat der Mensch als tiefstes Anliegen, die Gesetze und Regeln, das, was die Welt »im innersten zusammenhält«, zu beobachten und zu erforschen, auch seine eigene Natur, sein Wesen zu ergründen. Das ihm hier eingeborene Leitbild liegt in der Richtung des »Magisters« und Pädagogen, des fundierten Fachmannes oder Spezialisten mit unübertrefflichem Sachwissen. Seine Stärke liegt im Glauben an die Vernunft und an das »strebende Bemühen«, das ihn erlösen soll. Fleiß, Gründlichkeit, Exaktheit, Solidität und Sachlichkeit sind seine Tugenden, mit denen er oft Großes erreicht, in schrittweiser Arbeit. Der Mensch hat hier seinen »Schatten« im kleinlichen Schulmeister, im lebensängstlichen Pessimisten und intoleranten Nörgler, in der »Gouvernante« – alle vertreten einen ihnen meist nicht bewußten Perfektionismus in kleinen Dingen, unter dem, außer ihnen selbst, auch die Umwelt leidet, wenn sie ihn nicht aufgeben können zugunsten einer großzügigeren Lebensschau. Der Wagner im Faust ist ein solches Schattenbild des Menschen unter diesem Zeichen.

Der Mensch hat hier zwei Möglichkeiten, die Aufgabe dieses Zeichens zu leben: Er kann in weiser Selbstbeschränkung ein bis zu höchster Meisterschaft reichendes Wissen und Können auf seinem Fachgebiet erwerben, als ein Fachmann, dem sich im Erfassen letzter Tiefen seines Spezialgebietes dieses wieder ausweitet zu darüber hinausreichenden Erkenntnissen. Er kann im Bewußtsein der Notwendigkeit seiner Funktion sich hinter der Sache zurückstellen, der er dann im besten Wortsinne dient, verläßlich und unbestechlich.

Er kann aber auch in seinem Suchen nach Garantien steckenbleiben, in Prinzipien und Maximen, in Regeln und Statistik; das »providentiae memor« kann so die Überhand in ihm bekommen, daß er sich in seinen eigenen Netzen fängt und vor dem Risiko des Lebendig-Seins ausweicht in Verhaltensrezepte und lückenlose Programmierung seiner Zeit, so daß nichts Unvorhergesehenes in ihr Platz hat. Dann entwickelt er eine Überempfindlichkeit allem gegenüber, was von der »Norm« abweicht; »richtig« und »falsch« werden ihm zum einzig gültigen Wertmaßstab, mit dem er auch Dinge mißt, deren Wert anderen Dimensionen angehört, für die er sich dadurch den Erlebniszugang verbaut. Das kann letztlich in einer sinnentleerten Schematisierung und Systematisierung seines Lebens enden, die sich verselbständigen und schließlich ihm zum Zwang werden. Das äußert sich dann in großer Störbarkeit und unzufriedenen Mißstimmungen, die er gern anderen anlastet, statt den Grund in sich zu suchen; er wird zum Misanthrop, der alles bekrittelt in quengelnder Unzufriedenheit und intoleranter Selbstgerechtigkeit, zu einer der häufigsten Schattenfiguren unter diesem Zeichen, oder zum Nützlichkeits-

und Zweckmäßigkeitsfanatiker, der alles Lebendige im Kalkül einfangen möchte und den Wald vor lauter Bäumen nicht sieht. In Erwartung negativer Ereignisse – die Spiegelung seiner negativistischen Innensituation – behält er immer Reserven zurück »für alle Fälle«, die ihm schließlich die Absicherung zum alleinigen Lebensinhalt machen und jede Freudefähigkeit aufzehren.

Verständlicherweise nach dem Gesagten, finden wir hier vor allem Menschen mit zwanghafter Persönlichkeitsstruktur bis zur Zwangsneurose, die oft den von Freud beschriebenen »analen Charakter« mit den Zügen von Eigensinn, Sparsamkeit und Ordnungsliebe am reinsten vertreten, wobei diese Eigenschaften alle Intensitätsgrade annehmen können. Auch die konsequenten Hygiene- und Diätfanatiker gehören hierher. Seine Aggressionen äußert der Mensch hier in nörgelnder Kritik, in pedantischer Strenge und intoleranten Vorschriften, die er anderen macht. Aus überwertiger Selbstbeobachtung kann er hypochondrische Züge entwickeln, wie überhaupt seine zwanghaften Seiten nahe der Depression liegen, die als psychischen Hintergrund die Resignation hat, mit seinen Mitteln und Methoden das Leben und die Menschen doch nicht so beeinflussen zu können, wie es die ihm vorschwebende Perfektion erforderte. Seine Fähigkeit zu feiner Beobachtung wird ihm in der Zerrform zum Verhängnis – dann wird ihm die Mücke zum Elefanten, und seine Begabung, sich zu ärgern, kann etwas Destruktives bekommen.

Unter diesem Zeichen ist es erzieherisch besonders wichtig, daß das Kind nicht zu früh perfektionistisch überfordert wird mit Reinlichkeit, Ordnung und Genauigkeit, weil das bei ihm auf nur zu fruchtbaren Boden fällt, seiner Eigentendenz entgegenkommt. Erzieherisch ist weiter zu beachten, daß man dem Kind keine unbegründeten Verbote setzt usf. – es ist empfänglich und einsichtig für Notwendiges, wenn man es ihm vernünftig begründet, wenn es versteht, warum. Seiner Kritik sollte man sich stellen – es beobachtet sehr scharf und wird zutiefst beunruhigt, wenn man ihm richtig Wahrgenommenes auszureden versucht.

Frauen unter diesem Zeichen haben oft etwas Keusches, »Reines«, Jungfräulich-Madonnenhaftes; sie sind verläßlich, solid und verantwortlich. Hingabeangst, die Angst, sich zu verlieren und ihre Gefühlsreserven aufzugeben, kann zu Störungen der Liebesfähigkeit führen (Frigidität); Leidenschaft ist ihnen eher beunruhigend, und sie können auch in die Erotik ökonomische und zweckmäßige Gesichtspunkte hineintragen; Prüderie ist dann oft die angewendete Abwehr, wenn nicht Erotik und Sexualität berechnend für den eigenen Vorteil eingesetzt werden. Doch verkörpern sie manchmal auch den unnahbaren kühlen Madonnentypus, der sich in den Fängen selbstgesetzter Keuschheitsvorstellungen fängt, insgeheim aber auf den Ritter wartet, der das Dornröschen aus der selbstverfertigten Dornenhecke befreit. Überwiegen bei ihnen zwanghafte Züge, finden wir hier die Putzteufel, die Reinemach- und Ordnungsfanatikerinnen, denen Sauberkeit und Ordnung wichtiger sind als eine behagliche Atmosphäre. Sie tyrannisieren damit ihre Umwelt und können durch Sachlichkeit und Nüchternheit am falschen Platz jede Stimmung verderben in selbstgerechter Sicherheit, das »Richtige« zu wissen, worin sie ihren sonst eher schwachen Geltungsdrang ausleben. Als Mütter sind sie oft die »Metronommütter«, die ängstlich und gewissenhaft das vorgeschriebene »Programm« erfüllen, dabei die individuelle Eigenart des Kindes übersehen und durch zuviel Korrektheit zu wenig lebendig-warme Mütterlichkeit geben.

Die Astrologie ordnet diesem Zeichen das Verdauungs- und Stoffwechselsystem, vor allem den Darm in seinen ersten, auswertenden Abschnitten zu, auch das Sonnengeflecht. Häufig spiegeln sich innerseelische Konflikte und Fehlhaltungen hier psychosomatisch in Darmstörungen aller Art sowie in von der Medizin unspezifisch und pauschal so genannter vegetativer Labilität; es scheint auch eine Neigung zu Allergien vorzuliegen. Die Funktion des Darmes symbolisch mit den beschriebenen Grundhaltungen zusammenzuschauen, dürfte nicht allzu schwer sein.

So liegen die Pole der Verwirklichung der mit diesem Zeichen gegebenen Aufgabe zwischen dem Verwandeln des Niederen in das Höhere, wie es ja die Darmfunktion symbolisiert, im sich Einsetzen für das Vernünftige und Notwendige; andererseits im Steckenbleiben in Vorbereitungen und überwertiger Vorsicht, die egoistisch eng macht und ängstlich zurückhält statt zu geben. –

Ein Patient hatte für alles in seinem Leben einen ökonomisch eingeteilten Stundenplan, ein Programm: Schlafengehen (auch wenn Gäste da waren), Erholung und Liebesleben waren darin genau im voraus festgelegt; Abweichungen davon gab es praktisch nicht, und er war sehr erstaunt, daß seine Frau mit diesem »vernünftigen« System nicht einverstanden war. – Eine Frau »mußte immer erst noch« irgend etwas in Ordnung bringen – aufräumen und sich gründlich waschen –, bevor sie zu ihrem sie erwartenden Mann ins Bett kam, dem inzwischen alle erotischen Impulse vergangen waren. – Einem Schriftsteller häuften sich Manuskripte in der Schreibtischschublade; er feilte immer wieder an ihnen herum, weil sie ihm noch nicht »vollkommen« genug erschienen – so blieb er, wie mancher Mensch dieses Zeichens, in der Vorbereitung stecken, der Forderung eines Perfektionismus unterliegend, der das Geschriebene unlebendig machte – das war das eigentliche Problem, das er aber durch immer neue, kleine Verbesserungen glaubte lösen zu können.

Die Lebenslüge, durch die sich der Mensch hier den Höhen und Tiefen des Lebens zu entziehen sucht aus Lebensangst, ist die Flucht in die Sicherheit. In der Bemühung um solche zu erreichende Sicherungen, aus der Angst vor allem Leidenschaftlichen, Irrationalen, nicht Vorausberechenbaren wird der Mensch eng und kleinmütig. Fern der Gewalt des Dionysischen, ebenso fern der heroischen Größe des Apollinischen, nimmt er das Leben in bekömmlichen, wohlrationierten Dosierungen in sich auf, es verharmlosend zu einem Geschehen, das er glaubt für sich idiotensicher machen zu können, wenn er nur gut genug aufpaßt und jedes Risiko meidet. Er gleicht dann jenem Mann, der erst ins Wasser gehen wollte, wenn er schwimmen konnte. Er glaubt an die Machbarkeit der Dinge und daran, daß er durch fleißiges Training über seine Grenzen hinauswachsen könne. Seine Angst vor der Hingabe an das Leben kann ihm alle Freudefähigkeit zerstören – er ist oft ein Meister der Sauren-Trauben-Politik.

Demgegenüber liegt die Lösung der hier gestellten Aufgabe in der Ehrfurcht vor dem Leben, das man nicht um der eigenen Sicherheit willen verstehen und sich nutzbar machen will, sondern um eine Antwort zu finden auf die an sich selbst erfahrene und intensiv erlittene Daseinsbefindlichkeit des Menschen mit allen ihren Bedrohungen und Abhängigkeiten. Diese Antwort kann er in sich einordnendem Dienen finden, in sinngebendem Ausfüllen des Platzes, auf den ihn das Schicksal gestellt hat, und in der Bereitschaft, im Ergründen seines eigenen Wesens vorzudringen zu allgemein menschlichen Lebensgesetzen, was auch anderen hilfreich wird.

Die Spannweite des Zeichens läßt sich vielleicht erspüren an Menschen wie Goethe, Herder, Friedrich Schlegel, A. v. Humboldt, an C. D. Friedrich und Wilhelm Raabe; die pädagogische Seite an Maria Montessori und an J. Fr. Oberlin, der nach A. Rosenberg »das gesamte Dasein des Menschen in dieser und jener Welt unter dem Gesichtspunkt einer Pädagogik Gottes betrachtete« und schrieb: »Und da der Wille des Menschen nicht gezwungen, sondern gezogen sein will, so braucht unser lieber Herr allerhand Erziehungsmittel an der Menschenseele. Eine der gewöhnlichsten und wirksamsten Schulen ... ist die Schule der Krankheit, der Schmerzen, der innern und äußern Not« (Alfons Rosenberg: »J. F. Oberlin«).

WAAGE

Schönheit ist eines der seltenen Wunder, die
unsere Zweifel an Gott verstummen lassen.

Jean Anouilh

Mit dem Zeichen Waage beginnt die zweite Hälfte des Tierkreises;
nach den bisher besprochenen Frühlings- und Sommerzeichen, anfan-
gend mit der ersten »Ich-Setzung« im Zeichen Widder bis zur sich-
tenden Ordnung im Zeichen Jungfrau, kommen wir nun zu den
Herbst- und Winterzeichen, die der stärker extravertierten Einstellung
der ersteren gegenüber, allgemein mehr introvertierte Neigungen erkennen lassen. Es ist, als ob die naive Unbefangenheit in der Zuwendung zur Objektwelt nun einer größeren Distanzierung zu ihr ge-
wichen wäre, die sowohl ein größeres Selbstverständnis ermöglichen
soll als auch die Welt auf eine andere Weise erleben läßt, indem
der Erlebnisschwerpunkt vom Objekt fort mehr nach innen verlegt
wird, was im Zeichen Waage zuerst wahrnehmbar wird, in welchem das »Du« nicht mehr nur »Objekt« ist, sondern unser
eigenes Wesen zurückspiegelnd und es zugleich ergänzend, uns ent-
gegen tritt.
Nach der so stark auf Ökonomie, auf Nützlichkeit und Zweckmäßigkeit eingestellten Mentalität des Menschen unter dem Zeichen Jungfrau folgt nun wieder ein gegensätzlicher Impuls: die bereichernde Beglückung, die uns das Angerührtsein durch Schönheit und die Verehrung des Eroshaften zu geben vermag; die Sehnsucht nach einer
Welt, in der sich über das Zweckmäßig-Nützliche, ja über das Notwendige hinaus Schönheit, Wahrheit und Gerechtigkeit gegenseitig
bedingen und ergänzen sollen bzw. nur verschiedene Aspekte des gleichen Harmonieprinzips sind, dem sie entstammen, sind dem Menschen nun die höchsten Werte. So ist sein tiefstes Lebensbedürfnis das
nach unbeschwert heiterer Gelöstheit, nach Ausgeglichenheit, Ausgewogenheit und Harmonie, und daraus lassen sich seine charakteristischen Verhaltensweisen ableiten.

Auf der Ebene des Aszendenten im Zeichen Waage finden wir ein sanguinisch-heiteres Temperament, das nicht selten einen leicht hypomanischen Einschlag aufweist. Der Mensch ist hier anpassungsbereit und anpassungsfähig, emotional sich nicht allzu tief einlassend, dabei liebenswürdig und gesellig, und stark abhängig von Sympathien. Er geht Reibungen und Konflikten gern aus dem Weg, die ihm physisches Unbehagen verschaffen; er gleicht Spannungen aus und vermittelt zwischen Gegensätzen, kompromißbereit, um sich sein inneres Gleichgewicht zu bewahren oder wiederherzustellen. Das kann ihm so zur zweiten Natur werden, daß er fast reflexhaft Situationen entschärft und schließlich aus Gewohnheit und Bequemlichkeit vor allem ihn Störenden und Irritierenden ausweicht und es lieber übersieht, als sich damit auseinanderzusetzen. Der Mensch hat hier oft eine Glückserwartung, die in der Realität schwer zu erfüllen ist.

Mit dem Mond in diesem Zeichen ist sein Bedürfnis nach Sympathie, die Sehnsucht nach heiterer Gelassenheit und ungetrübter Harmonie fast noch größer. Der Mensch ist hier besonders auf ein Du angewiesen; die Spiegelung in den mitmenschlichen und partnerschaftlichen Begegnungen läßt ihn erst sich finden. Der angestrebten Rückspiegelung der eigenen Liebenswürdigkeit opfert er seine dunklen und problematischen Seiten und entwickelt so eine spielerische Einstellung zum Leben, bis zu schöngeistigem Ästhetizismus, der die – auch die eigene – Realität verniedlicht. Sein Hauptproblem ist die unumgängliche Notwendigkeit, Entscheidungen zu fällen, sich in Auseinandersetzungen einzulassen und Stellung und Standpunkte zu beziehen – das würde ihn in Konflikte mit anderen bringen, könnte einen Sympathieverlust bedeuten. Deshalb weicht er gern in gefällige Überangepaßtheit aus, läßt die fünf gerade sein und rettet sich in konventionelle Schutzhaltungen bis zum alles nivellierenden Konformismus. Seine mimosenhaft-subtile Sensibilität für ihm entgegengebrachte Sympathie oder Antipathie erinnert an die des unter Krebs Geborenen, ist aber bei ihm mehr von Äußerlichkeiten abhängig.

Mit der Sonne im Zeichen Waage wird es dem Menschen zur geistigen Forderung, die Werte der Kunst, der Gerechtigkeit und Wahrheit zu vertreten. Die Spannweite seines Wesens hängt davon ab, wieweit er sich den antinomischen Gegensätzen des Lebens auszusetzen wagt, nach einer sie versöhnenden Synthese strebt, im Bemühen um objektiv-gültige Wahrheit und unparteiische Gerechtigkeit, die über subjektiver Voreingenommenheit, relativierender Unverbindlichkeit oder faulen Kompromissen steht. So können wir die hier vorschwebenden

Leitbilder mit dem Richter salomonischer Prägung, dem Künstler, dem Klassiker oder dem diplomatischen Vermittler mit den Maßstäben objektiver Gerechtigkeit umschreiben.

Aus seiner Grundveranlagung heraus können wir verstehen, daß die schicksalhaft sich auswirkenden Keimsituationen hier vor allem Probleme der Überanpassung und der Unentschiedenheit sind. Aus seiner Angst vor Sympathieverlust neigt der Mensch hier zu Kompromissen, durch die er sein dennoch labil bleibendes Gleichgewicht zu wahren versucht, was ihm die hier mögliche Schwingungsweite einengt in ein kurzfristiges Vibrieren ohne Tiefe. Seine Annäherung an andere hat immer etwas Werbendes; er kann schwer nein sagen, neigt dazu, zuviel zu versprechen, mehr als er halten kann. In Konfliktsituationen gewöhnt er es sich an, nicht scharf hinzusehen, sich ihnen durch Vogel-Strauß-Politik zu entziehen, in der Hoffnung, daß sich die Schwierigkeiten von selbst lösen werden. Er läßt die Dinge gern auf sich beruhen, vertritt ein nonchalantes »laisser aller«, das ihm keine Konturen gibt und ihn im Formalen steckenbleiben läßt, in einer unangreifbaren Wohlanständigkeit und Formvollendetheit, die zur Banalität werden kann. Sein Bedürfnis nach Sympathie und Bestätigung soll vor allem seiner Person und ihren äußeren Vorzügen gelten, die er entsprechend unterstreicht bis zu beträchtlicher Eitelkeit. Doch braucht er auch mehr Wohlwollen und Zuneigung als andere, weil er dann seine Fähigkeiten am besten entfalten kann. Disharmonie, Streit und Abgelehntwerden sind ihm besonders schmerzlich, und ihm ist jedes Mittel recht, sie zu vermeiden.

Am schwersten aber werden ihm Entscheidungen – er ist der Mensch des Sowohl-als-auch, der lange abwägt und erwägt; Entweder-Oder-Lösungen liegen ihm nicht, sie bringen ihn in quälende Unentschiedenheit, und er läßt dann gern den Zufall oder andere für sich entscheiden. Das kann bis zur Standpunktlosigkeit führen, durch die er leicht zu überreden, und vor allem für Schmeicheleien sehr empfänglich ist. Er schmeichelt selbst sehr gern, mit der Erwartung, daß ihm als Feedback wieder geschmeichelt wird, er will durch Liebenswürdigkeit bezwingen. Das Ausweichen vor allen Reibungen führt schließlich zu einer laxen Bequemlichkeit und Lauheit; er schont dann sich im anderen und hält das für besondere Toleranz, hält sein Unvermögen sich zu entscheiden für besonderes Bemühen um Objektivität und schafft sich so eine Ideologie, die scheinbar jenseits von gut und böse steht, in Wirklichkeit ihm aber nur eindeutige Stellungnahme ersparen soll. So liegen die Schattenfiguren hier im gefälligen Ja-Sager ohne

Charakter; im Ästheten und Schöngeist, der alles durch eine rosa Brille ansieht, bis zum arroganten Snob.

Erzieherisch ist vor allem darauf zu achten, sich durch die einschmeichelnd-werbenden Haltungen des Kindes nicht dazu verführen zulassen, es zu verwöhnen, zu nachgiebig zu sein und ihm notwendige Grenzen und konsequente Forderungen zu ersparen – damit können die Weichen gestellt werden für ein »Dünnbrettbohren«, das immer den Weg des geringsten Widerstandes geht. Das Kind verläßt sich dann zu sehr auf seinen Charme, der allerdings erheblich sein kann, und entwickelt einen Opportunismus, eine Oberflächlichkeit, die es über alles Unangenehme hinwegträgt. Auf die hier besonders naheliegende Möglichkeit, in Konfliktsituationen in Bequemlichkeitslügen auszuweichen, ist ebenfalls zu achten. Wichtig ist es, die musischen Seiten anzusprechen. Hautaffektionen sollten als mögliche Anzeichen von Kontaktproblemen früh beachtet werden.

Frauen unter diesem Zeichen haben oft viel Anmut und Charme, können von einer blumenhaft-zarten, regelmäßigen Schönheit sein. Sie lieben Luxus und Eleganz, sind sehr verführbar durch Schmeichelei und Komplimente. Sie lassen sich gern verwöhnen, verstehen es aber auch, eine ästhetisch-wohltuende Atmosphäre zu verbreiten und dem Leben seine heiteren Seiten abzugewinnen. Sie beherrschen den Flirt und die Koketterie und wünschen sich die Liebe insgeheim als einen sie verehrenden Minnedienst, sie möchten sich vor allem »amüsieren«. Ihr Zärtlichkeitsbedürfnis ist besonders groß, wohl auch im Zusammenhang mit einer großen Hautsensibilität; Zärtlichkeit kann ihnen wichtiger werden als Sinnlichkeit, Bewundertwerden wichtiger als Lieben, Galanterie wichtiger als Leidenschaft; an der Sexualität finden sie leicht etwas ästhetisch Abstoßendes, wodurch ihre Hingabebereitschaft gestört werden kann. Dabei haben sie oft einen ausgeprägten Zeigedrang, etwas Exhibitionistisches, wie überhaupt die Neigung zu narzißtischer Selbstdarstellung, weshalb hier oft tänzerisch-schauspielerische Begabungen zu finden sind. Eine verdrängte Dirnenthematik ist bei ihnen nicht selten, hier am ehesten motiviert durch Bequemlichkeit und Luxusliebe.

Nach dem Beschriebenen läßt sich verstehen, daß wir unter diesem Zeichen viel hysterische Persönlichkeitsstrukturen finden; der Hang zu indolenter Bequemlichkeit, die große Sympathieabhängigkeit und der meist vorhandene Charme, die Verführbarkeit durch Glanz, das früh erlernte sich Verlassen auf äußere Vorzüge begünstigen hysterische Züge narzißtischer Prägung. Erythrophobie und Störungen der Liebesfähigkeit hängen oft mit früh unterdrücktem Schau- und Zeigedrang zusammen. Bei entsprechender Biographie können Verwahrlosungserscheinungen auftreten – die Gammler, Hippies und Blumenkinder wären naive, oft liebenswerte Exponenten des Waagezeichens, die sich nach einer schöneren – und bequemeren – Welt sehnen.

Zwanghafte Züge erwachsen hier oft auf der Basis unentschiedenen Abwägens und der Unentschlossenheit, die er durch Knöpfe-Abzählen und ähnliche magische Handlungen zu lösen sucht. Auch Bindungsangst kann auf solcher Basis entstehen, und die Unentschlossenheit kann äußerst quälende Grade annehmen. Zwanghafte Züge sind bei ihm nicht Ausdruck innerer Zerrissenheit, wie beim unter Zwilling Geborenen und dessen Schwanken zwischen dem So-und-auch-anders-Können; auch nicht Schutz gegen die unterdrückten Affekte und Aggressionen, wie wir es beim Widder sahen; sondern sie stammen hier aus dem quälenden Bemühen, die Antinomien des Lebens und der eigenen Natur harmonisch in sich aufzulösen und in sich zu versöhnen. Das kann ihm zum unüberwindlichen Problem werden, wenn er meint, wählen und sich entscheiden zu müssen, weil ja jede Entscheidung ein Entweder-Oder in sich birgt, das er gerade vermeiden möchte.

Die Astrologie nennt als Organentsprechung beim Zeichen Waage die Nieren, das Nierenbecken und die Haut; an ihnen pflegen sich ungelöste Konflikte am leichtesten zu somatisieren. Vor allem die Haut ist bei diesen Menschen ein ungemein sensibles Kontaktorgan, die Hautbefindlichkeit oft bevorzugtes Ausdrucksorgan bei Kontaktschwierigkeiten. Schwer lastende Entscheidungskonflikte, die als unlösbar erlebt werden, können den psychodynamischen Hintergrund von Nierenaffektionen abgeben.

Eine Patientin träumte: »Es ist so, als hätte ich aus Liebenswürdigkeit und im Überschwang eine Verpflichtung übernommen, die mir dann doch zuviel wurde, und die auch gar nicht notwendig war.« Ein anderer Traum: »Es war in der UNO; lauter Abgeordnete; Kennedy und Chruschtschow kämpften miteinander, vielleicht wegen der Kubakrise, debattierend. Ich war wohl Dolmetscher, jedenfalls saß ich zwischen den beiden am Mikrophon zur Besänftigung der Politiker.«

Die Waagethematik bewegt sich also zwischen den Polen schöpferischer Spannung, die zur Gestaltung drängt bei denjenigen Menschen, deren Charisma es ist, Wahrheit, Gerechtigkeit, Schönheit und Frieden in die Welt zu bringen; und andererseits einem indifferenten Ästhetizismus, der die Tiefen des Lebens in schöngeistige Diminutive auflöst, bei den Menschen, die ihr narzißtisches In-sich-selbst-verliebt-Sein für andere unerreichbar macht.

Die Lebenslüge kann hier darin bestehen, daß der Mensch, in der Beherrschung der »Etikette« und des Konventionellen, sich nie wirklich »stellt«, sich immer mehr mit Formalem identifiziert – es ist amüsant zu hören, daß der Freiherr von Knigge, dessen Erziehungsbuch »Über den Umgang mit Menschen« für Generationen den »Guten Ton« und die Anstandsregeln angab, diesem Zeichen unterstand. Im Umgehen der Abgründe des Lebens, im Ausweichen vor allen Härten, kann der Mensch hier glauben, eine Scheinüberlegenheit zu besitzen, weil er sich durch nichts aus dem Gleichgewicht bringen läßt; doch ist diese Gelassenheit leicht zu erschüttern, wenn die Verleugnung des »Störenden« nicht mehr glückt. In gewandter Glätte und nur sentimentaler Anteilnahme schützt er sich vor Erschütterungen und verrät das hier geforderte Ergriffensein vom Eros durch Liebelei und Ästhetizismus, kann in seiner Gutartigkeit ein immerhin liebenswürdiges Kind des Lebens bleiben.

Aber wir finden hier auch die Menschen, die ihre subtile und differenzierte Sensibilität dem Leben auszusetzen wagen, die in immer neuem Bemühen um Wahrhaftigkeit und Gerechtigkeit ihre Schwingungsbreite ausweiten zu künstlerischer Gestaltung. Sie vermögen es auch, aus ihrem Leben ein Kunstwerk zu machen; sie sind die Klassiker des Lebens. Ihr Bemühen um objektiv gültige Wahrheiten läßt sie mehr als andere an den unversöhnlichen Antinomien des Lebens leiden; doch, je größer ihre Spannweite ist, um so mehr regt das ihre schöpferischen Kräfte an.

H. v. Kleist – sein »Marionettentheater« schildert unübertrefflich die Sehnsucht, harmonisch aus der »Mitte« zu leben –, O. Wilde, C. F. Meyer; Leibl und Boecklin, Rathenau und Mahatma Gandhi sowie die Duse seien als Beispiele genannt.

SKORPION

Gott verbietet nur jenen die Früchte am Baum
der Erkenntnis, die daran zugrunde gehen.
Wer aber zum Grund der Erscheinungen
dringt, lebt davon auf.   Thomas Ring

Im nun folgenden Zeichen Skorpion wird die Neigung zur spannungs-
losen Ausgeglichenheit, zur ästhetischen Harmonisierung der Welt
unter dem Zeichen der Waage aufgehoben. Man kann geradezu sagen, daß das Aufreißen von Spannungen, Gegensätzen und Abgründen der Seele beim unter Skorpion Geborenen ein Grundbedürfnis
ist. Der Mensch will hier gleichsam »hinter« die Dinge blicken, will
ihnen auf den Grund gehen, schonungslos forschend, nichts verschleiernd, vor nichts zurückschreckend, wenn es um klare Einsicht und Erkenntnis geht. Alles Unentdeckte, Unerforschte und Dunkle reizt hier;
der Mensch möchte Macht über die Natur und das Leben bekommen,
möchte in die Geheimnisse der Schöpfung, zeugend und gestaltend,
eingreifen. Dabei bleibt er nicht in der distanzierten Betrachtung des
unter Zwilling Geborenen stehen, sondern er wird selbst von dem,
dem er sich forschend zuwendet, ergriffen und miteinbezogen. Es soll
ihn erfassen und wandeln, und er ist immer bereit, noch einen Schritt
weiterzugehen, wenn er noch nicht genug weiß. So entscheidet über
das Höhere und Niedere hier letztlich, wofür man die erlangte Macht
gebraucht. Oskar Adler spricht zur Kennzeichnung der beiden Skor-
pionmöglichkeiten von »weißer« oder »schwarzer« Magie: es geht
hier entweder um das konsequente Zu-Ende-Denken, Zu-Ende-Durch-
leben, das innere Reifung und Wandlung ermöglicht, um jenes »Stirb
und werde«, das Goethe, dessen Aszendent im Zeichen Skorpion
stand, forderte, damit der Mensch die Früchte dieses Wandlungspro-
zesses anderen zukommen lassen kann. Oder um den Mißbrauch der
Skorpionkräfte für ein lauerndes, mitleidloses Durchschauen und
gleichsam Sezieren, um das so Erkannte in seine Macht zu bekommen
und von sich abhängig zu machen.
Vom Grundprinzip dieser magischen Wunschkraft und dem forschen-

den Eindringen-Wollen ausgehend, finden wir auf der Ebene des Aszendenten ein zäh-beharrliches Temperament, das nach außen phlegmatisch-verhalten wirkt, hinter welcher oft undurchsichtig wirkenden Oberfläche aber intensive Leidenschaften und Affekte stehen. Der Mensch hat hier etwas Zielstrebiges und Konsequentes, ist dabei in seinen Verhaltensweisen eher diplomatisch als direkt; verschlossen und schweigsam, läßt er sich nicht in die Karten blicken, lockt aber durch diese Zurückhaltung andere aus sich heraus und erfährt so mehr über sie, als sie über ihn erfahren. Er hat etwas Absichtliches, Suggestives und einen erheblichen Leistungsehrgeiz, und da er meist Tüchtigkeit und Ausdauer besitzt, erreicht er seine Ziele. Der Mensch lebt hier instinktsicher aus seiner Triebwelt; bleibt er darin undifferenziert, wird ihm der Mitmensch und die Objektwelt zum »Triebobjekt«, dessen er sich bemächtigen will, berechnend und mit scharfem Blick für die schwachen Stellen anderer. Sein sexuelles Begehren wird ihm vor allem in der Jugend zum Problem, wird später zum Antrieb seines Leistungswillens.

Mit dem Mond in diesem Zeichen hat der Mensch oft etwas Faszinierendes und Suggestives sowie einen seelischen Bemächtigungsdrang, dem andere leicht verfallen, weil sie die Willensstärke und intensive Leidenschaftlichkeit spüren. Er übt einen ihm oft nicht bewußten Sog aus, durch den er andere an sich fesseln und von sich abhängig machen will. Aber, indem er so darauf ausgerichtet ist, daß sie sich seiner Macht und seinem Einfluß nicht entziehen, wird nun er indirekt von ihnen abhängig: er reagiert ungemein eifersüchtig, wenn andere wirklich oder vermeintlich ihm zu entgleiten scheinen, und die Intensität seiner Rache läßt dann das tiefe 'Getroffensein und Verletztsein erkennen. Eifersucht ist bei ihm weniger Ausdruck der Verlustangst als der Bedrohtheit seines Einflusses über einen anderen. Sein Drang, sich anderer seelisch zu bemächtigen, kann manchmal dämonische Züge annehmen; er versucht dann, sie zu entmachten, sie zu seinem willenlosen Werkzeug zu machen, verachtet sie aber dafür, daß sie sich von ihm entmachten ließen. Wenn er keine gesunde Distanz zum Partner findet, führt das zu sehr problematischen Beziehungen mit heftiger Ambivalenz, zu einer Haßliebe, die äußerst quälend werden kann. Es sind grüblerische Naturen, die sich immer wieder mit sich auseinandersetzen, die der Magie des Sexus sowohl unterliegen, ihn aber auch zu sublimieren vermögen. Sie neigen dazu, sich in etwas zu verbohren, und machen sich dadurch manches unnötig schwer, sehen Probleme in Menschen und Situationen hinein, die letztlich in ihnen selbst liegen.

Mit der Sonne in diesem Zeichen schweben dem Menschen Leitbilder vor wie der Forscher, der »Alchemist«, der faustische Mensch; man könnte als seinen Leitspruch das Motto verwenden, das Freud, der selbst eine Betonung dieses Zeichens hatte, seinem Traumbuch voranstellte: »flectere si nequeo superos, acheronta movebo (Vergil, Aeneis, I.)« Seine Stärke liegt im unerbittlich-eindringlichen Erforschen, mit der Gefahr, dadurch das Erforschte zu zerstören. So kann er sowohl gleichsam Geburtshelfer sein im Aufdecken und Bewußtmachen unbewußter oder unerkannter seelischer Hintergründe, als er auch durch zuviel absichtsvolles Experimentieren und künstliche Bedingungen, denen er das Objekt aussetzt, sich den Zugang zu einem absichtslos beachtenden Verstehen verbaut. Er kann sein Vorgehen mit dem Prinzip, daß der Zweck die Mittel heilige, rationalisieren, und wenn sein ethisches Bewußtsein nicht genügend entwickelt ist, treten destruktive Züge in den Vordergrund, die gefährliche Ausmaße annehmen können.

Die Keimsituationen, die dem Menschen hier zum Schicksal werden können, sind vor allem Probleme mitmenschlichen Kontaktes. Sein Drang, andere von sich abhängig zu machen, verstrickt ihn intensiver in Leidenschaften und Verwirrungen; der Sog, den er auf die ausübt, die er in seine Macht bekommen will, gilt besonders auf der erotisch-sexuellen Ebene; sein Bedürfnis, sich sexuell als unwiderstehlich zu erleben und sich das immer erneut zu beweisen, läßt sie leicht zu seinem Opfer werden, das er ohne Verantwortungsgefühl benutzt und gleichsam seelisch aussaugt. Bleibt sein Verantwortungsgefühl unterentwickelt, verführt ihn sein psychologischer, detektivistisch-aufdeckender Spürsinn dazu, ihn zu mißbrauchen. Durch sein bohrendes, den Partner bis zum letzten Ergründen-Wollen ohne Liebe kann er diesen oder die Beziehung zerstören.

Gelingt ihm die schöpferische Distanz nicht, dann neigt er zu quasi-paranoider Eifersucht; er wittert dann überall verborgene Motive und fängt sich in seinem Mißtrauen und seiner zersetzenden Kritik in den eigenen Schlingen, begegnet seinem »Schatten« in der Projektion. Der Mensch ist hier gefährdeter als andere durch seine starke Triebnatur; bekommt er sie nicht in die Hand, entwickelt er rücksichtslos-destruktive Züge, kalten Zynismus, verletzenden Spott, Undankbarkeit und Rachsucht.

Seine Triebhaftigkeit kann sich bei entsprechenden Entwicklungsbedingungen zum triebhaften Charakter steigern, zu asozial-kriminellen Zügen und zur Süchtigkeit. Mußte er seine Triebseiten zu früh unterdrücken, entstehen hier zwanghafte Persönlichkeitsstrukturen, bei denen der Zusammenhang der Zwangssymptome mit Stauung, Frustration und Verdrängung vor allem sexueller Impulse besonders deutlich ist. Formen des Grübelzwanges finden sich hier häufig. Oder die intensive Triebstärke sucht sich, wenn sie nicht gesund integriert werden konnte, besonders leicht Auswege in Ersatzbefriedigungen, unter denen sadomasochistische bevorzugt zu werden scheinen.

Bei der so problematischen Anlage dieser Menschen können frühe Umweltschädigungen auch in die Richtung schizoider und depressiver Züge führen. Im Falle der Schizoidie finden wir hier die kalt-verschlossenen Kontaktarmen, hinter deren Kälte mächtige Affekte lauern, die jederzeit gefährlich hervorbrechen können. Depressionen pflegen hier ausgesprochen sthenisch zu sein, ebenfalls auf dem Hintergrund von Triebfrustrationen und Affektstauungen; sie können melancholische Formen annehmen und sich selbstzerstörerisch gegen die eigene Person wenden. Hysterische Entwicklungen zeigen beim Manne oft phallisch-narzißtische und auch exhibitionistische Züge, scheinen aber bei Frauen häufiger zu sein.

Die Integration vor allem der sexuellen Triebe und der heftigen Affektivität ist für den Menschen hier besonders wichtig. Er hat das Bedürfnis, alle Formen der Leidenschaft kennenzulernen, kann darin unersättlich werden und die Macht des Sexus erproben bis zum Donjuanismus. Von ihm geht oft etwas Hypnotisch-Suggestives aus, mit allen darin liegenden positiven und negativen Möglichkeiten. Seine forscherische Einstellung dem Mitmenschen gegenüber führt ihn zum Testen und ähnlichen aufdeckenden Methoden, und bei mangelnder Gefühlsentwicklung kann hierin ein schizoider Zug zum Ausdruck kommen, wenn er auch in der Partnerschaft mehr Forscher als liebender Partner ist – alles wird ihm zur Ebene forschenden Experimentierens. Wenn seine gemüthaften Seiten verarmen, kann die mangelnde emotionale Gebundenheit in Extremfällen zu paranoiden Zügen führen, bis zum Verfolgungs- und Eifersuchtswahn, wo dann die nicht verarbeitete Eigenproblematik in der Projektion ihn von außen zu bedrohen scheint. Auch Entwicklungen in die Richtung des Größenwahns kommen vor, der hier die Form magischer Allmachtsvorstellungen anzunehmen pflegt; sie stammen bei ihm nicht, wie es beim unter Löwe Geborenen möglich war, aus dessen narzißtisch sich selbst überschätzender Eigenliebe, sondern aus dem quasi-dämonischen Hintergrund von Vorstellungen, im Besitz geheimen Wissens oder magischer Kräfte zu sein, die ihm totale Gewalt über die Menschheit geben könnten.

Erzieherisch ist es wichtig, daß man dem Kind nicht zu früh schon Tabus setzt, daß man ihm jedoch Sublimierungsmöglichkeiten anbietet, für die es normalerweise sehr empfänglich ist. Schon beim Kind wird der Forschungsdrang deutlich – es stellt hartnäckige Fragen, bohrend und zielstrebig, es nimmt das Spielzeug auseinander und will sehen, wie es innen aussieht; es ist für die gesunde Entwicklung des Kindes notwendig, seinen Forschungsdrang nicht aus eigener Gehemmtheit zu tabuieren, ihm aufrichtige Antworten zu geben. Die Aufrichtigkeit der Eltern und ihr sittliches Vorbild sind hier von besonderer Wichtigkeit wegen der leichten Verführbarkeit des Kindes. Die Pubertät und die erste Lebenshälfte pflegt bei diesen Menschen stürmisch und konfliktreich zu sein; später vermögen sie ihre Intensität mehr und mehr in Tüchtigkeit und erfolgreiche Aktivitäten und Leistungen umzusetzen.

Frauen unter diesem Zeichen haben meist einen ausgesprochenen Leistungswillen und Tüchtigkeit; ihre Interessen gehen selten allein im Haushalt und in der Familie auf, und sie sind sehr empfänglich für die Anerkennung ihrer Leistungen. Sie haben für den Mann oft etwas Undurchdringliches, Rätselhaftes, das er als Faszination erlebt, die bis zur Hörigkeit gehen kann. Sie sind anspruchsvoll dem Manne gegenüber bezüglich seiner Männlichkeit im weitesten Sinn, seines Formates, verachten Schwächen und kritisieren sie schonungslos, werden vom Manne nicht selten als Spinne oder Schlange geträumt. Auf entsprechend biographischem Hintergrund können sich hier dämonisch-destruktive Formen der Hysterie entwickeln, der »phallischen Frau«, der »kastrierenden Frau« im Sinne der Psychoanalyse. Sie verstehen es, den Mann an der Sexualität zu fassen, das »Männchen« im Manne anzusprechen, und wie die Circe die Männer »in Schweine zu verwandeln«, sie sexuell von sich abhängig zu machen bis zur Hörigkeit. Unter entsprechenden Bedingungen kann das auch zum Dirnentum führen, hier mehr aus dem Motiv, dem Manne möglichst viel Geld aus der Tasche zu ziehen und ihn zu erniedrigen.

Als Organneurosen und psychosomatische Störungen finden wir hier häufig Blinddarmaffektionen (vor allem um die Pubertät herum, im Zusammenhang mit Sexualkonflikten), sowie Anfälligkeiten des Urogenitalbereichs und Funktionsstörungen endogener Drüsen. Die Astrologie ordnet dem Zeichen die Geschlechtsorgane zu. Psychogen bedingte Funktionsstörungen der Liebesfähigkeit sind nicht selten. Hingabestörungen rühren oft daher, daß der Mensch hier, entsprechend seinem Wesen, »Hingabe« sich nur als Ausgeliefertsein und Aufgefressenwerden vorstellen kann. Der Partner wird beiden Geschlechtern zu leicht zur »Beute«, die er instinktsicher jagen und einfangen möchte. Männer haben hier oft große Angst, ihre weichen Seiten zuzulassen und dadurch »unmännlich« zu wirken.

So finden wir hier sowohl Menschen, die eindringlich und tiefschürfend sich großen Fragen des Lebens zuwenden, die nach den Ursprüngen forschen, die für ein forscherisches Ziel auch nicht davor zurückschrecken, mit sich selbst zu experimentieren, sich selbst zum Objekt ihrer Untersuchungen zu machen. Das Experiment reizt sie, weniger im Sinne der Beweiskräftigkeit in der Wiederholung als für die Eroberung von Neuland, für die Erprobung unbekannter Reaktionen. Die Motivforschung, biologische, chemische und psychologische Probleme faszinieren sie wohl am stärksten. Es ist für die unter dem Zeichen Skorpion Geborenen ethisch von entscheidender Wichtigkeit, daß sie dem Erforschten gegenüber genügend Achtung bewahren und ganz allgemein die Ehrfurcht nicht verlieren.

Nach meinen Erfahrungen finden sich Schlangen- und Spinnenmotive besonders häufig in den Träumen skorpionbetonter Menschen, sei es als Symbol ihrer verschlingenwollenden Gier, sei es als Angsttier, von dem sie sich bedroht fühlen.

Die Lebensangst des Menschen hier liegt in der Angst vor der liebenden Hingabe im weitesten Sinne. Seine Lebenslüge kann darin bestehen, daß er auch dort, wo er lieben und geliebt werden möchte, zerstört, indem er, um Macht über den Partner zu gewinnen, ihn zu seinem Objekt macht, das er sezierend und experimentierend ergründen will, das aber vor sich selbst verschleiernd rationalisiert als besonders tiefes Interesse. Er mißtraut dem liebend sich einfühlenden Verstehen und fürchtet sich davor.

Demgegenüber finden wir hier Menschen mit der vielleicht größten Spannweite zwischen Licht und Schatten, die mit der Unbestechlichkeit und dem Mut großformatiger Persönlichkeiten forschend zu Erkenntnissen vorstoßen, vor denen andere zurückschrecken; Menschen, denen das Bewußtsein der Problematik des Mensch-Seins zur Forderung wird, seine unbewußten Hintergründe aufzuhellen.

Freud, Dostojewski, Paracelsus, Luther, Voltaire, Trotzki, Marie Curie, Henry Miller, Mary Wigman können hier genannt werden; für die dämonisch-destruktive Seite Goebbels, Charles Manson.

SCHÜTZE

> Religionen sind bloß die Gewänder des Glau-
> bens – und sie sind oft sehr schlecht zu-
> geschnitten.   Thornton Wilder

Riß der Mensch unter dem Zeichen Skorpion die Tiefen der Seele
auf, so daß die Gefahr bestand, im aufgewühlten Chaos selbst unter-
zugehen und in finsterer Dämonie die Glaubensfähigkeit zu verlieren,
führt nun das Zeichen Schütze in einer Gegenbewegung aus solchen
Abgründen heraus. Hier geht es dem Menschen um ein Über-sich-
Hinausstreben, um das Überwinden-Wollen des Triebhaften und des
»Menschlich-Allzumenschlichen«, in der Ausrichtung auf seine Berufung zu Höherem. Im Gegensatz zur vorwiegend kausal-genetischen
Einstellung des Menschen unter Skorpion ist der Mensch hier teleo-
logisch-final orientiert. Dem skorpionischen Blick in die Tiefe folgt
nun der Blick in die Höhe, auf das Sein-Sollende, auf das Sinngebende.
Nach der erforschten Bilanz der menschlichen Natur und ihrer biologischen und psychologischen Gegebenheiten wird nun nach dem Wo-
hin und Wofür gefragt. Nun gilt das Interesse der möglichen Höher-
entwicklung des Menschen und seinem transzendenten Wesen, das
sich nicht mehr nur ableiten läßt aus Triebsublimierungen oder bio-
psychischen Daten, sondern das ihm als innere Forderung auferlegt
ist, ihn zugleich auszeichnend und verpflichtend. So ist die tiefste
Wurzel des Menschen hier in seinem religiösen Gefühl zu suchen, in
seiner Gläubigkeit und im Angerührtsein vom Numinosen, vom Un-
erforschlichen. »Der Mensch als Partner Gottes« könnten wir mit
Ernst Michel von ihm sagen; das Heilige wird vom Profanen streng
abgegrenzt, die Vision des Übermenschen taucht auf. Aber damit so-
gleich auch die Gefahr, daß der Mensch zu seinem Wesen gehörende
Gebundenheiten und Abhängigkeiten zu überspringen versucht im
Vorwegnehmen des Zieles, daß er seinen »irdischen« Anteil glaubt
vernachlässigen zu können im begeisterten Aufschwung geahnter
Möglichkeiten. Daher scheidet sich hier die Entwicklung an der Grenze
von Sein und Schein, von Echtheit und Unechtheit.

Auf der Ebene des Aszendenten treffen wir auf ein nervös-cholerisches Temperament, voller Enthusiasmus und Begeisterungsfähigkeit. Daraus ergibt sich die Hinneigung zu allem, was sein Selbstgefühl zu steigern vermag – das kann natürlich, je nach den Neigungen des Betreffenden, sehr Verschiedenes sein. Auf jeden Fall braucht er den Elan, den Schwung, etwas, was ihn mitreißt. Er will auch andere mitreißen und, sich an der eigenen Begeisterung begeisternd, sie von dem überzeugen, wovon er selbst überzeugt ist. So kann er sich gelegentlich zum Pathos und zum Pastoralen steigern, zum überreden wollenden »Missionar« werden. Bei alldem hat er ein empfindliches Gerechtigkeitsgefühl. Seine Konstitution ist in der Regel vital und gut, wenn auch sensibel-nervös, mit betontem Bewegungsdrang.

Mit dem Mond in diesem Zeichen kommt hinzu, was wir am besten in der Sprache Jungs als »Personahaltung« bezeichnen können: der Mensch identifiziert sich dann besonders gern mit seiner sozialen Rolle, mit einer Standesideologie, mit Funktionen und Ämtern; er fühlt sich so sehr als deren Repräsentant, daß sie ihn völlig ausfüllt. Er zieht sie sich zur Selbststeigerung wie ein Gewand an, unter dem er sein eigentliches Wesen vergißt oder verhüllt – hier besonders stellt sich die Echtheitsfrage, die Frage, ob er das Gewand mit seiner Menschlichkeit und Persönlichkeit ausfüllt oder nicht. Und es kommt natürlich auch darauf an, welches Gewand er sich anzieht – es gibt hier sehr banale, wie äußeren Rang und Titel usf., und es gibt wesentliche, zu Würde und Menschlichkeit verpflichtende. Der Mensch ist hier allem Erhabenen und Erhebenden geöffnet, immer nach etwas suchend, was ihn über sich hinausheben könnte. Das kommt auch darin zum Ausdruck, daß er gern für etwas schwärmt; er schwärmt für »Stimmungen«, ist empfänglich für lyrische und sentimentale wie für großartig-pathetische; er läßt sich leicht imponieren, wie er auch selbst gern ein Imponiergehabe sich zulegt.

Die Sonne in diesem Zeichen verpflichtet zu einer Leitlinie, auf der Gestalten wie der Priester, der »Seher und Prophet« (O. Adler) liegen, der Missionar und Verkünder hoher Ideen, der Richter um der Idee der Gerechtigkeit willen, der Ethiker. Der Mensch sucht hier intensiv nach Sinn- und Selbstverwirklichung; geistige Wahrheiten stehen ihm über naturwissenschaftlichen Erkenntnissen. Er hat oft etwas der Zeit Vorauseilendes, Visionäres, kühne Ideen, und die Beschränkung seiner geistigen Freiheit träfe ihn am tiefsten. Doch kann er in die Gefahr kommen, die »Realität«, auch die eigene, nicht genügend zu beachten. Er denkt intuitiv-hypothetisch, kann ein mitreißender Feuergeist sein, idealistisch-fordernd, der sich leicht zu ethischen Überforderungen hinreißen läßt, wenn er über dem Sein-Sollenden das Sein vergißt. Aber er zeigt Großzügigkeit und Noblesse, besitzt ein ausgesprochenes Ehrgefühl, ist weiträumig im Denken und steckt sich hohe Ziele.

Die Keimsituationen für den unter diesem Zeichen Geborenen liegen, wie erwähnt, im Problem von Sein und Schein. Mancher ist äußerlich überbedacht auf Prestige, Titel, Orden usf., ihm wird vieles zu leicht zum Statussymbol, und er scheint öfter naiverweise anzunehmen, daß solche Dinge ihm tatsächlich den Wert und das Gewicht gäben, das er ihnen gibt. Er bezieht aus ihnen manchmal geistigen, manchmal moralischen Hochmut, als ob allein schon sein sich Beschäftigen mit hohen Dingen ihm Überlegenheit gäbe. So können wir verstehen, wenn die Schattenbilder zu den obengenannten Leitbildern vom Blender und Heuchler bis zum Hochstapler reichen, bis zu den Menschen, die nur zu scheinen versuchen, was sie sein möchten, bei denen von der echten Zielvorstellung nur noch die pathetische Geste und salbungsvolle Scheinheiligkeit übriggeblieben ist.

Die Konfrontation mit dem »Schatten«, das heißt die Bewußtmachung der niederen Schütze-Eigenschaften, ist hier von besonderer Wichtigkeit; man verwechselt sich sonst zu leicht mit dem Image, dem Wunschbild, das man von sich hat. Das kann zu einem immer weiteren Auseinanderklaffen von Wunsch-Ich und Real-Ich werden, das nicht selten zu sogenannten »Nervenzusammenbrüchen« führt. So muß er besonders darauf achten, daß er das pathetisch erlebte Gefühl der eigenen Würde und moralischen Unfehlbarkeit, im Bewußtsein seiner hochgespannten Ziele und Überzeugungen, nicht zu sehr strapaziert. Das kann sich, vor allem in religiös-weltanschaulichen und ethischen Fragen, bis zum Gefühl seiner Auserwähltheit steigern, seiner Berufung, die ihn ermächtigt, anderen seine Anschauungen als Vorschrift aufzuoktroyieren.

Dann wird er zum eifernden Missionar, erfüllt von einem Sendungsbewußtsein, das um so gefährlicher wird, je weniger Demut und Selbstkritik er besitzt.

Er vergißt zu leicht, daß er nur der Repräsentant, der »Vertreter« von Werten und Ideen ist, daß er durch das sich Identifizieren mit ihnen oder ihrem Ritual noch nicht der geworden ist, der er sein möchte, vergißt, daß die Robe nicht allein schon den König, der Titel nicht die Persönlichkeit ausmacht.

Bei Entwicklungen in die Richtung der Schizoidie finden wir hier

Menschen mit autistischem Persönlichkeitskult, dabei äußerst labilem Selbstwertgefühl, das zwischen Selbstüber- und Selbstunterschätzung schwankt. Im Zusammenhang mit diesem labilen Selbstwertgefühl können auch an Beziehungswahn grenzende Zustände entstehen, in denen ihm die ahnungsweise gespürte eigene Unechtheit in nach außen projizierte Kritik begegnet.

Auf der zwanghaften Linie kommt es bei ihm vor allem zu Gewissensskrupeln bis zum Moralfanatismus, zum sich Klammern an eine Buchstabenmoral und zu einer moralischen Intoleranz, die anderen nicht zugestehen kann, was sie sich selbst verbietet. Seine Konflikte trägt er auf der ethisch-moralischen Ebene aus; dadurch werden Triebkonflikte oft gleichsam »zu hoch angesetzt« und nicht als solche erkannt, wodurch sie ihm unlösbar erscheinen können; so grübelt er oft über scheinbare Probleme seines Selbstwertes und seiner moralischen Integrität nach, die letztlich nur dadurch entstehen, daß er glaubt, sich sein »Allzumenschliches« nicht eingestehen zu dürfen. Ekklesiogene Neurosen finden bei ihm einen guten Boden, eine quälende Über-Ich-Problematik, die einen nicht einzuhaltenden – weil der menschlichen Natur widersprechenden – sittlichen Perfektionismus von ihm fordert, den schwere Depressionen mit Selbstvorwürfen und selbstauferlegten Bußen zu begleiten pflegen, wenn er die strengen Forderungen nicht erfüllen kann, wenn er sittliche Gebote zu wörtlich nimmt, sie nicht als Idealforderungen ansieht. Unerbittliche Dogmatik und lebensfremde Orthodoxie können so entstehen. Anderseits kann sich auf der Basis seiner Auserwähltheitsgefühle im Extremfall eine Psychose entwickeln, die hier die Züge moralischer Unfehlbarkeit und gottähnlicher Vollkommenheit trägt.

In hysterische Entwicklungen führt hier nicht selten der überwertige Geltungsdrang sowie der Mangel an Aufrichtigkeit sich selbst gegenüber, der über Angeberei, Überheblichkeit, rechthaberische Arroganz und pompöse Großmannssucht im Extrem zur Hochstapelei werden kann.

In der Erziehung ist es wichtig, auf den Geltungsdrang und die Neigung zu »Personahaltungen« zu achten, das Gefühl für Echtheit entwickeln zu helfen. Lügen haben hier oft den psychologischen Hintergrund des Vorwegnehmens angestrebter Erfolge; die Neigung, sich mit Statussymbolen und anderen Äußerlichkeiten zu identifizieren, sollte beachtet werden, damit nicht übernommene Gesten das Können ersetzen; es ist aber anderseits wichtig, die Über-Ich-Entwicklung des Kindes nicht zu forcieren. Für die Bewegungsfreude und die Erziehung zur Fairneß ist Sport wichtig. Häufigere und auffallende Schwankungen des Selbstwertgefühls und weltanschauliche Krisen um die Pubertät sind oft ein Alarmsignal und Vorboten seelischer Erkrankungen.

Frauen unter diesem Zeichen haben oft etwas Würdevolles, Hoheitsvolles; sie neigen zur Repräsentation, haben meist eine ausgesprochene Abneigung gegen enge Verhältnisse und sind oft für den Mann besonders ehrgeizig, weil sie sich in seinem Ruhm mitsonnen möchten, treiben ihn daher zu mehr Erfolg und Leistung an, als ihm möglicherweise bekommt. Auch sie haben die Neigung zu Personahaltungen – das öffentliche Prestige, ihre Rolle in der Gesellschaft, wird ihnen leicht überwertig. Sie halten viel auf ihre persönliche Würde, haben ein Standesbewußtsein, durch das sie sich ihre mitmenschlichen Beziehungen erschweren. Hinter Selbstgerechtigkeit und prüder Moral verbergen sie manchmal ihre innere Unsicherheit. Doch sind sie begeisterungsfähig; Liebe und Erotik gibt ihnen die Möglichkeit, sich gesteigert zu erleben; sie idealisieren gern den Partner oder die Liebe, neigen zu schwärmerischer Übertreibung, wie sie überhaupt schon unbedeutende Situationen durch ein hineingetragenes Pathos auf eine »höhere Ebene« heben möchten.

Die Astrologie ordnet diesem Zeichen die Hüftregion sowie die Leber-Gallenfunktion zu. In der Hüftregion vollzieht sich ja das sich Aufrichten, und esoterische Lehren sehen darin die symbolische Entsprechung zur »Aufrichtigkeit«; und vielleicht denken wir auch an Jakobs Kampf mit dem Engel, bei dem ihm die »Hüfte verrenkt« wird und er die Worte spricht, die man als Motto für den Menschen hier anwenden könnte: »Ich lasse dich nicht, du segnest mich denn.« Leber-Gallen-Affektionen haben nicht selten den psychologischen Hintergrund von Übertreibungen oder prometheischem Übermut. Auch Rheuma und Ischias sind hier nicht selten, ebenso Allergien (Heuschnupfen).

Indem sie sich bemühte, immer die moralisch Überlegene und Untadelige zu sein, die nie »böse« war, aber auch nichts Böses in sich als Möglichkeit zu kennen glaubte, ließ sich eine Frau in der Rolle eines unantastbaren, unerreichbaren Idealmenschen von ihrem Mann verehren, der »moralisch unter ihr stand«, da er aus einfacheren Verhältnissen stammte und zwischendurch trank. Indem sie dem dann Reuigen immer wieder großzügig verzieh, stieg sie immer höher, erkannte aber nicht, daß sie damit ihr eigenes Böses an ihn delegierte, der, an ihrer »Tugend« gemessen, sich immer minderwertiger vorkam und durch ihre moralische Strenge nur tiefer in den Alkohol getrieben wurde. So wurde sie indirekt schuldig an ihm, lebte aber mit dem Bewußtsein, ihn zu sich hinaufziehen zu müssen.

Die Lebenslüge entsteht hier auf dem Boden der Unaufrichtigkeit sich selbst gegenüber und durch selbstgerechte Moral. Der Mensch will dann besser sein, als er ist, und glaubt, im Erfüllen formaler Riten sein Teil getan zu haben. So kommt es zur Scheinheiligkeit, zur inneren Verlogenheit und zur Heuchelei, was alles sehr verschiedene Grade annehmen kann, von pathetischer Großspurigkeit, selbstgenügsamer Amtswürde bis zum hohlen Blendertum. Der Mensch neigt hier besonders dazu, über dem Splitter im Auge des anderen den Balken im eigenen Auge zu übersehen – Pharisäertum in allen Nuancen ist der hier mögliche Schatten.

Ihnen gegenüber stehen die »Aufrechten«, die den Mut haben, sich zu dem zu bekennen und dafür einzutreten, was sie für wahr halten – wie es etwa der unter diesem Zeicheneinfluß stehende Zola im Falle Dreyfus tat. Es sind Menschen, für die überzeitliche Werte noch Geltung haben, denen Begriffe wie Erhebung und Erhabenheit noch etwas bedeuten, die auch noch die Gnade, die »innere Stimme« und den »göttlichen Funken« in sich kennen. Es sind Menschen, die aus der leidenschaftlichen Suche nach dem Sinn oder aus meditativer Versenkung zu visionärer Schau gelangen, Inspirationen empfangen können.

Wir vermögen vielleicht in Gestalten wie Rilke, Schiller, Klages, Beethoven, Willy Brandt, in Nostradamus und Johannes XXIII. die Idee dieses Zeichens wiederzuerkennen.

STEINBOCK

In solcher Knechtschaft und so voll Verdruß,
Mit falschem Plan, in dieser Seelennot,
Ist Göttliches zu meißeln mir bestimmt.

Michelangelo

Neigte der unter dem Zeichen Schütze Geborene dazu, in idealistischem Pathos der Gläubigkeit ein Wunschbild von sich als seine Realität zu nehmen; neigte er zu moralischem Hochmut, der bis zum Selbstkult führen konnte, so bringt das folgende Zeichen Steinbock wieder einen gegensätzlichen Impuls. Hier geht es dem Menschen um den schlichten »Dienst am Werk«, um das Auf-sich-Nehmen seines Lebens als einer Aufgabe, hinter der seine Person weitgehend zurücktritt. An seiner Leistung soll man ihn erkennen, am Geschaffenen – sein Schaffensdrang wird von ihm fast wie eine Verpflichtung empfunden; er braucht verantwortliche und große Aufgaben – je schwerer sie sind, um so tiefere Befriedigung findet er in ihrer Bewältigung. Konnte der Mensch unter dem Zeichen Löwe, überzeugt von der Bedeutung seiner Person, erklären: »l'état c'est moi«, würde der unter Steinbock Geborene sagen »Der König ist der erste Diener seines Staates«, was die verschiedene Akzentsetzung dort und hier verdeutlicht. Aber gerade dieses sich Zurückstellen hinter das »Werk«, hinter das zu Leistende und zu Verwaltende, gibt dem Menschen hier das Bewußtsein seiner Würde, gibt ihm sein Selbstwertgefühl. War dem unter Schütze Geborenen Glanz und Ruhm und die Attribute, die sie symbolisieren, so wichtig, ist der Mensch hier die »graue Eminenz«, die im Hintergrund bleibt, aber die entscheidenden Fäden in der Hand hält; nach außen eher schlicht und unscheinbar, genügt ihm das Bewußtsein der Bedeutung seines Amtes, seiner Funktion, die er erfüllt; das gibt ihm den hier charakteristischen Stolz der Bescheidenheit.
Es ist etwas von einer unverwüstlichen Urkraft in diesem Zeichen, die vor keiner Schwierigkeit zurückschreckt, wenn es darum geht, eine Aufgabe zu bewältigen. Der Mensch braucht hier etwas, das ihn ganz fordert, Widerstände, in deren Überwindung er ungeahnte Kräfte

entwickelt; sein zähes Durchhaltevermögen läßt ihn auch da nicht aufgeben, wo andere längst resignieren würden, und er wagt sich an Dinge, die viele gar nicht erst versuchen würden, und so gelingt ihm oft Großes.

Auf der Ebene des Aszendenten finden wir Menschen mit einer ungemeinen vitalen Zähigkeit, Ausdauer und Belastungsfähigkeit. Ihr Temperament hat etwas Schweres, einen melancholischen Einschlag; sie sind harte Arbeiter und erleben sich oft wie unter dem Druck eines inneren Müssens stehend, und am intensivsten in der Überwindung von Widerständen. Es ist, als brauchten, ja als suchten sie harte und schwere Bedingungen, an denen sie ihre Tragfähigkeit, ihren zähen Willen und ihre Kraft erproben können. Manche erleben sich wie unter einem Zwang, der sie immer wieder antreibt und ihnen keine Rast und Entspannung erlaubt. Wenn der Mensch aber seine Verpflichtung gegenüber der Aufgabe vergißt, bleibt er in egoistischem Erfolgsstreben stecken; hier finden wir dann ehrgeizig-unfrohe Streber, die unbedingt »nach oben« wollen, denen sich das zu Tuende verselbständigt, das gleichsam ein Eigenleben bekommt; sie werden zum Roboter, das Werk entwächst ihnen und macht den Schöpfer zum Sklaven.

Mit dem Mond in diesem Zeichen bekommt die seelisch-gemüthafte Gestimmtheit des Menschen etwas Herbes, Zurückhaltendes, manchmal Düsteres, und wenn er sich zu sehr dem Leistungszwang verschrieben hat, können seine gemüthaften Seiten verkümmern. Er entwickelt dann nicht selten ein ressentimenthaftes Neidgefühl gegenüber allen, die es sich leichter machen als er, die froher leben und mit geringerer verbissen-verkrampfter Anstrengung etwas erreichen, und dabei offensichtlich noch freudefähiger sind, sich mehr vom Leben nehmen. Sonst zeichnen ihn aber große seelische Belastbarkeit, Wirklichkeitssinn und Pflichtgefühl aus. Oft vermag der Mensch hier sein Bestes zu geben unter schweren Lebensbedingungen und in Notsituationen. Er ist beherrscht, verlangt viel von sich selbst und neigt dazu, sich unersetzlich, unabkömmlich zu machen, indem er Dinge auf sich nimmt, die niemand von ihm gefordert hat. Ihm gelingt es, »durch Dienen zu herrschen« (O. Adler), und sich andere dadurch zu verpflichten.

Mit der Sonne in diesem Zeichen können wir das dem Menschen vorschwebende Leitbild mit dem Patriarchen, dem Asketen, dem verantwortungsbewußten Träger großer Aufgaben beschreiben; auch das Bild des »alten Weisen« bietet sich an. Gelingt dem Menschen hier das Selbstopfer, kann er Großartiges vollbringen – das gigantische Werk etwa eines Michelangelo, der unter dem Einfluß dieses Zeichens stand, gibt Zeugnis davon. Oft findet sich hier ein Zug von Größe, ein Hang zum Monumentalen. Durch die Integrität einer Persönlichkeit, die in solchem Maße mit ihrer Aufgabe identifiziert ist, so strenge Forderungen an sich stellt, vermag er beispielhaft zu wirken. Meist besteht bei ihm ein Hang zum Perfektionismus, er kann sich nicht mit Halbem zufriedengeben.

So kann der Mensch hier einem finsteren Ehrgeiz verfallen, der ihm kaum noch Freudefähigkeit läßt, und der »Schatten« zu den obengenannten Leitbildern liegt auf der Linie des Strebers, des verbissen kämpfenden Emporkömmlings, des »Radfahrers«, der zur Erreichung seiner ehrgeizigen Ziele nach oben buckelt und nach unten tritt, um rascher vorwärtszukommen. In humorlosem Ernstnehmen vieler Dinge an falscher Stelle, in düster-pessimistischem Schwarzsehen, unterliegt er dann einer negativen Reizauswahl, indem er überall nur den schweren, belastenden Aspekt sieht und gleichsam immer mit gespanntem Bizeps schon an kleine Dinge herangeht, die viel weniger Kraft zu ihrer Bewältigung brauchten. Lebensbejahung, Lebensfreude, alles Heitere und Anmutige wird abgewehrt oder abgewertet, ja verachtet, nur weil es nicht schwer und drückend ist. Er macht sich dann selbst vieles unnötig schwer und lastet mit seiner Schwere auch auf anderen, die fast Schuldgefühle bekommen, wenn sie die Dinge leichter nehmen, sie spielerisch angehen. Er konstelliert die Dinge so, daß sie zum Problem werden, als ob allein schon die aufgewandte Mühe den Beweis seiner Tüchtigkeit erbrächte.

Bei entsprechender Biographie entwickelt der Mensch eine zwanghafte Persönlichkeitsstruktur. Die Erziehung kann sein Lebensgrundgefühl, daß er sich wie unter einem dauernden kategorischen Imperativ stehend erlebt, so verstärken, daß sie ihn unfroh macht, daß er sich eiserne Disziplin und eherne Grundsätze auferlegt, die bei ihm mit der ganzen Wucht unerbittlicher Konsequenz, und auch fanatischer gegen sich selbst vertreten werden als beim unter Jungfrau Geborenen, bei dem, trotz gewisser Ähnlichkeiten hierin, diese zwanghaften Züge mehr der Sicherung dienen. Dann wird ihm Pflicht zu freudlos-verkrampftem Sollen, Arbeit zu verbissen erledigtem Pensum, Denken zu vergrübelter Gründlichkeit, Selbstbeherrschung zu asketischen Prinzipien. Es ist, als ob ihm erst aus der Schwere der Aufgabe und aus seinem Vollkommenheitsdrang sein Selbstwert erwüchse. Er neigt an sich dazu, sich unter Leistungsdruck und Leistungszwang zu erleben; er redet sich gern ein, daß das sein Schicksal sei, ohne zu realisieren, wie sehr er daran mitbeteiligt ist aus ehrgeizigem Aufstiegswillen und weil er niemandem etwas verdanken will. Er benutzt das auch gern, um anderen den Eindruck zu vermitteln, er täte alles nur um ihretwillen, rechnet aber auf ihre Dankbarkeit. Erfolg und Macht sind magische Worte für ihn; sein Selbstwertgefühl hängt fast ausschließlich von der erreichten Leistung ab, und es gehört zu seinen Eigenheiten, daß er sich ungern von jemandem helfen, sich etwas abnehmen läßt – er ist der »selfmademan«, der alles nur der eigenen Arbeit verdanken will, das ist er seiner Selbstachtung schuldig. Er ist hierin anders als der unter Löwe Geborene, der auch alles selbst tun will, aber aus dem Gefühl des Könnens, aus naiver Überzeugtheit, alles zu können, wenn er nur wolle; beim unter Steinbock Geborenen liegt der Akzent viel mehr auf der selbstgeleisteten Arbeit, der erfüllten Pflicht und der daraus bezogenen Genugtuung. Was dort Wollen und Können war, wird hier Sollen und Müssen.

Es ist für diese Menschen eine zentrale Keimsituation, sich mit ihrem Leistungszwang auseinanderzusetzen und zu erkennen, wieweit sie ihn auch da als von außen kommendes Muß erleben, wo er aus ihnen selbst stammt, weil sie meinen, nur durch Leistung Anerkennung, Liebe und Selbstachtung bekommen zu können.

Das ist vor allem in der Erziehung wichtig; das Kind sollte hier besonders das Gefühl bekommen, daß es liebenswert ist, so wie es ist, nicht erst durch Leistung; man muß es zum Spielen anhalten und es erleben lassen, daß es in der Welt noch anderes gibt als Leistung und Erfolg. Auch auf seine mitmenschlichen Kontakte muß man achten, die oft durch streberhaften Ehrgeiz verarmen. Als Erzieher kann man der Tüchtigkeit und dem Leistungswillen solcher Kinder vertrauen; meint man, sie noch besonders dazu anhalten zu müssen, züchtet man den Strebertyp oder setzt den Leistungszwang. Manchmal überfordert man Kinder hier, weil sie schon früh unkindlich-erwachsene Züge haben, so daß man ihnen altersgemäß zuviel zumutet – sie lassen sich belasten und verpflichten, ohne sich zu wehren.

Frauen unter diesem Zeichen haben oft etwas Herbes, Ernstes und Kühles; sie sind nicht selten mehr »strenge Herrin« als charmante Partnerin, voller Pflichtgefühl, unermüdlicher Tüchtigkeit und Verantwortungsbewußtsein, das ihnen leicht zur Überverantwortung wird. Sie erwarten unausgesprochen Dankbarkeit auch hinsichtlich Dienstleistungen, die nur sie selbst sich auferlegten, um sich den Partner zu verpflichten; oft ist das ihre Möglichkeit der Werbung. Aber solche

Frauen sind belastungsfähig und pflichttreu, zeigen ihre besten Seiten in Notsituationen. Eine einmal getroffene Wahl und Entscheidung hat für sie meist etwas schicksalhaft Bindendes, zu dem sie stehen. Sie können ablehnender wirken, als sie sind, neigen wohl weniger zum erotischen Spiel, haben aber eine starke Sinnlichkeit, wenn sie nicht auch die Liebe und die Sexualität sich zur Aufgabe und Pflicht machen, die sie zu erfüllen haben.

So steht der Mensch unter diesem Zeichen zwischen den Polen selbstentäußernder Erfüllung großer Aufgaben und egoistischem Aufstiegswillen. Er ist in der Gefahr, sich selbst zu überfordern; in psychoanalytischer Sprache ausgedrückt, ist er besonders dazu veranlagt, ein strenges Über-Ich zu entwickeln, das durch Erziehung und Umwelt so gesteigert werden kann, daß ihm alle Freudefähigkeit eingeschränkt wird und er seine Befriedigung aus Verzichten und Askese beziehen muß. Depressionen entstehen bei ihm meist auf dem Boden ihm nicht bewußter Selbstüberforderung, die ihn an die Grenzen seiner an sich erheblichen Trag- und Belastungsfähigkeit bringt. Wir finden dann auch Formen schizoider seelischer Verhärtung bis zu sich völlig abgrenzender Gefühlskälte, unter der dann vor allem seine Umgebung leidet. Im Alter, das diese Menschen eher als Entlastung empfinden, weil ihnen dann manche Verantwortung abgenommen wird und sie das nun auch annehmen können, werden sie oft milder und toleranter, auch sich selbst gegenüber; sie können zu einer Altersweisheit finden, die sie das Alter leichter ertragen läßt als andere – wenn sie das Loslassen lernen und sich nicht aus scheinbarer Unersetzlichkeit bis zuletzt plagen »müssen«.

Die Astrologie ordnet diesem Zeichen die Knieregion zu, und es kann uns nachdenklich stimmen, wenn, wie Oskar Adler es darstellt, esoterisch das Knie in seinen beiden Bewegungsfunktionen die beiden Lösungsmöglichkeiten der Steinbockthematik symbolisch andeutet: im dienenden sich Beugen einer Aufgabe oder im ehrgeizigen Aufwärtsklimmen. Psychosomatisch finden wir nicht selten Affektionen der Knieregion (Kniegelenk, Meniskus) und eine Disposition zu Rheuma und Gicht. Aber auch Stoffwechsel- und Bluterkrankungen kommen vor, weil die Milz und das Knochenmark anfällig zu sein scheinen. Managerkrankheiten durch Überforderung und Erzwingen-Wollen von Höchstleistungen sind ebenfalls nicht selten.

Eine Hausfrau hatte für acht Personen zu sorgen; obwohl es finanziell kein Problem gewesen wäre, schaffte sie keine Geschirrspülmaschine an, mit der – rationalisierten – Begründung, daß das Geschirr darunter leiden würde (das gar nicht so kostbar war), in Wirklichkeit aber, weil sie demonstrativ ihre Tüchtigkeit und ihr unter dauerndem Leistungsdruck Stehen unter Beweis stellen »mußte«. Sie lehnte aus den gleichen Motiven auch jede Hilfe, selbst von den Kindern, ab; sie schien nur aus Pflichterfüllung zu bestehen, erkannte ihren Ehrgeiz, unabkömmlich zu sein und andere dadurch von sich abhängig zu machen, nicht, ebensowenig ihr ungemeines Bedürfnis nach Anerkennung, stöhnte aber oft über die Forderungen des Alltags und erweckte so Schuldgefühle bei ihrer Familie für ihre unerreichbare Tüchtigkeit, genoß aber zutiefst die ihr gezollte Bewunderung.

Die Lebenslüge dieser Menschen liegt am häufigsten in dem nach außen demonstrierten Erfüllen-Müssen von Pflichten und deren Umdeutung in ein scheinbar »durch die Verhältnisse« erzwungenes Müssen, sowie in der psychodynamisch ähnlich gelagerten Bereitschaft, zuviel Verantwortung für andere zu übernehmen, übernehmen »zu müssen«. Dahinter steht, so getarnt, nur zu oft, ein erheblicher Machtwille; zugleich entziehen sie sich auf diese Weise gemüthafter zwischenmenschlicher Zuwendung, der gegenüber sie sich unsicher und unbeholfen vorkommen. Damit hängt dann ein Mangel an Anmut und Aufgeschlossenheit zusammen, etwas Unfreies und Verklemmtes. Ungeforderte Opfer, asketische Härte, eiserne Selbstdisziplin und der Leistungswille geben ihnen einen teuer bezahlten Stolz, der nicht einmal sie selbst wirklich zufrieden macht, und es nicht dazu kommen läßt, daß sie in der Entspannung anderen Seiten in sich begegnen, die mehr Durchlässigkeit und Nachgiebigkeit erfordern und sie menschlicher machen würden.

Auf der anderen Seite finden wir hier Menschen mit weitgesteckten Zielen, die sie mit enormer Konsequenz und Durchhaltekraft verwirklichen, getragen von einem Pflichtbewußtsein, das jenseits von nur persönlichem Ehrgeiz steht, und ihnen die Kraft eines Titanen verleihen kann. Sie können dann zu Ehrerbietung erweckenden Gestalten werden, die über sich hinauswachsen zu Schicksalsträgern überpersönlicher Aufgaben.

Vielleicht vermögen wir davon etwas zu spüren in Menschen wie Michelangelo, Adenauer, Hindenburg, in Ernst Barlach, Rodin und Mao Tse-tung, in Albert Schweitzer, Helmut Schmidt und Schliemann.

WASSERMANN

... das Leben eines Entwurzelten schien ihm
viel weniger verächtlich als das Leben eines
Menschen, der sich mit der Tyrannei des
Durchschnitts abfindet, weil das Aus-der-
Reihe-Tanzen angeblich zu teuer zu stehen
kommt.   James Joyce

Der Gefahr seelischer Verhärtung im Leistungszwang, im Erfolgswillen
und im Streben nach Macht, die im Zeichen Steinbock drohte und
den Menschen unfrei machen konnte, indem sie ihn in den Frondienst
selbstauferlegter Pflichten und Lasten spannte, wird nun im Zeichen
Wassermann wieder durch einen Gegenimpuls begegnet. Es ist, als ob
sich der Mensch nun auf das eigentlich Menschliche, das Humane be-
sänne, in sich und außer sich, im Bemühen um die Ablösung von allen
einschränkenden Bindungen, die von der Tradition, der Familie oder
der Gesellschaft, von Konventionen, von dem großen »Man« ihm auferlegt werden. Er will sich von ihnen nicht aufoktroyieren lassen, wie
er sich zu verhalten habe, was »man« von ihm fordert und erwartet,
was »man« darf oder nicht darf. Er will sich davon befreien zugunsten
einer ihm vorschwebenden höchstmöglichen Freiheit und Unabhängigkeit, zugunsten einer Selbstverwirklichung, die wir am treffendsten
wohl mit dem von Jung geprägten Begriff der Individuation beschreiben können. Jung selbst und James Joyce, von dem das obige Zitat
stammt, standen beide unter dem Einfluß dieses Zeichens. Ein
einmaliges Individuum zu werden und zu sein, die Besonderheit
seines Wesens anzunehmen und es zu optimaler Entfaltung zu bringen, ist die Grundidee dieses Zeichens, die der Mensch hier keinem
äußeren Zwang zu opfern bereit ist – das würde er als Verrat an sich
selbst empfinden. Die Anerkennung des Individuums in der sozialen
Gemeinschaft, die Anerkennung seiner Menschenrechte, ist hier ober-
stes Anliegen: Der Mensch sehnt sich nach einem von aller Erden-
schwere losgelösten Sein, er möchte in heiterer Souveränität über allem ihn Binden-Wollenden stehen, in einer Gelassenheit, die nach
Marie von Ebner-Eschenbach »eine anmutige Form des Selbstbewußtseins« ist.

139

Auf der Ebene des Aszendenten wird dieses Grundgefühl in naiver Selbstverständlichkeit ausgelebt, mit dem unreflektierten Bewußtsein, etwas Einmalig-Besonderes zu sein, und daraus von vornherein gewisse Privilegien nicht nur beanspruchen zu dürfen, sondern sie bereits zu haben. Der Mensch lebt unbekümmert von kollektiven Ordnungen und Bräuchen seinen eigenen Lebensstil – wem der nicht zusagt, der kann ja einen anderen wählen –, und er hat immer eine leise Verachtung all denen gegenüber, die sich auf Kosten ihres Eigen-Seins anpassen – das kann er nur als Schwäche sehen. Das verleiht ihm oft eine gewisse Arroganz und Überheblichkeit, die aber keineswegs moralisch getönt ist, wie beim unter Schütze Geborenen, sondern auf dem Bewußtsein der Einmaligkeit seiner Individualität beruht. Bei guter vitaler Konstitution hat er ein leicht hypomanisches Temperament.

Mit dem Mond in diesem Zeichen sucht der Mensch vor allem nach Gleichgesinnten; Wahlverwandtschaft ist ihm wichtiger als Blutsverwandtschaft – das schicksalhaft Bindende der Blutsverwandtschaft ist ihm etwas Auferlegtes, das er nicht wählen konnte. So lebt er mit dem Bewußtsein einer Besonderheit, die er meint, gar nicht einer Bewährung aussetzen zu brauchen, wohinter sich aber die unausgesprochene Angst verbirgt, daß bei dem Unter-Beweis-Stellen seiner Einmaligkeit und Besonderheit diese sich vielleicht als Illusion herausstellen könnte. So lebt der Mensch hier oft, um Oskar Adler zu zitieren, wie ein »Prinz incognito«, der allein um sein heimliches Prinzentum weiß, aber nicht riskiert, sich öffentlich dazu zu bekennen, weil sich dann vielleicht zeigen würde, daß er sich den »Prinzen« nur eingebildet hat. Das kann einen gefährlichen »circulus vitiosus« ergeben: er bezahlt das Gefühl seiner geheimen Besonderheit viel zu teuer; die Vorstellung, er könne auch nur »gewöhnlich« wie die anderen Menschen sein, wenn er etwas von seiner Exklusivität aufgäbe, wird immer mehr zum verzweifelten Versuch, seine Besonderheit zu retten. Damit hängen die hier selten fehlenden Kontaktschwierigkeiten der Menschen mit dem Mond in diesem Zeichen zusammen – sie möchten gern aus ihrer »splendid isolation« heraus und auch wie andere sein, haben aber Angst, dann ihr Wertvollstes opfern zu müssen, das für sie ja gerade im sich unterscheidenden Nicht-wie-die-andern-Sein besteht. Das kann den Hintergrund schwerer Depressionen abgeben, vor denen sie in oberflächliche Kontaktfreudigkeit flüchten, mit einer Scheinherzlichkeit, die solange Schein bleibt, solange sie es nicht wagen, das die Menschen Verbindende auch in sich zuzulassen im

Sinne des »tat twam asi«. Wir finden hier oft einen hypomanischen Temperamentseinschlag und etwas Enthusiastisches, ein etwas kurzatmiges sich Begeistern an augenblicklichen Hochspannungen. Spannungslosigkeit bedeutet ihm Langeweile, wodurch ein gewisses Sensationsbedürfnis entsteht.

Mit der Sonne in diesem Zeichen hat der Mensch ein ihm eingeborenes Leitbild, das auf der Linie des Humanisten, des Reformators und Freidenkers, allgemeiner des original-eigenständigen Individualisten liegt. Er erlebt das Auf-sich-gestellt-Sein des einzelnen mit der darin liegenden Würde, die ihm das Bewußtsein verleiht, Träger eines einmaligen Schicksals zu sein. Er ist um größtmögliche geistige Freiheit bemüht, und das kann ihn zu weitgehender Abgelöstheit, Losgelöstheit bringen, ihn vor quälenden mitmenschlichen Verstrickungen und vor dem Überfremdet-Werden bewahren, das zuviel Nähe und Bindung bedeutet. Das führt ihn zu leidenschaftsloser, kristallklarer Erkenntnis, die ihm den Blick freigibt für das allen Menschen Gemeinsame, für das Humane, in dem sich seine Isolierung wieder aufhebt. Diesem die notwendigen Lebensbedingungen zu verschaffen, dem Humanen zum Durchbruch zu verhelfen, das Individuum und die Gemeinschaft in ihrer wechselseitigen Abhängigkeit und ihrem aufeinander Angewiesensein zu erkennen, ist wohl sein tiefstes Bedürfnis.

Das Schattenbild zu diesen Leitbildern liegt im verkrampften Überbetonen der individuellen Eigen-art; das etwas Besonderes-sein-Wollen wird dann Selbstzweck, das sich von anderen unbedingt Unterscheiden-Wollen, das Nur-nicht-wie-alle-sein-Wollen wird zu arrogant-snobistischen Haltungen, als ob allein schon das Anders-als-die-anderen-Sein ein Wert und der Sinn dieses Zeichens sei. So liegen auf der mißverstandenen Linie dieses Zeichens der Snob, der eigenbrötlerische Sonderling, der hybrid-utopische Menschheitsbeglücker oder -verbesserer, der Sektierer, der Atheist und der Solipsist.

Nach dem Geschilderten können wir verstehen, daß es hier besonders leicht zu Entwicklungen in der Richtung der Schizoidie kommt. Denn durch sein sich Abgrenzen verliert der Mensch alle vertraute Nähe und mitmenschliche Geborgenheit. Der von ihm erlebte Aufruf zur Individuation kann mißverstanden werden als Aufruf zur Originalität bis zur Originalitätssucht; im Verachten aller Zugehörigkeiten, in der Ablehnung auch gesunder Bindung und Abhängigkeiten, sieht er diese nur als Massenangelegenheit, als kollektive Gewöhnlichkeit und Konformismus. Er kann dann steckenbleiben in snobistischer Exklusivität, und sei sie auch nur in der Kleidung und im Lebensstil verwirklicht, etwa in bohèmehafter Rebellion gegen bestehende Normen. All das kann den Menschen immer mehr in seine abgeschirmte Privatwelt einschließen, in der er durch den fehlenden Nahkontakt und Austausch mit anderen immer mehr isoliert und so zum Außenseiter wird, mit allen darin liegenden Konsequenzen. Kompensatorisch dazu kann er den Versuch machen, seine Einsamkeit als Unverstanden-Sein zu interpretieren, ja als Zeichen seiner besonderen Genialität, wodurch er sich immer mehr in sich selbst verstrickt – Freiheit ohne jede Bindung wird ihm zu viel größerer Abhängigkeit. Im Extremfall kann das bis zum Realitätsverlust führen, zur Inflation des Unbewußten bis zur Psychose – er versucht dann, seine Besonderheit wenigstens in einer Wahnwelt aufrechtzuerhalten.

C. G. Jung hat in der Trauminterpretation die Deutung auf der Subjektstufe besonders betont, nicht nur zur Korrektur der bei Freud überbetonten Objektstufe und Sexualsymbolik. Vielleicht können wir in der Überbetonung der Subjektstufe noch einmal die Gefahr der einseitig gelebten Wassermannthematik verdeutlichen: wenn wir die Objektstufe völlig vernachlässigen, ergäbe das eine großartige Unabhängigkeit von der Wirklichkeit, die wir dann nur noch als innerseelische Erlebniskategorie sehen. Das kann zu hybrider Autarkie führen, wo die Welt nur noch Spiegelung meines subjektiven Erlebens ist, ein Teil von mir – dann wäre man gleichsam der »reinen Wassermannidee« verfallen. Das müßte eine psychotische Gefährdung bedeuten, wenn man sich nicht wieder »erden« würde, die Realität des Du, der anderen Menschen und der äußeren Wirklichkeit anerkennend. Oskar Adler weist auf die mythologische Entsprechung des Wassermannes in der Gestalt des Antäus hin, der, sich von der Erde ablösend, in große Höhen erhebt, aber dazwischen immer wieder einmal die Erde berühren muß, um daraus Kraft zu holen: ohne solche »Erdung« verrennt sich der Mensch leicht in Utopien.

Das Kontaktproblem und sein überbetontes Einmaligkeitsbewußtsein sind die schicksalhaft sich auswirkenden Keimsituationen für den unter diesem Zeichen Geborenen. Die mitmenschliche Isolierung kann auch zu Selbstentfremdungserlebnissen, zu größenwahnsinnigen und paranoiden Entwicklungen führen. Es ist hier aber nicht der unbedingte Glaube an sich selbst, wie beim Menschen unter dem Zeichen Löwe; noch ist es das selbstgerechte moralische Überlegenheitsgefühl, wie es beim Menschen unter dem Zeichen Schütze zum Allmachtsgefühl bzw. Selbstkult führte; unter dem Zeichen Wassermann hat die Selbstüberhöhung eher einen kompensatorischen Charakter, ist Ersatz für seine Isolierung und die sich aus ihr ergebenden Selbstzweifel. Depressionen sind auf der oben beschriebenen Basis nicht selten; sie haben oft einen düster-makabren, pessimistisch-hoffnungslosen Zug, der aus der Verzweiflung an sich selbst stammt, aber auf äußere Situationen projiziert wird.

In der Erziehung ist besonders darauf zu achten, daß man den Individualismus nicht durch Familienarroganz nährt, worauf diese sich auch berufen mag. Weiter ist zu beachten, daß das Kind hier besonders wenig bereit ist, Konventionen usf. anzunehmen, deren Sinn es nicht versteht oder einsieht. Sagt man ihm, »man« solle etwas so oder so machen, oder »man« dürfe dies oder jenes nicht, ohne ihm eine vernünftige Begründung dafür anzugeben, reizt das seinen Widerspruch, es nun gerade nicht so zu tun, unnötig, und man kann so Weichen stellen, die später zu Schwierigkeiten führen. Auch soll man nicht zuviel familiäre Bindung von ihm erwarten oder gar erzwingen – damit treibt man das Kind mit Sicherheit in die Abwehr oder in die Depression, wenn es sich diesen Forderungen nicht entziehen kann. Dafür soll man seine freundschaftlichen Beziehungen unterstützen – Freundschaft bedeutet für diese Menschen mehr als sonstige Bindungen, hier können sie in selbst gewählter Zuneigung oft ihr Bestes geben.

Frauen unter diesem Zeichen haben etwas Kapriziöses, heiter Beschwingtes; sie sind spontan, lebhaft, originell, haben meist eine »persönliche Note«, auf die sie Wert legen. Sie haben ein betontes Unabhängigkeitsbedürfnis, das ihnen die Hingabe und Bindung erschwert. Sie haben oft den Mut zu »unkonventionellen« Partnerschaften, und sind nicht bereit, die Selbstverwirklichung irgendwelchen Normen zu opfern. Sie haben oft überfordernde Erwartungen an einen Partner, der ihr Bedürfnis nach immer neuer Anregung, nach Sensationen und Überraschendem erfüllen soll; sie wollen begeistert werden und verzeihen dem Partner am wenigsten, wenn er »gewöhnlich«, das heißt in ihren Augen langweilig ist; sie wollen fasziniert sein.

Die Wassermannthematik spielt sich also ab zwischen den Polen »reiner« Erkenntnis, eines Weltbürgertums, das sich keinen familiären, nationalen, rassischen oder sonstigen Vorurteilen beugt, und dem Außenseitertum aller hier möglichen Formen.

Die Astrologie ordnet diesem Zeichen die Unterschenkel zu und kennt eine Beziehung zu innersekretorischen Drüsen (Pankreas). Auch Kreislauflabilität (»nervöses Herz«) und Durchblutungsstörungen finden sich nach meinen Erfahrungen öfter, ebenso unspezifische spastische Erscheinungen.

Die Lebenslüge bei diesen Menschen liegt vor allem im mißverstandenen Aufruf zur Individuation, wenn sie diese als Betonung ihrer Ichhaftigkeit auffassen, anstatt als Finden zur Identität mit sich selbst, als sich Besinnen auf den Wesenskern, in welchem sie vom Individuellen wieder zum allgemein Menschlichen hinfinden können.

Aus diesem Mißverständnis kommt es dann zu den schrulligen, bizarren, skurrilen, dabei meist liebenswerten Originalen, die vor ihrer Lebensangst, die Besonderheit ihrer Person aufgeben zu müssen in Zugehörigkeiten, die sie nur als ihrer unwürdige Anpassung und Konformismus sehen – in überspannten Individualismus ausweichen und über dem Pflegen ihrer Besonderheit das Lieben vergessen. Sie leben dann in der dünnen Luft eines solipsistischen Denkens, das ihnen immer mehr zu einem System wird, in dem sie ihr eigener Gefangener und immer undurchlässiger für den Mitmenschen werden.

Auf der anderen Seite stehen die Menschen, die mit intuitiver Klarheit und ahnender Vorausschau eine geistige Souveränität erreichen, auf der originäre und bedeutende Leistungen möglich werden, sei es als Entdecker, Erfinder, sei es auf einem Gebiet des Humanen. Es sind dann Menschen, die neben ihrer geistigen Leichtigkeit die »Erde« nicht vergessen, ohne ihr aber zu sehr zu verfallen, aber auch ohne in die Scheingeborgenheit arroganter Exklusivität zu flüchten – Menschen, die die Spannung zwischen der Heiterkeit des Geistes und der Schwere des Irdischen zu versöhnen verstehen, wie wir es vielleicht spüren können bei Mozart, Byron, C. G. Jung, J. Joyce, Franz Marc und Krishnamurti. Und vielleicht spiegelt auch Jules Verne in seinen die Zukunft ahnend vorwegnehmenden Romanen etwas von der Idee dieses Zeichens.

Das Zeichen Wassermann interessiert uns heute besonders, weil die Erdachse, zum erstenmal in historischer Zeit, etwa um die Mitte unseres Jahrhunderts von den Fischen in das Zeichen Wassermann gerückt ist. Vielleicht können wir in Kollektivphänomenen, die seit dieser Zeit immer unübersehbarer und aufrüttelnder für uns geworden sind und die ich als einen »Schizoidisierungsprozeß« beschrieben habe* – in der Ablösung von Traditionen und Bindungen familiärer, völkischer und rassischer Art; in der Bemühung um das allgemein Menschliche, Übernationale, in den heute durch die Massenmedien möglich gewordenen weltweiten Perspektiven mit der Überwindung von Raum und Zeit – die ersten Ansätze des »Wassermannzeitalters« sehen. Es hat

* »Die schizoide Gesellschaft« (Kaiser Traktate 15, 1975)

den Anschein, als ob der Mensch mehr und mehr in den Mittelpunkt des Interesses gerückt sei: die Wissenschaften vom Menschen gewinnen – neben der Technik – immer größere Bedeutung; wir suchen unsere biologischen, familiären, sozialen und psychologischen Gegebenheiten immer besser zu verstehen und bemühen uns um ein neues Selbstverständnis; das alles kann zu einer neuen Humanität führen. Aber auch die gefährlichen Seiten lassen sich deutlich genug erkennen: in der Neigung zu hybriden Allmachtsvorstellungen, im Streben nach einer Autarkie, die uns auch aus notwendigen Bindungen und Verwurzelungen herausnehmen will, in zunehmenden mitmenschlichen Kontaktproblemen. Wir kennen utopische Ideologien von ungemeiner Breitenwirkung, menschheitsverbrüdernde Bestrebungen, zugleich eine immer gefährlicher werdende – weil organisierte, intelligente und internationale – Kriminalität, die sich oft den Anschein humaner Motivierung gibt.

So kann der Mensch heute in neuer Freiheit, die ihm nicht zuletzt die Fortschritte der Technik und der Naturwissenschaften ermöglichten, in souveräner Unabhängigkeit in der Welt stehen und sich humanen Aufgaben widmen. Er kann die Würde des einzelnen vertreten gegen veraltete autoritäre Mächte und erkennen, daß ein hochentwickeltes soziales Gefüge letztlich auf der Entwicklungshöhe seiner Individuen ruht, zugleich den einzelnen die besten Entfaltungsmöglichkeiten für ihre Persönlichkeit bietet. Gründungen wie die UNO und andere übernationale Institutionen; die zunehmende Tendenz zu ebenbürtiger Teamarbeit statt autoritärer Hierarchien; die Abneigung gegen die von der Gesellschaft geforderten Rollen von Mann und Frau, die so oft deren eigenem Wesen nicht entsprachen; die Anerkennung der Frau als gleichwertig dem Manne gegenüber – in allem sind Ansätze zur Verwirklichung der Wassermannidee zu erkennen.

Es bleibt die bange Frage offen, ob der niedere oder der höhere Wassermanntypus die Führung erlangt. Im ersten Fall ginge die Entwicklung weiter in die Richtung unverbindlicher Freiheiten, allgemeiner Bindungslosigkeit und des überwertigen Individualismus, in dem der Mensch solipsistisch leben würde, im Protest gegen alles Einengende, in ungehemmt ausgelebter Egozentrik und einer immer inhumaner werdenden Technisierung unseres Lebens. Dafür lassen sich durchaus Anzeichen erkennen. Kontrapunktisch dazu ständen die utopischen kollektiven Ideologien, die die verlorene mitmenschliche Verbundenheit ersetzen sollen und doch nicht können.

Im zweiten Fall würden wir uns einer neuen Humanität nähern und die Bedingungen dafür zu schaffen versuchen, daß für die Menschheit als Ganzes und für die Individuen die jeweils optimalen Lebensbedingungen angestrebt werden, in neuem Respekt vor dem Einzelschicksal, vor dem Menschen als Individuum. Uns würde statt der alten patriarchalisch-autoritären Ordnung eine mehr brüderlich-geschwisterliche Ordnung vorschweben, in welcher das allen Menschen Gemeinsame und damit das eigentlich Menschliche das Wesentliche wäre. Auch dafür spricht manches, glücklicherweise.

FISCHE

Daß der geheime Strom der Leiden durch-
wärmt das frosterstarrte Sein.

Pasternak

Konnte sich der Mensch unter dem Zeichen Wassermann in solipsi-
stische Höhen versteigen, die Einmaligkeit seiner Individualität über-
bewertend und sich absondernd in einer »splendid isolation«, die ihn
in die Gefahr brachte, die mitmenschlichen Kontakte zu verlieren, ist
die Thematik des letzten Tierkreiszeichens Fische wieder antinomisch
dazu. Hier sucht der Mensch nun gerade loszukommen von den einengenden Fesseln des Individuums; für ihn bedeutet das Ich den Ort
des Leidens; er erlebt alles Ichhafte unter dem Aspekt des Trennenden, der isolierenden Einsamkeit und Ungeborgenheit. Er sucht daher,
sein Ich gleichsam aufzulösen; er möchte es um einer Ausweitung seines Wesens willen opfern, um einer Durchlässigkeit willen, die ihn
befähigen soll, in unbegrenzter Allverbundenheit teilzunehmen an
allem Lebendigen. Selbstvergessene Liebe, einfühlendes und mit-lei-
dendes Verstehen sind für ihn der Schlüssel zum Weltverständnis. So
finden wir hier die religiösen Menschen, die mit einer Begabung für
das Metaphysische und Transzendente eine Erlebnisfähigkeit vereinen, die von der meditativen Verinnerlichung bis zu visionärer
Schau reichen kann. Das Selbstopfer kann auch auf der mitmenschlichen Ebene gebracht werden, in sozialen, therapeutischen und anderen helfenden Tätigkeiten, ganz schlicht auch in einer großen Liebe.
Der Mensch ist hier von der Anlage her sensibel-durchlässiger als andere, und es ist für ihn entscheidend, ob er diese Anlage annimmt,
was ihn zwar leidensfähiger macht, woraus ihm aber dann seine hilf-
reichen und trostspendenden Kräfte erwachsen. Oder ob er vor dieser
sensiblen Leidensbereitschaft ausweicht, sich gegen sie abhärtet und in
indifferente Verhaltensweisen flüchtet, hinter denen er nicht zu fassen
ist in virtuoser Verwandlungskunst.

Auf der Ebene des Aszendenten vermittelt dieses Zeichen eine zart-sensible, wenig vitale Konstitution, mit einem auf ihr fußenden Lebensgrundgefühl, das man vielleicht am treffendsten mit dem Gefühl des Ausgeliefert-Seins, des Objekt-Seins beschreiben kann. Das hiermit gegebene Temperament ist ein sensibel-phlegmatisch-melancholisches, das gleichsam seismographisch auf alle Eindrücke reagiert; man kann sich diese Reagibilität kaum groß genug vorstellen – man könnte sie vergleichen mit einem Mobile, das auf den leisesten Luftzug reagiert. Hat der Mensch hier konstitutionell – physisch und psychisch – der Welt zunächst wenig an Widerstand entgegenzusetzen, wäre er ihr völlig ausgeliefert; er erwirbt daher zum Selbstschutz eine chamäleongleiche Anpassungs- und Verwandlungsfähigkeit, hinter der er sich versteckt, um nicht getroffen und verletzt zu werden. Das kann von ihm den Eindruck vermitteln, daß er gar kein eigenes Ich zu haben scheint, wo er es doch nur vor Überfremdungen zu schützen versucht, denen er anders nicht gewachsen wäre. So kann er eine ungemeine seelische Vielfältigkeit, Vielschichtigkeit entwickeln, indem er die Färbung seiner jeweiligen Umgebung annimmt; schillernd und plastisch, stehen ihm gleichsam alle Tönungen des mitmenschlichen Kontaktes zur Verfügung.

Mit dem Mond in diesem Zeichen hat der Mensch in seinen Kontakten das Bedürfnis, die trennende Grenze zwischen Ich und Du so weit wie möglich aufzuheben. In partnerschaftlichen Beziehungen möchte er dem anderen so nahe wie möglich sein, strebt er eine gleichsam symbiotische Verschmelzung an, in der Ich und Du im Wir »aufgehoben« sind, im doppelten Sinn des Wortes. Er fühlt sich in den Partner ein bis zur weitgehenden Identifikation, so daß er nicht selten das Leben des anderen mitlebt bis zur Selbstaufgabe, gleichsam in ihm aufgehend. Das kann sowohl zu einer besonders innigen und sich selbst vergessenden Liebe führen, als es auch dazu benutzt werden kann, vor der Individuation auszuweichen in eine mimikryhafte Anpassung, die alle Verantwortung, Aktivität und Entscheidung an den Partner delegiert und so, kindlich bleibend, sich völlig von ihm abhängig macht, ihm auch die Verantwortung für sich selbst zuschiebend. So gibt es hier in der Partnerschaft sowohl beglückendste Erlebnisse einer bedingungslosen Liebe, die in ungewöhnliche Erlebnistiefen reicht, als es auch zu den tragischsten Verstrickungen und unauflösbar erscheinenden Projektionen kommen kann, wie sie aus der fehlenden schöpferischen Distanz zum Du, aus zuviel Nähe und zu wenig Eigen-Sein so leicht entstehen.

Mit der Sonne in diesem Zeichen trägt der Mensch ein Leitbild in sich, das wir mit dem »homo religiosus«, dem Mystiker umschreiben können; auch der Samariter bietet sich als Bild an, der Heiler und Helfer, Menschen, die durch ihr Selbstopfer und durch überwundenes Leid anderen zum Retter und Nothelfer werden. Der Mensch mag so eine seelische oder geistige Weite und Tiefe erreichen, die etwas Grenzenüberschreitendes hat; im erlebten »tat twam asi« werden ihm Ich und Welt zum Gleichnis, Ich und Du, Subjekt und Objekt zu schöpferischem Austausch scheinbarer Gegensätze, was sich bis zu mystischen Erlebnissen der Allverbundenheit steigern kann. Das Ich löst sich dann gleichsam auf in der Teilhabe am Universum, und der Mensch kann den Seinsgrund erahnen, aus dem sich die Vielheit der Erscheinungswelt entfaltet. So liegt die Stärke des Menschen hier in seiner Durchlässigkeit, durch die ihm vieles gleichsam transparent wird, sich ihm erschließt, was sich anderen verschließt.

Diese grenzenauflösende Durchlässigkeit hat natürlich auch ihre Schattenseiten, in der mißverstandenen Lösung der hier gestellten Aufgabe: Der Mensch versucht dann gar nicht erst, ein Individuum zu werden, sondern er weicht vor der Individuation aus in vielgestaltige Anpassung und Identifikation, in ein Rollenspiel, was alles er als Vielseitigkeit und Reichtum seines Wesens erlebt, ohne zu erkennen, daß er es mit einer Ichlosigkeit erkauft, die er für das Selbstopfer hält, das hier gefordert wird – doch hat er das noch gar nicht in sich entwickelt, was hier geopfert werden soll.

Durch seine Sensibilität und gleichsam »Hautlosigkeit« (Oskar Adler) ist der Mensch hier mehr als andere ein am Leben Leidender. Er sucht daher nach Sicherheiten – er ist der Mensch der »Versicherungen«. Eine Möglichkeit glaubt er darin zu finden, möglichst lange kindlich-unverantwortlich zu bleiben und die Umwelt in die Rolle des Beschützers zu schieben, Schonung für sich erheischend. So entzieht er sich der Konfrontation mit sich selbst, und wir finden hier nicht selten »ewige Kinder«, die in »unschuldiger« Harmlosigkeit vor jeder Verantwortung ausweichen bis zur moralischen Indifferenz und zum ethisch nicht mehr faßbaren Infantilismus. Anders als der Mensch unter dem Zeichen Waage, der Spannungen aus Harmoniebedürfnis und aus Angst vor Sympathieverlust aus dem Wege ging, kann er hier in eine alles verstehende »Güte« flüchten, in eine Toleranz, die ihm die Selbstbegegnung und Stellungnahme ersparen soll. Er wirft nie den ersten Stein, und unter dem Motto, daß ihm nichts Menschliches fremd sei, daß »alles verstehen, alles verzeihen« heißt, lebt er eine mißverstandene christliche Demut. Dann erscheint er als seelisch amorph, ohne Kontur, als moralisch indifferent oder amoralisch; er verwechselt nachgiebige Schwäche mit Toleranz, Standpunktlosigkeit mit Güte, die auch streng sein und fordern können muß. Er will nicht erkennen, wie bequem es ist, alles entschuldbar zu finden, und wenn er das auf sich selbst ausdehnt, scheint er jenseits von Gut und Böse zu stehen, wo er doch nur ein mangelhaft entwickeltes Über-Ich hat, ein ungemein plastisches Gewissen, das man wegen dieser Plastizität kaum noch als solches bezeichnen kann.

Er kann aber auch seine Leidensfähigkeit kultivieren und zu einem Wert machen, von dem er sein Selbstwertgefühl abhängig macht, indem das Maß des Leidenkönnens ihm zum sittlichen Maßstab wird. Dann wird er wehleidig und geradezu leidsüchtig, bis zum seelischen oder sexuellen Masochismus, mit einem dann nie fehlenden Selbstmitleid, das, bewußt oder unbewußt, andere zur Schonung herausfordert bis zu gefühlserpresserischen Haltungen, wenn er sich in die Enge getrieben fühlt und echter Auseinandersetzung nicht mehr ausweichen kann. Er kann es auch darauf anlegen, sich quälen zu lassen, und hat daraus doppelten Gewinn: er läßt andere böse werden, genießt sein Leiden an ihnen, und kann zugleich noch das Gefühl des moralischen Besserseins haben. Das ist indessen nicht das moralische Überlegenheitsgefühl wie beim unter Schütze Geborenen, der vermeinte, durch seinen Idealismus über anderen zu stehen; sondern hier will der Mensch andere in das Bös-Sein schieben, um als der an ihnen Leidende der Bessere zu sein.

Eine andere Möglichkeit, vor der Selbstbegegnung auszuweichen, ist die, sich soweit mit anderen zu identifizieren, daß er deren Leben mitlebt ohne Eigenleben. Seine besondere Fähigkeit zu mimosenhaftem Reagieren, seine bis ans Mediale grenzende Einfühlungsfähigkeit, begünstigen solche grenzverwischende Distanzlosigkeit, die in symbiotischer Kommunikation ihn nie wirklicher Partner werden läßt. Wir finden dann hier die »reinen Toren«, die ihren naiven Glauben an das Gute beibehalten, die einen kindlichen Mangel an Phantasie für das Böse in und außer sich haben und so oft das Opfer anderer werden, ohne den Zusammenhang zu verstehen.

So liegen die Schattenbilder der Fische-Thematik auf der Linie des Märtyrers aus masochistischem Leidgenuß, des proteushaften Schauspielers des Lebens in immer neuen, der jeweiligen Umwelt angepaßten Rollen; im Pazifisten aus Lebensangst oder Bequemlichkeit. Sein scheinbarer Universalismus ist dann nur Ausdruck des mangelhaft entwickelten Persönlichkeitskernes, wodurch er alles sein kann, nur nicht er selbst.

Wir finden auf der beschriebenen Basis oft Angstneurosen mit ihren ungemein vielfältigen Möglichkeiten der Flucht vor sich selbst und vor der Realität, bis zur »Flucht in die Krankheit«. Die »Konversionshysterie« findet hier einen guten Boden, und vielfältige psychosomatische Beschwerden teilen als Signale in der Körpersprache oft die unbewältigten Konflikte leicht erkennbar mit. Asthenische Formen der Depression sind häufig, die auf dem Lebensgrundgefühl basieren, mit verzweifelter Hilflosigkeit der Welt ausgeliefert zu sein. Auch die Depression ist hier gleichsam konturlos, hat etwas Passiv-Resigniertes; der Mensch schwimmt dann gleichsam auf einer Woge unspezifisch jammernder Klagen, die sich auf sein ganzes Daseinsgefühl beziehen, nicht wie beim unter Stier Geborenen mit konkreten Versagungen, oder wie beim Skorpionmenschen mit unterdrückten Affekten oder Trieben zusammenhängen. Wegen dieser Unspezifität und ihrem tiefen Ansatz, und weil der Mensch dem Leben zu wenig an eigenem Ich entgegenzusetzen hat, sind sie oft sehr schwer angehbar; sie enthalten einen unerfüllbaren Wunsch nach kindlicher Geborgenheit und Symbiose, nach verwöhnendem Liebesanspruch. Die unverstandene Frau, der unverstandene Mann gehören hierher, und weil der Mensch hier oft so wenig profiliert, zugleich so mimosenhaft empfindlich und sensitiv ist, ist er tatsächlich in seinem Erleben und Leiden oft schwer verstehbar, kann er es schwer formulieren; er erlebt oft ungreifbare Feinheiten, die sich nicht in Worten ausdrücken lassen.

Auf der gleichen Linie der Flucht vor sich selbst und vor der Wirklichkeit finden wir bei entsprechender Biographie Alkoholismus und sonstige Formen der Süchtigkeit bis zur Verwahrlosung. Manchmal führt der Mensch hier ein Doppelleben wie in Stevensons »Mr. Jekyll und Mr. Hyde«, in einer seltsamen Spaltung zwischen einer bürgerlichen Fassade und heimlichem ausschweifendem Leben mit recht unbürgerlichen »Lastern«. Aufgrund seiner Suggestibilität wird der Mensch hier leichter als andere das Opfer von Hypnotiseuren und Verführern aller Art, denen seine zu große Bereitschaft, sich bestimmen zu lassen und sich anderen zu überlassen, entgegenkommt.

Seine Durchlässigkeit erhöht die Möglichkeit des Überfremdetwerdens durch andere, und da er sich nur durch Abwehr gegen ihn überrennende Fremdeinflüsse zu schützen vermag, entsteht so manchmal die scheinbare Unsensibilität und Indifferenz des an sich Übersensiblen: Wehrlos, wie er sich erlebt, entwickelt er als Schutz gegen seine niedrige Toleranzgrenze eine sekundäre schizoide Härte und Kälte, die bis zu schwer vorstellbarer völliger Eiseskälte und indolenter Gefühllosigkeit leiden kann, besonders wenn er in der Kindheit zu oft und zu früh verletzt wurde. Hinter einer nicht mehr ansprechbaren scheinbaren Stumpfheit und Gleichgültigkeit, die ihn unerreichbar macht, verbirgt er dann seine mimosenhafte Empfindlichkeit, die er nur noch zu zeigen wagt, wo ihr keine Gefahren drohen, bei Kindern und Tieren.

Im Extremfall kann es zu psychotischen Entwicklungen kommen, die mehr auf der Seite des Manisch-Depressiven liegen; nicht selten sind auf dieser Linie auch religiöse Wahnvorstellungen, Christusidentifikationen, Erlöservorstellungen bis zum märtyrerhaften Selbstopfer.

In der Erziehung ist besonders darauf zu achten, die ungemeine Sensibilität und die Bereitschaft des Kindes, aus Angst oder Bequemlichkeit in die Identifikation zu flüchten, zu erkennen. Durch seine ungemeine Suggestibilität läßt es sich leicht überfremden; seine Zartheit fordert leicht zur Verwöhnung heraus, und so entstehen hier besonders leicht »Wunschkinder«, die den elterlichen Wünschen und Erwartungen, wie man sie haben will,, zu wenig an Eigen-Sein entgegenzusetzen haben, was bis zum tragischen An-sich-vorbei-Leben führen, wohl auch die Basis für das beschriebene »Doppelleben« abgeben kann. Mut zu sich selbst, zur Selbstverantwortung sollten begünstigt, die Neigung zu wehleidigem Selbstmitleid bekämpft werden. Man kann die sensible Feinfühligkeit des Kindes kaum überschätzen und muß sie auch insofern immer miteinbeziehen, daß man ihm zugesteht, Dinge zu spüren, die durch ein »dickeres Fell« nicht durchdringen. Auch die Gefahr, sich durch seinen Mitteilungsdrang zu sehr auszuliefern, wäre zu beachten.

Frauen unter diesem Zeichen haben nicht selten etwas Nixen- oder Undinenhaftes in der Jugend, hierin den unter Krebs Geborenen ähnlich, und sie sind wie diese für Animaprojektionen des Mannes besonders geeignet, sind für ihn oft eine Verkörperung des »Rätsels Weib«, was sie u. U. zu unterstützen verstehen, etwa nach dem Motto »Doch meine Seele wirst du nie besitzen«. Sie können verführerisch sein und sind verführbar, im Erotisch-Sexuellen phantasiereich und hingebend. Wir finden hier sowohl opferbereite Frauen, die eine beglückende Innigkeit und einfühlendes Verständnis geben, eine große Liebesbereitschaft und Liebesfähigkeit zu schenken vermögen. Aber wir finden hier auch Hysterikerinnen – nicht die aktiv-destruktiven, wie unter den skorpiongeborenen Frauen –, sondern die kindlich-hilflosen

Frauen, die Mitleid und Schonung beanspruchen, die in immer wechselnden Rollen gegen Vernunft und Logik, Konsequenz und Verantwortung immun sind und den Mann an solcher schillernden Vielschichtigkeit ratlos scheitern lassen; oder auch die märtyrerhaft Leidenden, die durch duldendes Hinnehmen und darin liegende unausgesprochene Vorwürfe im Manne Schuldgefühle erwecken. In der Rolle der »Heiligen« konstellieren sie den »Narren« im Manne, geben ihm das Gefühl, daß er sie nie versteht, so daß er sich als krasser Egoist oder primitiv-unsensibler Grobian erlebt, der einer so feinen und sensiblen Frau nicht würdig ist – auch wenn er nur ihr Selbstmitleid nicht schont. In Krisen wenden sie gern erpresserische Methoden an durch Selbstmorddrohungen oder Krankheit, und hier finden wir die tragischsten Partnerschaften, wenn durch den Mangel an gesunder Distanz ein unauflösbares In-einander-Verwoben-Sein zustande kommt. Mitleid ist nicht selten das Motiv für eine Bindung, so daß schon im ersten Ansatz die Weichen (falsch) gestellt werden – falsches Mitleid liegt ja immer nahe bei der Verachtung und enthält ein geheimes Machtmotiv.

Die Astrologie ordnet diesem Zeichen die Füße zu, die tatsächlich hier oft besonders empfindlich sind. Im übrigen steht dem Menschen hier psychosomatisch die ganze Skala möglicher Organwahl zur Verfügung, um ungelöste Konflikte in der Körpersprache auszudrücken, wobei das Nervensystem und schwer diagnostizierbare »nervöse« Leiden bevorzugt erscheinen. Nicht selten finden sich hier auch spät erkannte chronisch-schleichende Krankheitsformen, denen ein unbewußter Selbstzerstörungsdrang, ein sich Auslöschen-Wollen, zugrunde liegt. Der Mensch ist hier überhaupt suizidal gefährdeter, aus dem Gefühl hilfloser Schwäche, aus seiner sensiblen Leidensfähigkeit und dem darin wurzelnden Gefühl unüberwindlicher Lebenstragik und aus Erlösungssehnsucht, Todessehnsucht heraus.

Anais Nin, die unter dem Einfluß dieses Zeichens stand, gibt in ihren »Tagebüchern« eine eindrucksvolle Schilderung davon, wie der Mensch sich hier erlebt: »Während ich den schwimmenden Fischen zuschaute, erlitt ich einen Anfall von Atemnot. Ich hatte so intensiv beobachtet, war so mit ihrer Atmung beschäftigt, daß ich selbst zu atmen vergaß. Ich wollte so gerne wissen, wie sie atmen, ... daß ich die Atmung der Frau, die vor dem Aquarium stand, vergaß. Ich war eingegangen in das Wasser, in den Körper der Fische. Ich war der Fisch ... und während ich mich in den Fisch verwandelte, vergaß ich als Frau zu atmen. Dies geschieht mir oft, wenn ich die Leiden der anderen anschaue – ich fange an, das Leben der anderen mitzuerleben ... Es ist ein Teil der Religion des Zen, das zu *werden*, worüber man meditiert.« Und: »Wir sprachen über Schizophrenie, die ich als einen Kontaktmangel sehe ... Und da ich mich mit anderen, mit der Welt, allzusehr im Kontakt fühle, sagte ich, daß ich wohl unter dem Gegenteil von Schizophrenie leide, unter Empathie, Identifikation, daß sich mein Ich in den anderen zerstreut, aufgibt und verliert.«

Was den Menschen hier in die Lebenslüge führt, ist das Ausweichen vor seiner Ungeschütztheit und Leidensfähigkeit, die ihm die Härten des Lebens schwer erträglich macht, ihn aber reifen würde, in Wehleidigkeit und Selbstmitleid und in ein passives mit sich Geschehen-Lassen, das ihn schwer erwachsen werden läßt. Im Bemühen, Leiden zu vermeiden, und als Schutz gegen seine Lebensangst weicht er aus in die Ichlosigkeit, entwickelt gleichsam keinen Persönlichkeitskern. Statt die Individuation anzustreben, er selbst zu werden, lebt er in der Identifikation mit anderen und kann so nur indirekt getroffen werden. Das ergibt eine Scheinbezogenheit, in der er nur echohaft re-agierend auf den jeweiligen Partner eingestellt ist und damit immer abhängig bleibt von dem jeweiligen Gegenüber, das ihm erst die Form gibt. Gefährlich kann das werden, wenn er, die Selbstbegegnung scheuend, so an sich vorbeilebt.

Wagt es der Mensch, seine subtile Empfindsamkeit und Leidensfähigkeit anzunehmen, wagt er es, sich erschüttern zu lassen und sich der Vielschichtigkeit und den reichen Erlebnismöglichkeiten seines Wesens auszusetzen, kann er einen inneren Reichtum in sich entdecken, ein Verständnis für die Vielfältigkeit menschlicher Seinsmöglichkeiten und Schicksale erringen und in durchlittenem Leid über sich hinaus transzendieren.

Vielleicht vermögen wir etwas von der hier möglichen Grenzenlosigkeit und seelischen Universalität in Menschen wie J. S. Bach, Max Reger und R. Steiner zu spüren, die subtile Feinsinnigkeit bei Hölderlin, Hebbel und Chopin, die religiöse Innigkeit bei Paul Gerhardt.

VIII
Die Planeten

Jeder Mensch ist eine kleine Familie.

Novalis

Wollten wir unter den Zeichen des Tierkreises die sich gleichbleibenden, zeitlosen Urbilder oder Ideen verstehen, die hinter der Erscheinungswelt stehen, gelten der Astrologie die Planeten – zu denen sie auch Sonne und Mond rechnet – als die Vermittler, die diese im Tierkreis ruhenden Ideen in die Erscheinungswelt übertragen, damit auch in die Zeitlichkeit und Vergänglichkeit. In immer sich wandelnden Konstellationen schaffen sie den Reichtum der Gestalten auf allen Ebenen des Lebens.

Wie jeder Planet nach astrologischer Auffassung in unserem Sonnensystem eine bestimmte Gestaltkraft mit spezifischen Funktionen verkörpert, so entspricht jedem Planeten im Mikrokosmos Mensch ebenfalls eine spezifische Funktion. Im Seelischen erleben wir sie als Neigung oder Triebstrebung; in der Sprache der Psychoanalyse können wir sie als »Partialtriebe« bezeichnen. Wie immer wir sie benennen wollen, wir erleben sie als die treibenden Kräfte unseres Wesens. Wenn es um die Beschreibung ganzheitlicher lebendiger Wesenskräfte geht, wird man sich der Armut abstrakt-begrifflichen Denkens bewußt, das sich, im Bestreben nach immer schärferer Formulierung, im gleichen Maße immer mehr vom Lebendigen entfernt, das die Mythologie in ihren symbolischen Gestalten um so vieles reicher erfaßte.

Jedes planetare Prinzip manifestiert sich – wie ich es am Beispiel des Saturn darzustellen versuchte – seiner Eigen-Art gemäß auf allen uns bekannten Daseinsebenen. Der Ausfall eines solchen Prinzips würde den Ausfall bestimmter Funktionsbereiche im Gesamtgefüge bedeuten, ja das Gesamtgefüge gefährden, dessen kosmische Ordnung und Gesetzmäßigkeit der Abläufe auf das verläßliche Zusammenspiel aller Planetenkräfte angewiesen ist.

Die Gesamtheit der Planeten bildet ein dynamisches Gefüge, in welchem sich die einzelnen Planeten in immer neuen Konstellationen untereinander beeinflussen; dadurch, sowie durch ihre wechselnden Zeichenstellungen, werden sie in ihrer Auswirkung immer modifiziert. Anders ausgedrückt: nur in unserer Vorstellung gibt es die »reine«, abstrakte Sonne; in der lebendigen Wirklichkeit gibt es immer nur die Sonne an einem bestimmten Tag, an einem bestimmten Himmelsort und in bestimmter Konstellation zu anderen Planeten. Das Absolute gibt es nur in unserem Denken; in der lebendigen Wirklichkeit gibt es immer nur Abwandlungen, wenn man so will: Trübungen des absoluten Prinzips – aber diese »Trübungen« machen das Leben aus. So ist in den folgenden Beschreibungen der Planetenprinzipien auch immer die Einschränkung zu machen, daß es sich dabei um idealtypische Abstrahierungen handelt, wie sie im Leben nie so »rein« vorkommen. Wer die folgenden Schilderungen unvoreingenommen auf sich wirken läßt, wird ohne Mühe die dem jeweiligen Planetenprinzip entsprechenden Neigungen und Erlebnisweisen in sich wiederfinden können. Denn der großen Ordnung der Planetenwelt entspricht das lebendige Gefüge unserer Seele; indem wir für dessen Schilderung die Planetenprinzipien verwenden, erfassen wir gleichzeitig ein Ordnungsgefüge, das Abbild einer Wirklichkeit ist, der wir auch angehören. Und da in jedem Einzelhoroskop alle Planeten vertreten sind, ist jeder Mensch im Sinne des Zitates von Novalis »eine kleine Familie«.

SONNE

Höchstes Glück der Erdenkinder sei nur die
Persönlichkeit.   Goethe

Der Mensch bringt bei seiner Geburt eine zunächst noch unspezifische
Lebenskraft – in der Sprache der Tiefenpsychologie: die Libido – mit,
die sich während der kindlichen Entwicklung in verschiedene kate-
gorische Erlebnisweisen oder Partialtriebe »entmischt« oder aus-
differenziert, vergleichbar dem ursprünglich unspezifisch farblosen
Sonnenlicht, das sich im Auftreffen auf verschiedene Medien in die
Spektralfarben aufspaltet, »entmischt«. Für diese einheitliche, fundamentale Lebenskraft ist in der Astrologie die Sonne die symbolische
Entsprechung.
Die Sonne, das Leben, Licht und Wärme spendende Zentralgestirn
unseres Sonnensystems, gilt in der Astrologie entsprechend als unser
Persönlichkeitszentrum. Dem »Sonnenhaften« in uns entspricht nach
ihrer Lehre das Streben nach Ganzheit; sie ist das Symbol für unsere
»Wesensmitte«, für unseren Persönlichkeitskern, in welchem wir die
verschiedenen Teilkomponenten, Teil-Ichs oder Einzelstrebungen unseres Wesens, die in den anderen Planetenkräften liegen, unter einer
sie umfassenden Zielvorstellung zu vereinen suchen. Die besondere
Art der Zielvorstellung ist durch die jeweilige Stellung der Sonne in
einem bestimmten Tierkreiszeichen gegeben. Letztes Ziel des Sonnenhaften in uns ist das Hinfinden zur Identität mit uns selbst. So können wir sie als das zentrierende und integrierende Lebensprinzip bezeichnen, das in der Entfaltung einer in uns angelegten Idee dem Begriff der Entelechie nahesteht.
In dem damit gegebenen Drang zur Selbstverwirklichung wird das
Sonnenprinzip zu einem wesentlichen Element der Individuation. Wir
erleben das Sonnenhafte also als die Kraft, die die Erfüllung und
Vollendung unserer Persönlichkeit anstrebt und die die Teilstrebungen
unseres Wesens unter einer zentrierenden Leitidee zusammenzufassen

sucht. Als solche verwandelnde, den »Persönlichkeitsstoff« – unsere Anlagen – unter einer Idee zusammenschließende Kraft, vermittelt sie uns auch die Fähigkeit zur Sublimierung, zur Verwandlung des Niederen in Höheres. Nach astrologischer Tradition hat die Sonne eine Beziehung zum archetypisch Väterlich-Männlichen. Aus der Sonnenstellung und -bestrahlung vermögen wir daher unsere Einstellung zum Väterlichen in und außer uns zu erkennen. In und außer uns, denn jedes Planetenprinzip spiegelt sich sowohl auf der inneren wie auf der äußeren Ebene. So ist auch das Vatererlebnis immer ein doppeltes: die Sonne im Horoskop symbolisiert den »inneren« Vater, das eingeborene Bild »des Väterlichen«, die »Vater-Erwartungen«. Diese Vorstellungen werden auf den »äußeren«, den realen Vater projiziert und nun durch dessen Wesen und Verhalten modifiziert, korrigiert, bestätigt oder enttäuscht. Davon hängt es dann ab, wieweit sich der einzelne mit seinem Vater identifizieren kann oder nicht. Hierin liegt *eine* Erklärung dafür, daß verschiedene Kinder denselben Vater so verschieden erleben können.

Entsprechen sich »innerer« und »äußerer« Vater weitgehend, kann sich das Kind mit dem realen Vater leichter identifizieren, damit auch das Väterliche in sich selbst leichter entwickeln. Klaffen innerer und äußerer Vater weit auseinander, kommt es zu Identifikationsschwierigkeiten, zu Auflehnung und Kampf gegen den realen Vater, oder zur Unterwerfung unter ihn, was dann dem Kind die Individuation erschwert. Das bedeutet aber auch, daß uns zum Schicksal nie nur das eigene Wesen und nie die Umwelt allein wird, sondern immer beider Wechselwirkung. Und damit ist auch angedeutet, daß nicht nur Eltern ihren Kindern, sondern daß auch Kinder ihren Eltern zum Schicksal werden können. Im Reifungsprozeß des Erkennens und Entwickelns unseres Eigenwesens sowie im Erkennen und Gestalten der Umwelt liegt die Aufgabe unserer Selbstverwirklichung. Sie kann sowohl scheitern bzw. erschwert werden, wenn wir unsere Konflikte und Probleme nur als die eigenen, wie auch, wenn wir sie nur in unserer Umwelt sehen.

Die Funktion des Sonnenhaften zielt im Gesamtorganismus auf Integration, Regeneration und auf das Bewußtmachen unbewußter Wesensanteile. Je nach ihrer Stellung – womit hier und weiterhin die Stellung eines Planeten in einem bestimmten Zeichen und Horoskopfeld sowie seine jeweilige Aspektierung gemeint ist – kann die Sonne eine starke Vitalität und gute Regenerationskräfte vermitteln, aber auch organische Überfunktionen oder Unterfunktionen bis zur Vitalschwäche anzeigen.

Organisch ordnet die Astrologie der Sonne das Herz, das Kreislaufsystem, das Rückenmark und den Sauerstoffhaushalt des Körpers zu. Je nach den die Sonne aspektierenden Planeten erfährt sie Steigerungen, Abschwächungen oder Einschränkungen ihrer Auswirkung bzw. bestimmter Facetten ihres Prinzips.

Nach allem bisher Gesagten können wir erwarten, daß »Sonnenprobleme« Probleme der Gesamtpersönlichkeit sind, daß es bei ihnen um die Autonomie und Selbstverwirklichung der Persönlichkeit geht, um Individuationsprobleme und Selbstbestimmung. Wer die Sonne in seinem Horoskop dominierend stehen hat, empfindet die Forderung zu schöpferischer Originalität, fühlt sich zur Großzügigkeit, zu persönlichem »Format« verpflichtet und hat ein ausgeprägtes Gefühl für seine persönliche Würde. Sein »Sonnenstolz« verpflichtet ihn zur Wahrhaftigkeit, aus der ihm zu einem erheblichen Teil sein Selbstwertgefühl erwächst, verpflichtet ihn zur »Zivilcourage«, zum Bewußtsein dessen, was er sich selbst schuldig ist oder zu sein glaubt, was modifiziert wird je nach dem Leitbild, das er durch die Zeichenstellung der Sonne von sich hat. Der sonnenbestimmte Mensch hat eine tiefe Abneigung gegen alles Enge, Kleinliche, Niedrige und Gemeine; die Integrität seiner Persönlichkeit ist ihm selbstverständliche Erwartung.

Die Forderung einer dominierenden Sonne zu verwirklichen hieße: sich selbst nie untreu werden, das Bewußtsein seiner persönlichen Würde nie zu vergessen. Der Mensch will der Selbstgestalter seines Schicksals sein. Solche Verpflichtung sich selbst gegenüber braucht Stärke und gibt Stärke. So finden wir hier Menschen, die das Leben in seiner ganzen Großartigkeit und Tragik annehmen, ohne dem persönlichen Machtrausch oder niederen Leidenschaften zu verfallen. Es sind dionysische oder apollinische Gestalten, die in ihrer Geschlossenheit etwas Vorbildliches an sich haben, die »Persönlichkeiten« sind und eine menschliche Größe ahnen lassen, die durch solches unbedingtes Zu-sich-Stehen möglich wird.

Lassen wir dieses Bild in uns nachwirken, können wir wohl verstehen, daß das Zerrbild dieses großen Entwurfs in den Menschen zu finden ist, die hochmütig sich selbst überschätzen, der Hoffart verfallen und die, wie Philipp Metman es einmal ausdrückt, »vor dem schmerzlichen Bewußtsein ihrer Grenzen sich fürchten«. Autismus, selbstherrliches Autokratentum und Selbstvergottung sind dann die Gefahren; der Mensch ist dann von sich selbst besessen, identifiziert sich gleichsam mit dem Sonnenhaften, mit etwas Allmächtigem, und muß sich immer neue Beweise seiner »Potenz« geben, um dem Bild zu entsprechen, das er von sich hat und das er als sein »image« von der Welt anerkannt wissen will. Das Altern fällt solchen Menschen besonders schwer – sie erleben es vorwiegend als narzißtische Kränkung.

So führt die Übersteigerung des Sonnenhaften zu überwertigem Geltungsdrang und sich aufblähender Selbstherrlichkeit; der Mensch vertritt dann eine autoritär-autokratische »Herrenmoral«, mit dem Anspruch einer starken, aber zu ego-zentrierten Persönlichkeit, die Privilegien selbstverständlich für sich beansprucht, die ihr nie fraglich werden, da sie sich selbst zum Maß aller Dinge macht.

In den Aspekten, die die Sonne von anderen Planeten erhält, liegen ungemein vielseitige Differenzierungen des Sonnenprinzips, die alle Formen gesunden, über- oder unterwertigen Selbstbewußtseins annehmen können. Ist die Sonne im Horoskop zu schwach gestellt, ist das Integrationsvermögen geschwächt. Dann können sich andere Planeten als Teilfunktion gleichsam verselbständigen, ohne sich der zentrierenden Kraft der Sonne einzufügen – vergleichbar einer vaterlosen Familie. Es mangelt dem Menschen dann an Kraft zu autonomer Selbstgestaltung; die jeweils am stärksten stehende planetare Kraft übernimmt die Führung und prägt die Persönlichkeit in ihrem Sinne. Bei starker aber kritischer Sonnenposition finden wir am ehesten schizoide oder hysterische Persönlichkeitszüge. Im Extrem kann es zu schizoidem Autismus kommen, zu einem überwertigen »Sonnenstolz«, der den Betreffenden zu viel kostet und ihn in einsamer Größe isoliert. Das kann sich steigern bis zu despotischen Naturen. Hysterische Züge äußern sich vor allem in überwertigem Geltungsdrang bis zum Persönlichkeitskult, in Arroganz und Selbstüberschätzung. Das alles wird getönt durch das Zeichen, in dem die Sonne steht, dessen Idee aber nun zu einem verzerrten Leitbild wird.

In der Erziehung ist bei einem sonnenbetonten Kind die Beziehung zum Vater besonders wichtig; es sucht eine imponierende Vaterpersönlichkeit, mit der es sich identifizieren kann. Schon als Kind ist der Mensch hier an seinem Stolz und seiner Ehre zu packen und hat ein feines Gefühl dafür, was er sich selbst schuldig ist. Die Vaterbeziehung, die Auseinandersetzung mit dem Vater, später mit »Vater-Figuren« – Vorgesetzten und Autoritäten –, kann zentrales Lebensproblem, der Vater zum Schicksal werden. Erzieherisch muß man das besonders ausgeprägte Ehrgefühl des Kindes respektieren; es beeindruckt schon früh als kleine Persönlichkeit, die ernstgenommen werden will und die sich gegen zu viel Bemutterung und Abhängigkeit wehrt. Der Stolz der Mütter auf solche Söhne kann unter entsprechenden hinzukommenden Bedingungen den Söhnen gefährlich werden, indem er ihre Anlage zu erhöhter Selbsteinschätzung und zu großen Lebenserwartungen begünstigt.

Eine betonte Sonnenstellung im Horoskop der Frau ist auch für sie immer eine Forderung zur Eigenständigkeit und Persönlichkeit. Sie braucht daher in der Partnerschaft Raum für ihre Selbstentfaltungsmöglichkeiten. Wenn der Mann, patriarchalisch, ihr das Recht, eine eigene Persönlichkeit zu sein, nicht zugestehen will, führt das unvermeidlich zu Kämpfen und zur Trennung, wenn er die Partnerin zu unterdrücken versucht. Die Frau erlebt bei dominierendem Sonnenstand die Hingabe zu sehr als Selbstaufgabe und hat Schwierigkeit, das an Selbstopfer zu bringen, was eine Bindung fordert; sie meint, dafür zuviel von sich aufgeben zu müssen, und daran kann eine Partnerschaft scheitern. Das war früher öfter der Fall als heute, wo auch die Gesellschaft der Frau mehr Eigenständigkeit zugesteht. Mit einer starken Sonne wird die Frau kaum in Ehe und Familie allein aufgehen, es sei denn, daß sie die führende Rolle übernimmt. Unter entsprechenden Milieubedingungen ist sie, bewußt oder unbewußt, mit dem Männlich-Väterlichen identifiziert und kann dann schwerer zu ihrer Weiblichkeit finden; oder aber sie bleibt im Protest gegen das Männliche stecken und wird zur Rivalin des Mannes – hier greift die persönliche Biographie entscheidend ein, die Art des Vatererlebnisses, an dem sich auch ihr Suchbild vom Manne als Partner ausrichtet. Immer ist die Frau mit einer starken Sonne im Horoskop anspruchsvoll auch in bezug auf den Partner, von dem sie ebenfalls »Persönlichkeit« erwartet – wenn sie nicht, um überlegen zu sein, einen schwächeren Mann zum Partner nimmt.

Zusammenfassend können wir sagen, daß ein Mensch, mit betonter Sonne im Horoskop, bei günstiger Bestrahlung günstige Lebensbedingungen für seine Selbstverwirklichung vorfindet, während eine starke, aber kritisch aspektierte Sonne auf kämpferisches sich Durchsetzen und Rückschläge schließen läßt, oft auch auf ein überforderndes Leitbild, das der Mensch dann von sich hat. Der Mut zur Wahrhaftigkeit verleiht diesen Menschen ihre besondere Würde. Nach astrologischer Tradition kann sich das Sonnenhafte am gemäßesten im Zeichen Löwe ausdrücken.

Wir können vielleicht verstehen, daß das früher beschriebene Saturnprinzip ein antinomisches Prinzip zum Sonnenhaften darstellt; im

seelischen Erleben spiegelt sich das Verhältnis zwischen Saturn und Sonne als unser Ausgespanntsein zwischen Notwendigkeit und Freiheit. So können Saturnaspekte auf die Sonne sich auf unseren Freiheitsdrang sowohl begrenzend im positiven Sinne auswirken als auch hemmend und lähmend.
Wie ein Mensch mit einer das Horoskop beherrschenden Sonne auf andere wirken, sich in ihnen spiegeln kann, dafür seien Schillers Worte aus einem Brief an Körner zitiert, wo er seinen Eindruck von Goethe, in dessen Horoskop die Sonne dominierte, beschreibt: »Er besitzt das Talent, die Menschen zu fesseln ... aber sich selbst weiß er immer frei zu behalten. Er macht seine Existenz wohltätig kund, aber wie ein Gott, ohne sich selbst zu geben.«

MOND

Mach, daß er seine Kindheit wieder weiß,
Das Unbewußte und das Wunderbare,
Und seiner ahnungsvollen Kinderjahre
Unendlich dunkelreichen Sagenkreis.   Rilke

Verkörperte das Sonnenhafte eine schöpferisch-zeugerische Kraft, so
ist das Mondhafte das weiblich-Empfangende; es symbolisiert die emotionale Beeindruckbarkeit, unsere Reaktionsbereitschaft und -fähigkeit
auf Eindrücke, und im Horoskop des einzelnen die individuelle Art
der Auswahl und Verarbeitung der Umweltreize. Das Mondhafte entspricht gleichsam der tiefsten Seelenschicht, die wir mit Lersch auch
den »endothymen Grund« nennen können. Wie der Mond das Sonnenlicht reflektiert, so spiegelt das Mondhafte die uns erreichenden
Eindrücke in pathischem Erleben, als Empfindungen, die immer von
Gefühlstönungen begleitet sind.
Im Bereich des Mondhaften schlagen sich diese Empfindungen und
emotionalen Erlebnisse nieder und bilden das Reservoir unserer Erinnerungen in den »Spuren«, die sie in ihm hinterlassen. In diesem
Zusammenhang können wir das Mondhafte auch als das »persönliche
Unbewußte« (Jung) bezeichnen, und in solcher speichernden Funktion
hat es eine Beziehung zum Gedächtnis als dem bewahrenden Sammel-
becken unserer Erlebnisse. Die frühesten dieser Erlebnisse sind zwar
der bewußten Erinnerung entzogen, bilden aber die Basis unseres Wesens, das Fundament erworbener Verhaltensweisen, die zu wesentlichen Zügen unseres Charakters werden.
Als Symbol der tiefsten Wesensschicht hat der Mond eine besondere
Beziehung zur frühen Kindheit; das emotionale Berührt-Sein durch
die Personen unserer frühesten Umgebung, die Bilder und Erlebnisse,
die sich uns von ihnen einprägen, sind von nicht zu überschätzender
Bedeutung für unsere seelisch-gemüthafte Entwicklung. Da üblicherweise die Mutter für das Kind die früheste menschliche Umwelt ist,
gilt in der Astrologie der Mond auch als das Symbol der Mutter. So
spiegelt er im Einzelhoroskop die Bedeutung der Mutter, sowohl im

Sinne des archetypisch Mütterlichen wie der realen Mutter; sowohl die in uns angelegte Muttererwartung wie die an der realen Mutter gemachten Muttererfahrungen. Analog zur Sonne in bezug auf das Väterliche, symbolisiert der Mond sowohl die »innere« wie die »äußere« Mutter, und aus der Begegnung des in uns angelegten Mutterbildes mit der realen Mutter entwickeln wir unsere Einstellung zum Weiblich-Mütterlichen sowie das Mütterliche in uns selbst.

Dem »Mondhaften« entspricht zunächst noch das ursprüngliche symbiotische Eins-Sein mit der Mutter, in dem Ich und Du noch ungetrennt erlebt werden. Die Erinnerung an diesen vor-individuellen Zustand besteht in uns als Sehnsucht weiter, die trennende Grenze zwischen Ich und Du wieder aufzuheben, und wirkt in unsere späteren partnerschaftlichen Begegnungen noch hinein. Eine dominierende Mondposition im Horoskop führt zu erschwerter Ablösung von der Mutter, später zu regressiven Neigungen, die uns nach »Mutter-Figuren« suchen lassen, nach »Repräsentanzen des Mütterlichen«, die wir auch in Institutionen suchen können, die eine schützende und fürsorgliche, gleichsam mütterliche Funktion haben.

Da wir über das Mondhafte unsere frühesten Prägungen durch die Umwelt erfahren, sind wir in ihm am abhängigsten von unserer Vergangenheit, von unserer familiären und sozialen Entwicklungsgeschichte. Die Astrologie spricht daher vom Mondhaften auch als von unserer »zweiten Natur«, die wir am antwortenden Reagieren auf unsere früheste Umwelt erwerben und die unsere »erste Natur«, das in der Sonne symbolisierte geistige Leitbild, unterstützen, hemmen oder überfremden kann.

In der Seelenschicht, die durch das Mondhafte symbolisiert wird, brauchen wir Geborgenheit, suchen wir das Aufgehobensein im Zugehören und in vertrauten Gefühlsbeziehungen. In der ersten tastenden Zuwendung zur Mutter beginnt das Kind, zunächst Mimik und Gestik der Mutter echohaft nachzuahmen; in seiner weiteren Entwicklung, sich mit ihr zu identifizieren. Später im Leben hat die von Jung so benannte »persona« – womit Verhaltensweisen gemeint sind, in denen sich unsere Zugehörigkeit zu sozialen Gruppen bekundet – die gleiche Funktion, uns Geborgenheit zu geben: im Übernehmen damit gegebener Verhaltensnormen liegt etwas Schützendes, das die Einsamkeit des Individuums mildert in der Verbundenheit mit Gleichgesinnten. Das Mondhafte findet die ihm gemäßeste Auswirkung im Zeichen Krebs.

Die Funktion des Mondes im Gesamtorganismus ist die Empfindung, die Perzeption, in welcher körperliches und seelisches Erleben noch ungetrennt sind. Da alles Empfinden untrennbar mit Gefühlserlebnissen verbunden ist und da das Mondhafte in unserer Frühzeit vorherrscht, liegen in ihm auch die Wurzeln unserer Kontaktfähigkeit, unserer emotionalen mitmenschlichen Bezogenheit. Die jeweilige Zeichenstellung und Aspektierung des Mondes vermittelt uns gleichsam eine verschieden gefärbte »emotionale Brille«, durch die wir sowohl die Welt und die Menschen emotional verschieden nuanciert erleben als auch, uns nicht bewußt, aus der Vielfalt der Reize und Eindrücke die uns gemäßen auswählen und individuell verarbeiten, sie gefühlsmäßig integrieren. Denn verkörpert der »Mond an sich« die Reaktionsbereitschaften und emotionalen Antwortmöglichkeiten unserer Seele, so vermittelt er im Einzelhoroskop die individuellen Varianten mondhaften Erlebens, das durch seine frühe Umweltprägung und durch häufige Wiederholung so große Bedeutung bekommt. Diese horoskopische Verschiedenheit des Mondhaften erklärt astrologisch zu einem Teil die verschiedenen emotionalen Reaktionen auf identische Reize und Situationen bei verschiedenen Menschen.

Die speichernde Funktion des Gedächtnisses wurde als zum Mond gehörend schon erwähnt; durch sie wird er zu einem Element unseres Geschichtsbewußtseins. In der ebenfalls schon genannten Beziehung zu den nicht mehr erinnerbaren Früherlebnissen wird er zum Symbol des persönlichen Unbewußten, mit allen darin enthaltenen Wünschen und Sehnsüchten, Hoffnungen und Ängsten, aus denen sich auch seine Beziehung zur Phantasiewelt ableiten läßt. Er eröffnet uns zugleich auch den Zugang zur Traumwelt; in der Funktion der Träume, Einseitigkeiten unseres bewußten Verhaltens zu korrigieren, uns wieder mit ursprünglichen Seelenschichten und den in ihnen ruhenden schöpferischen Möglichkeiten zu verbinden, liegt seine regenerierende Kraft. Aus dem Bereich des Mondhaften stammen auch die Ahnungen, die wir als Vorstufe des Wissens ansehen können.

Organisch ordnet die Astrologie dem Mond den Flüssigkeitshaushalt des Körpers zu, die weiblichen gattungserhaltenden Organe und Funktionen sowie die Milch- und Samenproduktion. Ferner setzt sie ihn in Beziehung zu den aufnehmenden und ernährenden Organen – in der Sprache der Psychoanalyse zum Oralen – sowie zum vegetativen Nervensystem und den Lymphdrüsen. Ein stark »verletzter« Mond läßt Störungen in diesen Bereichen erwarten oder im Bereich der Organe, die dem Zeichen entsprechen, in dem der Mond jeweils steht.

Nach dem bisher Gesagten können wir erwarten, daß »Mondprobleme« Probleme der Mutterbeziehung, der Einstellung zum Mütterlichen in und außer uns sowie des mitmenschlichen Kontaktes sind, auch die Beziehung zum Kind – wiederum des Kindes »in« und »außer« uns – betreffen werden. Die Inkorporation des am Mond erlebten Mutterbildes ist die tiefste Basis unserer Einstellung zu uns selbst, in der wir das liebend Angenommensein bzw. das gleichgültig oder feindlich Abgelehnt-worden-Sein von der Mutter widerspiegeln mit allen daraus möglichen Folgen.

Beim Manne entspricht der Mond seinem Suchbild und seinen Erwartungen vom Weiblich-Mütterlichen und beeinflußt seine Partnerwahl; in unbewußter Fixierung an die Mutter projiziert er die an ihr erworbenen Erfahrungen als Erwartung auf die Frau. Bei beiden Geschlechtern bedeutet eine dominierende Mondposition im Horoskop die Erschwerung der Ablösung von der Mutter und das Hinfinden zur »ersten Natur«, zum Sonnenhaften; der Mensch bleibt dann zu lange in der Identifikation mit der Mutter stecken.

Bei Frauen ist der Mond von noch größerer Bedeutung als beim Manne. Einmal wegen ihrer größeren Nähe zum Naturhaft-Biologischen – der weibliche Zyklus entspricht einem Mondumlauf; zum anderen soll sie ja über die Identifikation mit der Mutter in die weiblich-mütterliche Rolle hineinwachsen. Frauen mit starker Mondposition sind dem Partner gegenüber mütterlich eingestellt, was von sorglich-pfleglichen bis zu überwertig bemutternden Haltungen reichen kann. Je nach Stellung und Aspektierung des Mondes können Frauen hier zärtliche Gattinnen und Mütter sein oder zerstörerisch-»fressende« Frauen, die als Mütter das Kind zu eng an sich binden und dann zum Zerrbild des Mondhaft-Mütterlichen, zur Hexe werden.

Wir finden bei kritischen Mondaspekten depressive Persönlichkeiten mit betont oralen Zügen; viele leben mehr in der Anpassung, als sie ihre Eigenständigkeit entwickeln; Depressionen haben hier meist einen zyklischen Verlauf. Bei schweren »Verletzungen« des Mondes finden wir schwere frühe Mangelerlebnisse und Enttäuschungen an der Mutter; dann wird ein liebloses, manchmal destruktives Mutterbild inkorporiert, das zu einer Haßbindung an die Mutter und, in sehr kritischen Fällen, zum Selbsthaß bis zum Suizid führen kann, wenn keine ausreichenden Gegenkräfte im Horoskop gegeben sind. Auch schicksalhafte frühe Trennungen von der Mutter kommen manchmal unter solchen Konstellationen vor. Angstneurosen sowie somnambule und halluzinatorische Erscheinungen können bei starkem Mondeinfluß auftreten. Die nicht geglückte Verarbeitung von Mutter- oder Geschwisterbeziehungen pflegt der häufigste Auslöser auch von psychosomatischen Störungen zu sein.

In der Erziehung ist bei Kindern mit dominierendem Mondeinfluß vor allem ihre große Identifikationsbereitschaft zu beachten; sie pflegen »Nesthocker« zu sein, die des Anstoßes zur »Abnabelung« bedürfen. Man muß um ihre große seelische Empfindsamkeit wissen, um ihre Überbereitschaft zur Anpassung; die Kenntnis der jeweiligen Zeichenstellung des Mondes kann für die Eltern sehr hilfreich sein, um die Erlebnisweise des Kindes besser zu verstehen.

Wem das Schicksal eine dominierende Mondposition zuerteilt hat, der unterliegt stärker als andere Menschen dem Bereich des Unbewußten, dem »Reich der Mütter«, mit allen darin liegenden positiven und negativen Möglichkeiten. Er hat oft einen besonderen Zugang zum bilderreichen Seelengrund, zu Träumen und Ahnungen. In der Sphäre des Mondhaften wertet der Mensch vor allem nach seinem subjektiven Erleben, ob es ihn bereichert oder frustriert; die Intensität des Erlebens ist ihm wichtig, das Ergriffenwerden.

Ein Patient mit einer dominierenden Mondposition sagte: »Ich habe überhaupt kein eigenes Ich – an dessen Stelle sitzt meine Mutter; ich weiß eigentlich nicht, wo ich aufhöre und wo sie anfängt, die Grenzen verfließen mir.« Und ein anderer: »Wie kann ich Ich sein und zugleich die Erwartungen meiner Mutter befriedigen? Ich habe die Wünsche meiner Mutter so lange und gründlich erfüllt, bis ich meinte, es seien meine eigenen.«

MERKUR

Zwar weiß ich viel, doch möcht ich alles
wissen.

Famulus Wagner, in Goethes »Faust«

Symbolisierte das Mondprinzip das empfangende Geöffnetsein für
Eindrücke und deren Verarbeitung im Gefühl, bringt Merkur die
ersten ordnenden Bestrebungen in die Erlebniswelt, die unsere Orientierung in ihr ermöglichen. Die Dimension des Merkur ist vergleichsweise eine »geistigere« als die des Mondes; psychologisch können wir
sagen, daß mit Merkur der Schritt von der mondhaften Empfindung
zur Wahrnehmung vollzogen wird. Es geht bei ihm um erkennendes
Unterscheiden, vergleichendes Beobachten und um das Sammeln von
Erfahrungen und Wissen, um begriffliches Denken und Verknüpfen
des Beobachteten. Thomas Ring bezeichnet dieses Gestaltprinzip als
das »Prinzip der Ökonomie und Zweckmäßigkeit, das mit kleinstem
Aufwand den größten Effekt zu erzielen versucht«.
Um uns in der verwirrenden Vielfalt der Erscheinungen zu orientieren, das lebendige Geschehen in und um uns zu verstehen, müssen
wir den Dingen Namen geben, sie in Begriffen und Zahlen festlegen.
Mit Merkur beobachten und erkennen wir die Gemeinsamkeiten und
Ähnlichkeiten oder die Unterschiede der Erscheinungen. Er symbolisiert unsere Fähigkeit, kombinierend zu denken und in den Dingen
ihren Bauplan, ihre Struktur, ihr Prinzip zu erfassen, die Gesetzmäßigkeiten der Welt nach-denkend zu verstehen und für uns nutzbar zu
machen.
Sind wir im Mondhaften noch ganz in der Bilderwelt der Seele, schau-
end und unsere Eindrücke assoziativ verknüpfend, so führt uns Merkur in den Bereich des methodischen und abstrahierenden Denkens,
das durch ökonomisch zusammenfassende Formeln, gezielte Fragestellungen, experimentelle Untersuchungen und statistische Auswertung des Beobachteten zur Basis unseres Erfahrungswissens, unseres
wissenschaftlichen Denkens wird. So ist Merkur ein Element fort-

schreitenden erobernden Besitzergreifens von der Welt. In schrittweisen logischen Denkvollzügen versuchen wir durch ihn, uns Modelle von den Dingen aufzubauen, denen wir unser Interesse zuwenden; versuchen wir, unsere Erfahrungen in Theorien zu fassen, unser Wissen lexikalisch immer verfügbar festzulegen. Die allgemeinste Charakterisierung der psychologischen Entsprechung des Merkur ist das aufmerksame, wach beobachtende Interesse; die individuelle Denkform sowie die Interessenrichtung hängt dann von seiner Stellung und Aspektierung im Einzelhoroskop ab. Die Zeichen Zwillinge und Jungfrau, in denen Merkur als »Herrscherplanet« gilt, sind seiner Art am gemäßesten.

Entwicklungspsychologisch gesehen, führt uns Merkur aus der symbiotischen Verschmelzung mit der Mutter heraus, die für den ersten postuterinen, »mondhaften« Lebensabschnitt des Menschen charakteristisch ist: er ermöglicht die ersten Schritte zum erkennenden Unterscheiden von Ich und Nicht-Ich. Ein Merkurumlauf dauert 88 Tage – vielleicht entspricht diesem ersten vollendeten Umlauf die beginnende Bewußtwerdung, die das vom Volksmund so benannte »dumme« erste Vierteljahr beendet.

Im Gesamtorganismus ist Merkur ein Element der aktiven Merkfähigkeit, im bewußten sich Erinnern; mit dem Mond zusammen wird ihm die Gedächtnisfunktion zugeordnet. Seine Wertkategorie heißt »richtig-falsch«. Organisch ordnet die Astrologie diesem Prinzip das Nervensystem zu, speziell das Sprachzentrum sowie die Organe des Luftaustauschs. Entsprechend können Atemschulung, Meditations- und Konzentrationsübungen sowohl sich psychosomatisch günstig auswirken, als sie auch eine Gegenkraft darstellen gegen mögliche Verflachung und rationale Intellektualisierung.

Sachlichkeit, Zweckmäßigkeit, Nüchternheit, scharfsinnig-kritische Beobachtungsgabe zeichnen den Menschen mit dominierender Merkurposition aus. Der »reine« Merkur ist noch völlig wertfrei, ist sozusagen die Denkfunktion »an sich«. Ob er uns zum Wissen um des Wissens willen führt, zu neugieriger Wißbegier, zu Rationalismus, Skeptizismus, Eklektizismus und anderen »-ismen«; ob zur Verantwortung in der Wissenschaft und zu wesentlichen Erkenntnissen – das hängt vom Gesamthoroskop und von seiner Stellung und Bestrahlung in diesem ab. Merkur kann sowohl zu verflachendem Intellektualismus führen, als er auch, im Bewußtmachen unbewußter Wesenstiefen, die Funktion des »Psychopompen«, des »Seelenführers« übernehmen kann, im Aufdecken verborgener Geheimnisse der Natur.

In der antiken Mythologie wird Hermes – die griechische Entsprechung des römischen Merkur – auch als der Gott des Wissens um die Mysterien verstanden, nachdem die Hermeneutik, die Kunst der Deutung und Auslegung, benannt wurde.

Neben den mehr theoretischen Seiten hat Merkur aber auch eine extravertierte Seite, in der klugen, realpraktischen und erfinderischen Weltbewältigung, die Funktion der »praktischen Intelligenz«. So finden wir unter den Menschen, die stark merkurbetont sind, sowohl Wissenschaftler und Theoretiker, Erfinder und Pädagogen im Sinne der Wissensübermittlung, als auch Techniker, Kaufleute und Händler. Die Zerrform des Merkurischen wäre der Lügner, der Schwindler und Betrüger.

Merkurprobleme sind Probleme des erkennenden Beobachtens und des Umgehens mit Wissen und Erfahrungen. Durch Merkur können wir zu wesentlichen Erkenntnissen kommen, die uns ergreifen und wandeln, können wir, aus der Einsicht in die Begrenztheit unseres Verstandes, uns für Offenbarungen offenhalten. Aber wir können uns auch zufriedengeben mit einem breiten Begriffswissen, das vordergründig und oberflächlich, letztlich verspielt bleibt, bestenfalls nur Geschicklichkeit und intellektuelle Wendigkeit ist, ein Jonglieren mit Begriffen und Theorien, die unverbindlich und austauschbar sind, weil sie nur dem Intellekt entstammen und mit dem untergehen, der sie erfunden hat. Wer sich zu ausschließlich auf das Merkurische in diesem Sinne verläßt, den interessiert an der Welt nur das, was meßbar, wägbar und zählbar ist; am Menschen nur, was testbar und programmierbar ist.

Neurotische Störungen pflegen bei kritischem Merkurstand mit unscharfem Hinsehen und Beobachten, mit Flüchtigkeiten zusammenzuhängen, die es zu einer lückenhaft bleibenden Orientierung in der Welt kommen lassen, zu einer ungenügenden Realitätsfindung. Die so erworbenen Lücken bilden dann die Basis von Ängsten, Unsicherheiten und Fehldeutungen, auf der sich schizoide Strukturanteile entwickeln, durch »intentionale Störungen« im Sinne Schultz-Henckes. Biographisch hängt das zusammen mit Umwelteinflüssen, die durch ihre Intensität merkurisch nicht verarbeitet werden konnten; oder damit, daß scharfes Hinsehen und klares Erkennen-Wollen mit Angst und Schuldgefühlen erlebt und so Denkhemmungen erworben wurden, Denkschranken, über die man nicht hinauszudenken wagt. In schweren Fällen kann in einer sehr kritischen Merkurstellung ohne helfende Gegenkräfte im Horoskop ein Element schizophrener Erkrankungen liegen.

In neurotische Fehlentwicklungen hysteriformer Art führt am ehesten ein Mangel an Disziplin im Denken, »unsauberes«, oberflächlichunverbindliches Denken, das sich bis zur Ideenflucht steigern und, bei entsprechenden Milieubedingungen, zur »pseudologia fantastica« führen kann. Unrealistisches Wunschdenken und Unaufrichtigkeit sind hier die Hauptklippen. Allgemein besteht bei Überwiegen des Merkurischen die Gefahr der Persönlichkeitsverarmung durch flache Intellektualisierung ohne Tiefe und durch einseitige Verstandesentwicklung ohne Integration des Emotionalen.

In der Erziehung ist es wichtig, der Wißbegier des Kindes Stoff zu geben, dabei aber seine Intelligenz nicht überzubewerten; man sollte seinen Stolz auf nur intellektuelle Leistungen nicht zu sehr unterstützen und nicht einen Wissensehrgeiz provozieren, der altklug mit auswendig Gelerntem brilliert, das ohne Sinnbezug bleibt. Wegen der Neigung zu findigen Ausreden in Konfliktsituationen, die leicht zu Lügen entarten, ist vorgelebte Aufrichtigkeit besonders wichtig. Wenn man dem Kind von ihm gemachte richtige Beobachtungen als nicht zutreffend ausredet, aus welchen Motiven auch immer, kann man sein Vertrauen in seine Beobachtungsgabe und Denkfunktion schwer schädigen; auch sollte man es vermeiden, seinem Wissensdrang durch Strafangst Schranken zu setzen, was zu einer »sekundären« Dummheit führen kann.

Im Patriarchat, das aus seinen Machtansprüchen, seinen Vorurteilen über die Frau und aus Konkurrenzangst sie in ihren geistigen Entwicklungsmöglichkeiten einschränkte, konnte die Frau das Merkurische fast nur im Rahmen einer praktischen Lebensintelligenz verwirklichen. Sie rächte sich dann oft dadurch, daß sie zur hysterischen Lügnerin wurde, die nicht zu fassen und keiner Logik zugänglich war; auf ihren »Meinungen« beharrend, ließ sie die Logik des Mannes wirkungslos an sich abprallen. Frauen, die das Merkurische in sich überwertig werden lassen, sind im Jungschen Sinne »animusbesessen«; sie sind dann voller Vorurteile und übernommener »Meinungen«, die sie um so starrer verteidigen, je unsicherer sie dahinter sind, je weniger sie ihre Intelligenz entwickelt haben. Und schließlich kann es bei ihnen auch zu der typischen Klatschbase kommen, die nichts für sich behalten kann und ihr intellektuelles Unzulänglichkeitsgefühl in ein »alles Wissen« im Sinne von neugierig Erspioniertem oder Zugetragenem überkompensiert.

Wir leben in der westlichen Welt in einer gefährlichen Vereinseitigung des Merkurischen. Philipp Metman sagt dazu: »Als ›Wissen‹

171

und ›Sachkenntnis‹ geistert er« (gemeint ist Hermes-Merkur) »durch die neuere und neueste Geschichte und führt die ihm befehlenden Menschen gehorsam in jede selbstgewählte Hölle und in alle Schrecknisse seiner kranken Seele. Seine ganze Überlegenheit und Beweglichkeit, seine Spielfreiheit und Ehrfurchtslosigkeit, seine Lügenkunst und seine Wachheit stellt sich in den Dienst der menschlichen Vermessenheit.« So ist die Statistik, der Respekt vor der großen Zahl, die Rezeptbesessenheit auf allen therapeutischen Gebieten als Ausdruck eines Sich-Verselbständigt-Habens dieser Gestaltkraft zu verstehen, das gefährlich ist, wie alle einseitigen Betonungen einer einzelnen Gestaltkraft. Wir brauchen neben den Leistungen merkurisch hochspezialisierten Fachwissens wieder eine sinngebende Zusammenschau der Teilaspekte. Die Verkennung des Merkurischen als bloße machbare Zweckmäßigkeit und ökonomische Nützlichkeit hat zu der erschreckenden Banalisierung vieler heutiger Wissenschaften Entscheidendes beigetragen.

VENUS

Mit Venus betreten wir das Reich der Schönheit und der Liebe und damit einen Erlebnisbereich, der andere Saiten in uns anklingen läßt als das vorher beschriebene Merkurische: Schönheit begeistert uns, sie beschwingt und beglückt uns; sie spricht eine tiefe Sehnsucht in uns an, scheint sie doch in irdischer Vollkommenheit Überirdisches zu spiegeln. Der Mensch ist zumindest empfänglich für das Schöne, es sei denn, daß er abgestumpft oder seelisch krank ist. Venus erweckt eine unserer edelsten Eigenschaften: die Fähigkeit zu liebender Verehrung, zu staunendem Ergriffensein und beglückter Bewunderung. »Venerari«, verehren, nannten die Alten diese Fähigkeit, die sie als Gabe der Venus, der Göttin der Liebe und der Schönheit, ansahen.

Dieses Gestaltprinzip, das uns nach Harmonie streben läßt und uns für formschöne Ausgewogenheit und Ebenmaß, für Farben und Wohlklänge empfänglich macht, gehört ebenso zu unserem Wesen wie das antinomische Gegenprinzip der Spannung, Härte, Schärfe und Dissonanz, das wir im Mars kennenlernen werden. In den Zeichen Stier und Waage vermag Venus ihr Wesen am reinsten zu entfalten.

Das durch Venus symbolisierte Harmoniebedürfnis läßt uns Spannungen und Gegensätze ausgleichen, Härten und Schärfen mildern. Über das Ökonomische, Zweckhafte und Nützliche hinaus vermittelt es uns das kategoriale Erleben von schön und häßlich, von Anziehung und Abstoßung, von Sympathie und Antipathie. Venus gibt uns das Gefühl für Maß und Proportion und läßt uns im Rahmen des Möglichen nach ästhetischer Vollkommenheit streben. »Nicht gut und böse, nicht Dauer und Vergänglichkeit, nur Sehnsucht und Stumpfheit gegen die Sehnsucht« (Metman) ist hier der Wertmaßstab.

So überschreiten wir mit Venus den Bereich des Nützlichen und praktisch Notwendigen in eine Dimension, in welcher es um Ergriffenheit, um das Angerührtsein vom Eros geht, das uns zugleich beglückt und gefährdet. Beglückt, weil wir in solchem Erleben eine Steigerung unseres Wesens erfahren, eine Bereicherung, die alles verzaubert und uns über unseren Alltag hinaushebt, ja über uns selbst hinaus transzendieren läßt in liebender Zuneigung, die uns für Augenblicke uns selbst vergessen läßt. Gefährdet, wenn wir solche Beglückung zu verewigen trachten und darüber anderes uns Aufgegebenes vergessen. »Denn es gehört«, so wiederum Metman, »zum Wesen der Liebe, daß sie den, der sie kennenlernt, verzaubert; und sie durchschauen könnte nur der, den ihr Zauber nicht zu verwirren vermöchte.« Transzendierendes Ergriffensein vom Eros oder Verfallensein an das Lustprinzip, mit der unstillbaren Sehnsucht nach immer neuen Beglückungen und Befriedigungen, sind hier die Pole des Erlebens.

Der Mensch, in dessen Horoskop Venus an dominierender Stelle steht, sucht nach liebender Er-gänzung durch ein Du, um sich an ihm und mit ihm zu vervollkommnen; lieben und geliebt werden ist sein tiefstes Sehnen. Er hat ein Verehrungsbedürfnis, das im Partner immer dessen optimale Möglichkeiten sieht und anspricht. Es ist, als ob nach der Notwendigkeit des sich Unterscheidens, das Merkur uns auferlegte, der Mensch nun nach Bindung und Verbindung strebte, nach einer Zweisamkeit, die aber nicht mehr die symbiotische Verschmelzung ist, wie wir sie beim Mond kennenlernten, in der Ich und Du noch ungetrennt waren. Hier geht es um das Du als ergänzendem Partner, zu dem wir uns schicksalhaft hingezogen fühlen, »von Amors Pfeil getroffen«, wie es die alte Mythologie ausdrückte, geht es um die Hingabebereitschaft an ein Du, um die liebende Begegnung, die uns selbst und das Du wandelnd ergreift.

Die Funktion des Venushaften im Gesamtorganismus ist die Anziehung des Wesensgemäßen und die Abstoßung des Wesensfremden, psychisch erlebt als Sympathie und Antipathie. Es ist weiterhin ein Element unseres ästhetischen Empfindens, unseres Wertbewußtseins, das von Takt und Geschmack bis in die künstlerische Gestaltung reicht und damit ein Element der Kunst im weitesten Sinne ist.

Organisch ordnet die Astrologie dem Venusprinzip den Gleichgewichtssinn zu, die Funktion, das Gleichgewicht der vitalen Vorgänge im Körper aufrechtzuerhalten und zu steuern. Ferner die inneren Sexualorgane, die Nieren, die Venen und die Schweißdrüsen mit den von ihnen produzierten Duftstoffen; auch die von der Psychoanalyse so benannten »erogenen Zonen« – die mit sensibler Schleimhaut ausgestatteten Körperregionen –, die wir als Organe der Lust bezeichnen können, sind ihr zuzurechnen.

Für die Verwirklichung des Venusischen haben wir zwei Wege; der eine führt in die Kunst in irgendeine ihrer vielfältigen Formen, sei es als gestaltender oder nachschaffender Künstler oder als Kunsthandwerker, sei es als feinsinniger Ästhet. Der Dienst am Schönen wird zur Lebensaufgabe, und sei es auch nur auf einem der Gebiete, die uns helfen, unseren Alltag zu verschönern, unserem Leben einen heiteren, farbigen Glanz zu verleihen wie durch Mode und Schmuck. Der andere wäre der Weg der Liebe, in einer ihrer ebenfalls vielgestaltigen Formen, auf dem uns Eros zum Führer wie zum Verführer werden kann.

Venusprobleme sind vor allem Probleme der narzißtischen Verliebtheit in sich selbst und des schwer Ertragen-Könnens von Spannungen und Frustrationen. Die Gefahr liegt hier in unstillbarer Lustsuche, in passiver Erwartung immer neuer Befriedigungen, die keine Unlust ertragen will und Lust als Dauerzustand ersehnt. Der Mensch mit einer beherrschenden Venusposition im Horoskop hat eine große Liebesbereitschaft und Liebesfähigkeit; er kann aber auch nur einen Verwöhnungsanspruch an das Leben haben, einen großen Liebesanspruch und eine Glückserwartung, die er vermeint, ohne sein Zutun erfüllt zu bekommen und ohne die Härten und dunklen Seiten des Lebens einbeziehen zu brauchen. Das hält ihn länger als andere in kindlichen Wunschvorstellungen – er wünscht sich letztlich einen paradiesischen Dauerzustand oder eine Welt, die es nur im Märchen gibt; und er wird von der Wirklichkeit um so tiefer enttäuscht, je länger er an diesen Vorstellungen festhält und meint, Harmonie ohne Trübung, Liebe ohne Leid erwarten zu können. Solche passive Lustbestimmtheit kann ihn bis zur Lebensuntüchtigkeit bringen; er weicht vor Kampf und Härte in genußsüchtige Bequemlichkeit, vor der Auseinandersetzung in gefällige Anpassung aus.

»Venusmenschen« sind liebenswürdig, charmant, sinnlich und einfühlend; sie erwecken durch ihr Wesen leicht Sympathien. Je nach Stellung und Aspektierung der Venus in einem Horoskop und je nach Persönlichkeit können, wie Metman es ausdrückt, »in der Liebe zum Schönen die Sinne weise werden«; können sich uns, im Wagnis liebender Hingabe und Selbstvergessenheit, Dinge öffnen, die nur die Liebe erschließt. Oder aber sie läßt uns in Abhängigkeit von unserer Genußsucht geraten und bringt uns damit auf irgendeine Weise aus dem inneren Gleichgewicht. Dann verfallen wir dem Lustprinzip, werden durch exzessive Lustsuche in die Süchtigkeit getrieben oder in die resignierte Depression, wenn unsere Glückserwartungen unerfüllt bleiben. Dann wird Lust zum Gegner der Liebe, weil sie nur die eigene Befriedigung sucht; die Liebesfähigkeit verkümmert zu eitel-narzißtischer Selbstverliebtheit und bleibt fixiert an einmal lustvoll erlebte Befriedigungen, die wir immer wiederfinden wollen; und vor dem Geliebt-Werden-Wollen vergessen wir das eigene Lieben. Werden wir erst einmal von der Lust beherrscht, treibt sie uns nach immer neuen Reizen, nach stärkeren oder raffinierteren, noch unbekannten, und was beglückende Augenblicke der Erfüllung sein könnten, wird uns zu unwiderstehlichem Zwang quälender Sucht.

Für den Mann kann eine starke Venusposition schwieriger zu leben sein als für die Frau; die damit verbundenen musischen und weiblich-einfühlenden Seiten auch beim Mann als Wert zu sehen fiel zumindest in einer Gesellschaft schwer, die an die Rolle des Mannes andere Forderungen stellte. Wenn im Horoskop keine ausreichenden Gegenkräfte vorhanden sind, können venusbetonte Männer zur Verweichlichung und zu weibischen Zügen neigen; bei entsprechender Biographie auch zur Homosexualität, hier meist auf betont narzißtischem Hintergrund: die Verliebtheit in sich selbst läßt sie nur das ihnen Ähnliche lieben; die Frau als das »ganz andere« lehnen sie ab, haben Angst vor ihr oder finden bestenfalls eine »Kavalierhaltung« ihr gegenüber.

In der Erziehung ist es besonders wichtig, die Neigung der Kinder zu passiver Bequemlichkeit und dazu, sich nur auf ihren Charme zu verlassen, zu bekämpfen. Da »Venuskinder« beiderlei Geschlechts meist viel Charme haben, einschmeichelnd und zärtlich sind, werden sie leichter als andere verwöhnt und verführen zum Verwöhnt-Werden; so kann es früh eingespurt werden, daß sie auch später vom Leben Verwöhnung erwarten. Manchem venusbetonten Menschen ist seine Schönheit zum Schicksal geworden, die ja nur zu leicht zu einem Danaergeschenk wird, wenn er den ihr gezollten Tribut zu selbstverständlich hinnahm ohne Gegenleistung. Für die Integration des Venushaften ist vor allem die Pubertät wichtig und die erste Begegnung mit dem anderen Geschlecht, die oft genug bereits eine unbewußte Wiederholung von Beziehungen aus der Kindheit ist.

»Venusfrauen« sind für den Mann ungemein reizvolle verführerische Animafiguren; sie pflegen alle Formen des Werbens und Verführens zu beherrschen, von einschmeichelnder Zärtlichkeit, Koketterie und bezauberndem Charme bis zu differenzierter Erotik und verlockender

Sinnlichkeit. Sie können aber auch in eitel putzsüchtiger und gefall-süchtiger Weise das Venusische mißverstehen, ein verzerrtes Wert-empfinden entwickeln, das von der Geschmacklosigkeit, Distanzlosig-keit bis zur Taktlosigkeit reicht; oder sie suchen in wahlloser Liebelei nach immer neuer narzißtischer Bestätigung, die sie nur im Umwor-ben-Werden glauben finden zu können, nur zu bereit, jeder Schmei-chelei zu glauben. Im Extremfall finden wir unter ihnen die Dirnen aus Verführbarkeit durch Luxus und Bequemlichkeit.

Ein Venusumlauf währt 225 Tage; wir können den Zeitpunkt ihres ersten vollendeten Umlaufs mit der ersten vollzogenen geglückten Bindung des Kindes an die Mutter zusammenschauen, die in der »Achtmonatsangst«, wie sie R. Spitz beschrieben hat, zum Ausdruck kommt: um diese Zeit erkennt das Kind seine Mutter, unterscheidet sie von anderen Menschen und beginnt zu »fremdeln«, wenn sich statt ihrer jemand anderer ihm nähert.

Eine Welt ohne Venus – das wäre eine farblose und lieblose Welt, in der sich die Dinge »hart im Raum« stoßen würden, die Menschen sich nur als Gegner und Rivalen sähen oder als Objekte ihres Macht-willens, eine Welt ohne Eros, ohne Nächstenliebe und Empathie. Noch in seinen Zerrformen läßt das Venusische das Transzendieren-Wollen erkennen, so daß Freud schreiben konnte, daß »sich die Allgewalt der Liebe nirgends stärker als in diesen Verirrungen zeige«. Selbst dort; aber die Sehnsucht nach einem er-gänzenden Du, nach dem Be-schenkt-Werden durch Schenken gehört ohne Zweifel zum Schönsten, was das Leben zu geben hat und was wir Menschen einander geben können. »Nichts lieben, das ist die Hölle.«

MARS

Der Handelnde ist immer gewissenlos.

Goethe

In schroffem Gegensatz zu Venus mit ihrem Streben nach Harmonie und Ausgleich ist die Gestaltkraft Mars reine expansiv-motorische Energie, »kinetische Energie«, die sich voller Dynamik entladen will, ungehemmt durch Rücksichten, die geradlinig auf dem direktesten Weg zum Ziel alles überrennt, was sich ihr dabei in den Weg stellt. Wir erleben diese Kraft primär als Bewegungsdrang, Bewegungsfreude, als Lust an der Aktivität, am Tun, an dem sich unser bewußter Wille entwickelt, der verändernd, formend und gestaltend in die Welt eingreift oder Bestehendes zerstört, wenn es ihn einengt, ihm Widerstand bietet. Wer sich dieser Kraft nicht bewußt ist, der erlebt sie wie ein Getrieben-Sein, wie ein Gar-nicht-anders-Können, als einem dumpfen, ihn vorwärtstreibenden Ansporn zu folgen, und vermeint dann oft, das gewollt zu haben, was doch nur Getrieben-Sein war.

Das »reine Marsprinzip« hat etwas Elementares, hat etwas von einer Urkraft, die nichts anderes will, als sich spontan zu entladen, sich zu betätigen. Psychologisch können wir Mars als das zentrifugale Prinzip gegenüber dem zentripetalen venusischen bezeichnen, das uns aus dem passiven Lusterleben heraustreibt in die Tat. Dabei ist die Auswirkung dieser Kraft zunächst völlig wertfrei; sie erinnert darin an die noch ungekonnte, unkontrollierte und ungezielte Motorik des Kindes, die reine Betätigungslust ist ohne aggressive oder zerstörerische Absicht – zu dieser kommt es erst, wenn der propulsive Entladungsdrang auf Hindernisse trifft. So ist diese Kraft weder gut noch böse, sie ist gleichsam »Kraft an sich«, »Trieb an sich«. Die Stellung und Bestrahlung des Mars im Horoskop gibt ihm dann eine bestimmte Richtung und Zielsetzung; die Zeichen Widder und Skorpion gelten als die ihm gemäßesten.

Unter dem Einfluß eines starken Mars stehen heißt daher: vorwärts drängen, voller Lust an der Aktivität, nie haltmachen, das jeweils

Erreichte hinter sich lassen, getrieben von einem unwiderstehlichen Drang, einem fordernden Willen, der keine Ruhe, keine Entspannung, keine Müdigkeit kennt – »wer rastet, der rostet« entspräche seiner tiefsten Überzeugung, und so ist er wohl auch ein Teil von »jener Kraft, die stets das Böse will und stets das Gute schafft.« Robuste Derbheit, auch Grobheit und Unsensibilität zeichnen den Menschen mit starkem kritischen Mars aus; er hat etwas Streitbares, Intolerantes, er sucht sich auf jede Weise durchzusetzen. In den damit unvermeidlichen Zusammenstößen mit der Umwelt liegt die Chance, sich seiner Wirkung auf andere bewußt zu werden und seine Verhaltensweisen zu korrigieren.

Auf verschiedenen Wesensebenen erleben wir das Marsische als Bewegungsfreude, als Willenskraft und Leistungswillen; als Begehren und Eroberungslust; im Doppelaspekt des Antreibens und des Getrieben-Werdens. Wir begegnen ihm in unserer Neigung zum Rivalisieren und zum Rekord, zur Höchstleistung; als Ehrgeiz und Geltungsstreben. Wir kennen Mars aber auch als heftigen Affekt, als Wut und Jähzorn, als unsere Haßfähigkeit und Zerstörungslust. Und wieder in anderen Facetten als den Mut zum Wagnis, zum Risiko und zur Initiative, zum Verändern des Vorgefundenen nach unserem Willen. Viele dieser Facetten sind Ausdruck unseres Selbsterhaltungstriebes, der durch Angriff und Verteidigung, durch den Feind einschüchterndes Droh- und Imponiergehabe sich jener archaisch-instinkthaften Kraft bedient, der im Notfall jedes Mittel recht ist, um zu überleben.

So unterstehen diesem Gestaltprinzip im Gesamtorganismus die zum Selbsterhaltungstrieb gehörenden Kampfinstinkte, die Durchsetzungskraft und die auf Sicherung und Erweiterung des Lebensraumes zielenden Tendenzen. Symbolisierte das Venusische das Bindende, so Mars das Trennende und Scheidende; es ist, als ob sich der Mensch durch Mars aus der venusischen Sehnsucht nach Bindung losreißen muß, um seine Eigenständigkeit zu gewinnen und frei zu werden für Tat und Handeln. Wenn Mars seinen ersten Umlauf vollzogen hat, was mit rund eineinhalb Jahren der Fall ist, fällt das in der kindlichen Entwicklung zeitlich mit dem ersten Trotzalter zusammen, zumindest mit deutlichen Versuchen, sich aus der engen Mutterbindung zu lösen, und mit den neu erworbenen Fähigkeiten: der zunehmenden Körperbeherrschung und des Eigenwillens – auf die Welt zuzugehen, mit ihr etwas anzufangen. In diesem sich trennenden Loslösen wird Mars zu einem wichtigen Faktor des Individuationsvorganges.

Organisch wird diesem Gestaltprinzip der Wärmehaushalt des Körpers zugeordnet, der Eisengehalt des Blutes und die Arterien; ferner die männlichen Geschlechtsorgane sowie die Muskelentwicklung; auch eine Beziehung zur Galle wird ihm zugeschrieben. Affektionen marsischer Herkunft pflegen akut-fiebrig zu verlaufen; entzündliche Prozesse durch organische Überaktivität sind seine Krankheitsformen. Mars hat eine Beziehung zum Urethralen und Phallischen im Sinne der Psychoanalyse; dem von ihr beschriebenen Zusammenhang des Urethralen mit dem Ehrgeiz und dem Geltungsstreben entsprechen die Zuordnungen des Mars zu diesen Gebieten in der Astrologie. Mit Saturn zusammen hat Mars auch eine Beziehung zum Analen, wieder im Sinne der Psychoanalyse, wobei Mars die Funktion des trennenden Ausstoßens, Saturn die retentiv-zurückhaltende Seite entspricht; kritische Aspekte beider Planeten ergeben daher oft als »analsadistisch« benannte Strukturanteile.

Wem das Schicksal einen dominierenden Mars zugedacht hat, für den ist es am wichtigsten, für diese Kraft Wert- und Zielvorstellungen zu finden, an denen er sie erproben und konstruktiv anwenden kann. Fehlen solche Ziele, oder ist das Marsische nicht ausreichend in die Gesamtpersönlichkeit integriert, so verselbständigt es sich im Sinne eines »autonomen Komplexes«, der, unkontrolliert, destruktiv wird. Der Mensch kann seinen Drang zu aktiver Umgestaltung des Vorgefundenen einsetzen in konstruktiver Tätigkeit und damit oft fortschrittliche Impulse geben; er kann sich aber auch in aggressiv-zerstörerischer Weise mit der Welt auseinandersetzen, sich und andere gefährdend. So ist das Marsische eine ebenso mächtige wie gefährliche Kraft, und selten liegen Chance und Gefahr so nahe beisammen wie bei ihm. Immer neigen wir durch Mars zur Übertreibung: Mut entartet zum Übermut, Wagnis zur Tollkühnheit, Entschlossenheit zur Rücksichtslosigkeit, Wettkampf zur Rekordsucht, Erobern zum Vergewaltigen, Spontaneität zur Willkür, Begehren zur Gier, Aktivität zu rastloser Geschäftigkeit.

So sind Marsprobleme letztlich Probleme der Selbstzucht, der Selbstbeherrschung, der gekonnten und kontrollierten Aggressivität und der Fairneß sowie der Einsicht, daß der Wille allein nicht alles vermag, daß der Mensch auch warten und geschehen lassen lernen muß, Geduld und Rücksichtnahme. Gezügelt durch andere planetare Kräfte, vor allem durch Sonne, Merkur und Saturn, entwickelt er seine positiven Eigenschaften: Mut, Intensität, Leidenschaftlichkeit, Unbedingtheit, Bestimmtheit und Entschlossenheit, Einsatzfreudigkeit und Ritterlichkeit. Seine Hauptgefahr liegt in Hemmungslosigkeit, Reizbarkeit und Unbedenklichkeit, und in einer Aggressivität, die im Extrem rachsüchtig und sadistisch wird.

Venus und Mars verkörpern die weiblich werbende und die männlich erobernde Seite in der Beziehung der Geschlechter; Hingabe auf der einen, Begehren auf der anderen Seite, Eros und Sexus. Ist das Marsische in uns zu schwach angelegt, fehlt es uns an Durchsetzungskraft, an »Ellenbogen« und wir werden leicht das Objekt des stärkeren Willens anderer. Bei dominierendem, kritisch gestelltem Mars pflegt dem Menschen seine Triebhaftigkeit und Unbeherrschtheit zum Problem zu werden. Unter entsprechenden horoskopischen und biographischen Bedingungen finden wir triebhafte Charaktere, sexuelle Konflikte und schizoide Überaggressivität. Hysterische Strukturanteile hängen mit überwertigem Geltungsdrang und Rivalisieren zusammen. Früh gestaute, frustrierte Motorik und Expansion kann zu schweren Zwangserscheinungen, zu Tics und auch zu Lähmungen führen, oder zu gefährlichen Durchbrüchen des Unterdrückten bis zum Amoklaufen. Schizoide Anpassungs- und soziale Einordnungsschwierigkeiten entstehen oft auf dem Hintergrund früh erlebten Abgelehnt-worden-Seins wegen der die Umgebung »störenden« Motorik, dem lauten Wesen und der Aggressivität; so können auch asoziale Verhaltensweisen entstehen. Durch schroffe Entweder-Oder-Haltungen erschwert sich der Mensch hier seine mitmenschlichen Kontakte, durch Kompromißlosigkeit bis zu sturem Eigensinn und zu intoleranter Rechthaberei.

Erzieherisch ist es wichtig, den motorischen Drang und die Bewegungsfreude des Kindes nicht – vor allem nicht zu früh – einzudämmen, durch sie vorkommende Zerstörungen nicht primär als Absicht zu lesen. Andererseits sollte man den Drang zum Rivalisieren und Überrunden anderer nicht noch unterstützen, sondern ihm durch sportliche Betätigung und die dort geforderte Fairneß eine gesunde Integrationsmöglichkeit geben. »Marskinder« sind »unbequem«, werden leicht als lästig empfunden und erfahren deshalb mehr Rügen, Gebremst-Werden und Einschränkungen als stillere Kinder; sie zum Gehorsam zwingen zu wollen ist mit Sicherheit gefährlich und schädlich. Man sollte dagegen die gestalterischen Fähigkeiten des Kindes ansprechen, seinen Sinn für das Heldische und sein Bestätigt-werden-Wollen im sich Bewähren; sollte ihm helfen, konstruktive Möglichkeiten für seinen Tatendrang zu finden. Wir dürfen nicht vergessen, daß eine freie, aber kontrollierte »gekonnte« Aggressivität viel mit dem Gefühl unserer persönlichen Würde, mit unserem Selbstwertgefühl zu tun hat;

daß unterdrückte Aggressivität uns linkisch, feige und duckmäuserisch macht, wenn nicht hinterhältig und intrigant. Die freie Verfügbarkeit unserer Aggressivität ist zudem unerläßlich für alle konstruktiven, gestalterischen Tätigkeiten. Autorität wird das marsbetonte Kind nur anzuerkennen bereit sein, wenn sie ihm imponiert und Seiten in ihm anspricht, die ihm reizvoll erscheinen als Vorbild; dieses spielt eine besonders große Rolle, weil die expansiv-dynamische Marskraft sich zunächst am Vorgelebten ausrichtet. Autoritäre sowie Eltern ohne Autorität wirken sich besonders gefährlich aus; der Mangel an »Halt«, an gesunder Begrenzung kann zur Basis von Angstneurosen werden; es ist oft sehr schwer, das richtige Maß an Grenzsetzung und Freiheit zu finden; ruhige Konsequenz dürfte erzieherisch am wirksamsten sein.

Frauen mit einem starken Mars haben es – hatten es zumindest – in unserer Kultur nicht leicht. Können sie ihre quasi männlichen Seiten nicht adäquat leben, kommt es bei ihnen leicht zum »männlichen Protest«; der Mann wird dann von ihnen als Gegner und Rivale erlebt und bekämpft, und es kann zu einem tragischen Vorbeileben an der eigenen Weiblichkeit kommen, zum Steckenbleiben in Protesthaltungen, die jede Partnerschaft erschweren, wenn nicht unmöglich machen. Wir finden hier bei entsprechender Biographie hysterischphallische Frauen im Sinne der Psychoanalyse, mit »kastrierenden«, streitbar-streitsüchtigen Verhaltensweisen dem Manne gegenüber, mit Dominieren- und Führen-Wollen. Bei entsprechender Partnerwahl, gleichsam mit Rollentausch, kann das durchaus befriedigende partnerschaftliche Beziehungen ergeben. Die rivalisierende und den Mann abwertende Einstellung zum Männlichen führt zu Hingabestörungen; auf solcher Basis kann es auch zu lesbischen Beziehungen kommen. Sonst sind solche Frauen tüchtig, voller Tatkraft, leidenschaftlich; oft sind sie der erobernde Teil in einer Partnerschaft, können auch der führende Teil sein, ohne es ausdrücklich zeigen zu müssen.

Unsere »Leistungsgesellschaft« bietet marsischen Impulsen eine nicht ungefährliche Ebene, denn sie begünstigt eher die kritischen Seiten dieses Prinzips: Streß, Managertum und Rekordsucht, Konkurrenz und Mangel an mitmenschlichem Respekt, Rücksichtslosigkeit und unkontrollierte Aggressionen. Um so wichtiger ist es, daß wir mit den durch die Aufhebung autoritärer Tabus freigewordenen Marskräften, die sich auch in dem Aufruf zur antiautoritären Erziehung kundgeben, eine echte Autorität in uns selbst entwickeln, welche die »sublimierten« Seiten dieses Prinzips zu Worte kommen läßt: Mut, Fairneß, Ritterlichkeit und vorbildliche Selbstbeherrschung.

JUPITER

Wir brauchen eine Sittlichkeit, die sich auf die
Liebe zum Leben, auf Freude am Wachstum
und wirklichen Erfolgen, nicht aber auf Unterdrückung und Verbote gründet.

Bertrand Russell

Wie wir die marsische Kraft elementarer Triebe, der ausgreifend-zu-
packenden Aktivität in uns kennen, so tragen wir auch den Impuls
in uns, unserem Leben einen Sinn zu geben. Wir kennen die Sehnsucht nach der Fülle, dem Überfluß, nach der barocken überschäumen-
den Lebensfreude, nach der Großartigkeit des Lebens, die alle Höhen
und Tiefen umgreift – eine Sehnsucht, die wir als unerschütterliche
Daseinsfreude, als Liebe zum Leben bezeichnen können. Dieses un-
eingeschränkte Ja zum Leben, das zutiefst getragen wird von unserem
Glauben an einen Sinn des Lebens, auch unseres eigenen Lebens,
erfaßt die Astrologie im Symbol des Jupiters, des Göttervaters Zeus der
griechischen Mythologie.
Mit Jupiter ist in der Astrologie die Zielsetzung gegeben, aus allen
Situationen das jeweils Bestmögliche zu machen, allem Erleben und
Geschehen einen Sinn zu geben; er symbolisiert, so Thomas Ring,
»das schöpferische Wagnis über das nur Zweckmäßige (Merkur),
Ästhetische (Venus), Nützliche (Mars) und Notwendige (Saturn) hinaus«. Psychologisch würde am ehesten der Begriff der Reife dem Jupiterhaften entsprechen – Reife, als das zu erreichende mögliche Opti-
mum unserer Selbstverwirklichung. Damit ist eine Zielvorstellung gegeben, ein »Sinn« – die Sinnlosigkeit des Lebens als Anschauung zu
vertreten oder in seinem eigenen Leben keinen Sinn zu sehen bzw.
ihm keinen zu geben wäre die größte Sünde gegen das Jupiterhafte
in uns.
Wir sehen, hier geht es um eine wesentlich ethische oder metaphysische Dimension, und so ist denn auch der Wertmaßstab des Menschen, der unter starker Jupitereinwirkung steht, ein sittlicher oder
metaphysischer, der nach echt oder unecht, sinnvoll oder sinnlos be-
wertet, nach gut und böse. Hier schwebt dem Menschen keine enge
und fragwürdige Paragraphenmoral vor, die verbietet und gebietet

nach starren Grundsätzen, die in ihrer Überforderung etwas Lebensfernes und Unmenschliches bekommen; auch nicht die Moral mit doppeltem Boden, die den Zweck die Mittel heiligen läßt, sondern ein Ethos, das auf dem Glauben an sittliche Werte und an die Würde des Menschen beruht, im Sinne des vorangestellten Zitates.

Wir erleben das Jupiterhafte in uns am allgemeinsten als eine Gestaltkraft, die uns zur Vollständigkeit drängt, zur ganzheitlichen Abrundung unseres Wesens, die wir als Ahnung in uns tragen, von der uns indessen immer nur ein Ausschnitt zu leben gewährt ist. Im Bereich des Jupiterhaften ist der Raum für Philosophie; für eine lebensnahe Philosophie, die über den Menschen und das Leben nachdenkt, was recht eigentlich erst möglich wird, wenn der Mensch sich die notwendigen Existenzbedingungen einigermaßen geschaffen hat. Dann kann er sich Fragen zuwenden, die über den engen Alltag und seine Egoismen hinausführen, sozialen und religiösen Fragen, Sinnfragen, und dem Bemühen, das Erkannte in den ihm gesetzten Grenzen zu verwirklichen.

Die Funktion des Jupiter im Gesamtorganismus ist auf die bestmögliche Entfaltung aller Wesenskräfte ausgerichtet. Er vermittelt die Fähigkeit, über uns hinaus zu streben, und eröffnet uns den Zugang zum Überpersönlichen, sei es im sozialen, ethischen, religiösen oder metaphysischen Sinn. Wir erleben die Jupiterkraft als gläubiges, hoffendes Vertrauen in das Leben und in unsere Entwicklungsmöglichkeiten, in unseren Zukunftsentwurf; als eine Kraft, die uns über den jeweiligen Augenblick hinweg – den wir dennoch voll annehmen – auf das noch zu Erreichende ausrichtet, im Sinne der mit der Reife gemeinten, geahnten Wachstums- und Entfaltungsmöglichkeiten.

Organisch ordnet die Astrologie diesem Gestaltprinzip die Leber zu und setzt es in Beziehung zu den aufbauenden Assimiliationsprozessen im Körper, zur Ernährung und zum Wachstum. Thomas Ring spricht von ihm als dem Prinzip, das »die Einzelprozesse im Hinblick auf das Wohl des Ganzen steuert, das Vermehrung der Substanz und Speicherung von Überschußreserven (Fettreserven) bewirkt«. Daraus wird auch verständlich, daß bei Überfunktionen dieses Prinzips Wucherungen u. ä. entstehen und daß dementsprechend Maßlosigkeit seine Gefahr ist; die astrologische Tradition nennt die Völlerei als sein Laster, Mäßigkeit als die zu übende Tugend, die hier gesundheitlich besonders zu beachten ist. Vor allem Saturn ist ein wichtiges Regulativ für jupiterhafte Unmäßigkeit.

Der Mensch, in dessen Horoskop Jupiter dominiert, hat aus dem Gefühl der Fülle etwas Schenkendes, sich Verschwendendes; das Bewußtsein der Menschenwürde macht ihm soziales Empfinden selbstverständlich; er vertritt die Gerechtigkeit und Humanität. Aufgrund seiner lebensbejahenden Einstellung und seines Eintretens für seine Überzeugungen, sowie aufgrund des »feed-back«, das er dadurch von der Umwelt bekommt, hat er gleichsam ein »Talent zum Glück«. Er hat Humor, hat etwas Epikuräisches, das bei engen Zielvorstellungen ins Jovial-Positivistische übergeht, in wichtigtuerische oder behäbige Spießbürgerlichkeit und Genüßlichkeit, verbunden mit einer schwer zu erschütternden Selbstüberzeugtheit.

Jupiterprobleme sind nach dem Vorbeschriebenen vor allem Probleme der Echtheit und der sittlichen Reife. Wir finden unter jupiterbetonten Menschen sowohl großformatige Persönlichkeiten mit Weitblick, lebensnahem Idealismus und Lebensweisheit, als auch aufgeblasene, salbungsvolle, selbstgerecht-pathetische Zerrformen, Menschen, die gleichsam an »Ich-Blähungen« leiden, die gönnerhaft andere an ihrer Großartigkeit partizipieren lassen, mit der Überzeugung, daß »quod licet Jovi, non licet bovi«. Zwischen schenkender Großmut und anmaßender Großspurigkeit; zwischen zukunftsgläubigem sich Einsetzen für erkannte Werte und naivem Opportunismus; zwischen dem Verpflichtungsgefühl gegenüber seiner glückhaften Anlage und pharisäischem Selbstgenuß liegen die möglichen Formen, das Jupiterhafte zu verwirklichen; in den Zeichen Schütze und Fische kann es sich am reinsten entfalten.

Bei starken kritischen Jupiterpositionen im Horoskop kommt es zu hypomanischen Strukturelementen, die, unter besonderen familiären und anderen horoskopischen Einflüssen, sich bis ins Manische steigern können, in Verschwendungssucht, Spielertum und Hochstapelei. Aber wir finden auch Menschen mit einem betonten moralischen oder ideologischen Überbau, der zu fragwürdigen Missionsgefühlen führen kann, die mit schwer korrigierbarer Überzeugtheit vertreten werden. Die richtige Selbsteinschätzung kann zur Klippe in den mitmenschlichen Beziehungen werden, ebenso der damit zusammenhängende unverwüstliche Lebensoptimismus, der sich den Glauben, die Ideologie oder Überzeugung schafft, durch die der Mensch sich abschirmt gegen alle Beunruhigungen. Sind Jupiter im Horoskop zu wenig bremsende Kräfte gegenübergestellt durch saturnische Grenzsetzung und merkurische Kritik, führt das zu einem schwachen, zu toleranten Über-Ich oder Gewissen, das die eigenen Schwächen und Fehler zu leicht nimmt und immer eine Entschuldigung für sie bereit hat oder sie verharmlost.

Seine Größe liegt in vorbildlich gelebter Menschenwürde, die er priesterlich, therapeutisch oder sozial für humane Ziele einsetzt.

Erzieherisch ist es besonders wichtig, das empfindliche Gerechtigkeitsgefühl des jupiterbetonten Kindes zu respektieren, zugleich, ihm Identifikationsmöglichkeiten für sein Bedürfnis nach sinnvollen, erfüllenden Zielvorstellungen anzubieten; die Lektüre der Biographien oder Autobiographien von Menschen, deren Größe in ihrem Ethos und in ihrer Menschlichkeit lag, pflegt solche Kinder besonders anzusprechen und kann erzieherisch empfohlen werden. Der früh spürbare und oft von der Umgebung bewußt oder unbewußt unterstützte naive Glaube an das eigene Glück kann gefährlich werden, wenn er in das Gefühl oder die Überzeugung ausartet, daß einem »nichts passieren« könne, daß man ein Glückskind sei, bei dem sich immer alles glückhaft wenden müsse. So ist es wichtig, in solchen oft anlagemäßig tatsächlich begünstigten Kindern das Gefühl der Dankbarkeit und der Verpflichtung für solche Gaben zu wecken statt den Anspruch auf Glückserwartungen, die ihnen »zustehen«. Manche können indessen dies Bevorzugtsein auch als Belastung empfinden, als unverdiente Begünstigung, die sie eher bedrückt; sie neigen dann oft zum »Tiefstapeln«.

Frauen mit einer starken Jupiterposition im Horoskop können ein überzeugendes menschliches Format entwickeln; sie werden oft Persönlichkeiten mit Würde und Weiträumigkeit, können großmütige und tolerante Partnerinnen sein, deren Selbstwertgefühl so in ihnen selbst wurzelt, daß sie vom Partner nicht, wie viele andere Frauen, immer eine Bestätigung brauchen; sie wollen an und mit ihm reifen, in wechselseitiger Persönlichkeitsentfaltung. Sie sind sehr empfindlich in bezug auf die Echtheit des Partners, fordern und erwarten Aufrichtigkeit von ihm, und verzeihen Unechtheit und Verlogenheit am schwersten. Natürlich ist hiermit die vornehmste Möglichkeit skizziert; daneben gibt es schlichtere Gestalten geselliger Bonhomie, pathetischer Selbstgefälligkeit und bürgerlicher Zufriedenheit, die aber auch meist noch etwas Wohlwollendes an sich haben.

Betrachten wir unsere Gegenwart, können wir uns nur wünschen, daß das Jupiterhafte in seiner echten Form mehr zur Geltung käme, daß wir den »inneren« Jupiter stärker entwickelten und daß auch die, die uns führen und regieren, sich mehr auf ihn besännen. Dann hieße es wieder zuerst Sinn statt Zweck, Lebensfrömmigkeit statt Lebensangst, Zusammenschau statt Detailwissen, Sittlichkeit statt Moral oder Sittenlosigkeit, Sinngebung statt Sinnlosigkeit und Persönlichkeit statt Managertum.

SATURN

Die Freiheit besteht in erster Linie nicht aus
Privilegien, sondern aus Pflichten.

Albert Camus

In Saturn lernten wir bereits früher das kontrahierende Gestaltprinzip
kennen, das in seiner abgrenzenden und festigenden Funktion, im
schützenden Sich-Abheben von Umgebung im weitesten Sinne ein wesentlicher Faktor der Individuation ist. Antinomisch zum Jupiterhaften mit seinem Bestreben nach über sich hinausgreifender Wei-
tung und barocker Fülle entspricht dem Saturnischen die konzentrie-
rende Kräftesammlung durch Verdichtung, Verlangsamung und Beschränkung, deren reinste Ausdrucksform die stoffliche Materie ist,
die White als »Energiearretierung« bezeichnet hat. Solche verdich-
tende Festigung ist immer auch eine Festlegung, und das isolierende
Sich-Abgrenzen erfordert die Ausbildung einer Eigengesetzlichkeit des
Abgegrenzten, mit bestimmten Struktureigenheiten. Damit wird Saturn zu einem Element der »Realität«, der unvermeidlichen, uns
festlegenden Gesetzmäßigkeiten in und außer uns auf allen Ebenen
des Lebens. Immer ist mit ihm etwas Schicksalhaftes, Unausweichliches
angesprochen, und so ist er der große Gegenspieler der Sonne, in der
durch beide gesetzten Spannung zwischen Freiheit und Notwendigkeit,
zwischen der Autonomie des Ichs und seinen Abhängigkeiten; diese
Problematik kann sich bis zum Tragischen steigern, wenn beide Kräfte
im Horoskop in hartem Widerspruch zueinander stehen.
Übertragen wir dieses Prinzip auf die seelische Ebene, entsprechen ihm
hier Konzentration und Ausdauer, letztlich das Streben nach unver-
änderter Beständigkeit, nach Festhalten des Erreichten, nach Dauer.
All das ist Ausdruck seiner schützenden und sichernden Funktion,
welche immer bedroht ist durch die Vergänglichkeit und durch »die
anderen« – die sich abschirmenden Haltungen lassen ihn vieles als
bedrohlicher erleben, als es oft ist: wer in einer Festung lebt, sieht in
jedem sich von außen Nähernden einen potentiellen Feind. So spiegelt

sich der Januskopf des Saturnischen einmal in notwendiger schützender Abgrenzung und Erhaltung des Bestehenden, zum anderen in überwertiger Abwehr und Sicherung aus Angst.

Wir stoßen bei ihm also auf ein Gestaltprinzip, das uns auf gesetzmäßige Abläufe, strukturbedingte Begrenzungen und unwandelbare Abhängigkeiten festlegt. Es läßt uns Dauer und Wiederholung des Vertrauten und Bekannten anstreben, mit dem Ziel der Selbsterhaltung durch Widerstandskraft und Stabilität, durch eine Unverletzlichkeit, wie sie Siegfried durch das Bad im Drachenblut zu erreichen hoffte. Saturn verkörpert damit die bewahrende Seite unserer Selbsterhaltungstriebe.

Im Annehmen unserer Abhängigkeiten, im Uns-Beugen unter unvermeidliche Notwendigkeiten, im Erkennen des Hinzunehmenden führt er uns zur Realitätsfindung und Realitätsannahme und wird damit ein wesentlicher Faktor des »Erwachsen-Werdens«, des Herauswachsens aus kindlich-magischer Wunschwelt. Orientierung in Raum und Zeit, den Koordinaten unserer Realitätsfindung, gehört zu ihm wie das Kausalprinzip als das Erkennen des Zusammenhangs von Ursache und Folge. Wird das Saturnische in uns überwertig, führt es zu starrem Festhalten am Gewohnten aus Angst, zu sich festlegendem nicht anders Dürfen; er läßt uns dann alles Neue fürchten, lebendige Entwicklungen scheuen oder bekämpfen – er wird zum Chronos der griechischen Mythologie, der seine Kinder nach ihrer Geburt auffrißt. Man könnte ihn auch den Planeten der Angst nennen; seine Angstabwehr ist im Seelischen die Verdrängung: er verdrängt, was uns innen als Versuchung beunruhigt, was Tabus angreift, und vermeidet, was außen als Gefahr erscheint; so kann er zum großen Vermeider werden. Im Bewußtmachen von Angstschranken, in der Überwindung der Lebens- und Todesangst liegt die Überwindung des Saturnischen in seiner einengenden, lebensfeindlichen Seite; glückt uns das, kann er der Führer zu tiefsten Wahrheiten und letzten Erkenntnissen werden, vor welche Angst und Grauen gesetzt sind.

Im Gegensatz zu Jupiter mit seinem Streben nach lebendiger Ganzheit und Vollständigkeit ist Saturn auf Vollkommenheit ausgerichtet, auf einen Perfektionismus, der das jeweils Angestrebte in dessen Grenzen zu höchster Vollendung bringen will. Im Gesamtorganismus ist seine Funktion, Erlebtes zu Erfahrungen zu verdichten, die unveränderlich gültig sind, in einem Lernprozeß, der immer den Doppelaspekt hat von erworbener Tradition und Geschichte als Erfahrungssammlung, andererseits von festlegender Einspurung und wandlungshemmender

Bahnung durch Erfahrung und Tradition. So ermöglicht uns Saturn sowohl die Kontinuität unserer Erlebnisse, das Lernen aus Erfahrungen, die Merkur vorbereitet, als er auch programmierend wirkt im wiederholenden Beharren auf Gelerntem; daher reicht durch Saturn Vergangenheit besonders intensiv in unser Leben. In diesem Beharren und der damit gegebenen Abwehr gegen Veränderungen, gegen alles Umlernen und neu Hinzulernen, wird er zur Quelle *der* Ängste, die jedes zu starre Festhalten-Wollen an einer Kontinuität mit sich bringt, durch das wir uns dem Fließen der Zeit und der Vergänglichkeit entziehen wollen.

Wie schon früher erwähnt, wird diesem Gestaltprinzip im organischen Bereich der Kalkhaushalt, der Knochenbau und das Stütz- und Bindegewebe zugesprochen, die Milz und das Knochenmark. Sehr wahrscheinlich besteht eine Beziehung zum Gehörsinn. Saturnische Erkrankungen hängen mit Stoffwechselverlangsamung, mit Verkalkungserscheinungen oder Kalkmangel zusammen und neigen, im Gegensatz zu den heftig-fiebrig verlaufenden Krankheitsprozessen bei Mars, zu chronisch-schleichenden Verläufen.

Saturn verleiht allen Vorgängen und Verhaltensweisen etwas Zögerndes, Haftendes, Schweres und Gründliches. In der Sprache der Psychoanalyse gehört zu ihm das »retentive Streben« (Schultz-Hencke), also das Zurückhalten und Nicht-Hergeben, Nicht-Loslassen, das seine Erstprägung in der »analen Phase« erhält; mit Mars zusammen regelt er auch das Abstoßen des nicht mehr verwertbaren Darminhaltes. Die im Organischen gegebene Doppelfunktion des Zurückhalten-Wollens und sich Trennen-Müssens symbolisiert schon hier die Saturnthematik, der auch im Seelischen die Pole von Festhalten und Loslassen, Eigensinn und Gehorsam, Trotzen und Nachgeben in allen möglichen Varianten entsprechen. In der saturnischen Neigung zu sich beschränkender Abgrenzung liegt zugleich ein Element des Verzichtens bis zur Askese; hatte der Mensch mit dominierendem Jupiter eine optimistische, epikuräische, vertrauende und manchmal auch nur »joviale« Lebenseinstellung, so ist der saturnbetonte Mensch der Stoiker, der Asket und manchmal nur der Pessimist und Misanthrop. Seine Stärke liegt im Ertragen, im konsequenten Zu-Ende-Führen und in zähem Durchhaltevermögen. Die Astrologie ordnet ihn dem Zeichen Steinbock und – mit Uranus zusammen – dem Wassermann zu.

Saturnprobleme sind Probleme der Elastizität, der Durchlässigkeit, der Angstüberwindung und letztlich der Bereitschaft zur Wandlung. Unter den saturnbetonten Menschen finden wir sowohl den ernsten, gewissenhaften und verläßlichen Pflichtmenschen, wie ihn das Zitat von Camus kennzeichnet; den verantwortlichen Träger von Aufgaben, die Sachkenntnis, Realitätsbewußtsein und Ausdauer erfordern, als auch den lebensängstlichen, sich bewahrenden und intoleranten Egoisten, den »gehemmten Menschen«. Die allgemeinste Auswirkung einer dominierenden Saturnposition im Horoskop ist die einer starken bis überwertigen Über-Ich-Funktion im Sinne der Psychoanalyse: die Tabus, Frustrierungen, Ängste und Schuldgefühle, die durch den »äußeren« Saturn – die Eltern und Erzieher als den Vertretern der Realität – gesetzt wurden, werden zum »inneren« Saturn, durch das Hereinnehmen ihrer Gebote und Verbote, und damit zum Über-Ich, zum biographisch entstandenen individuellen Anteil des Gewissens. Ob das Saturnische zu mehr schizoiden, depressiven oder zwanghaften Strukturanteilen bzw. Persönlichkeitsentwicklungen führt, hängt, neben biographischen Umweltfaktoren, auch von der Gesamtstruktur des jeweiligen Horoskops ab. Lastende Saturneinwirkungen führen oft zu negativistischen, lebensfeindlichen Verhaltensweisen oder Einstellungen, die von der Resignation bis zu der von Erich Fromm so benannten »Nekrophilie« reichen können, zum Haß gegen das Leben überhaupt, zu dämonischer Zerstörungslust, zu fanatischem Vernichtungswillen oder zu kaltem, verhärtetem Machtstreben, das über Leichen geht und alles Lichte und Lebensvolle zertritt.

Mit der Sonne gemeinsam besteht eine Zuordnung Saturns zum archetypisch Väterlichen, im Doppelaspekt des väterlich Segnenden oder der unversöhnlichen Strenge und autoritären Härte väterlicher Macht. Wer das Väterliche saturnisch erfährt, dem kann der Vater zum lastenden Schicksal werden, an dem er zerbrechen kann, weil er die Auflehnung gegen den Vater mit schweren Schuldgefühlen erlebt, die er mit – meist unbewußt bleibender – Selbstbestrafung sühnen muß. Als Gegenkräfte gegen das Überwiegen saturnischer Kräfte bedarf der Mensch der Entwicklung des Sonnenhaften in sich, als dem Bewußtsein seiner wenn auch begrenzten Freiheit; des Jupiterhaften als der liebenden Lebensbejahung, und des Marsischen als des Mutes zum Wagnis und zu kämpferischer Auseinandersetzung.

Saturn hemmt oder erschwert die Auswirkung aller anderen Gestaltprinzipien, zu denen er in kritischen Aspekten steht: der schöpferischen Freiheit der Sonne stellt er die Angst vor der Freiheit gegenüber; mondhaft flexibler lebendiger Rhythmus wird durch ihn zu festlegendem Takt; merkurische Relativität und Beweglichkeit dämmt er ein in festlegende Normen und Dogmen; venusischer Sinnenfreude stellt er die Askese gegenüber; marsischer dynamischer Expansion stellt er statisches Beharren gegenüber; jupiterhaftes Lebensvertrauen wird unter seinem Einfluß zu einengender »Weltanschauung«; gegen uranische Neuerungstendenzen setzt er die Tradition und gegen neptunische Grenzauflösung sichernde Abgrenzung.

Erzieherisch ist es wichtig, die große Bereitschaft saturnbetonter Kinder, sich mit Geboten und Verboten, mit Tabus und überichhaften Forderungen und Normen zu identifizieren, nicht noch zu verstärken, vor allem nicht durch Forderungen, die zu Überforderungen werden, wenn sie altersmäßig zu früh gestellt werden. Dagegen sollte man ihre Spielfreude unterstützen und ihnen eine bejahende Lebenseinstellung vermitteln, da sie an sich dazu neigen, zu vieles als Sollen und Müssen zu erleben. Die Neigung zur Verschlossenheit, zu Mißtrauen und einsamer Schweigsamkeit, sollte durch entgegenkommende Kontaktaufnahme aufgelockert werden – man läßt solche Kinder leicht zu viel allein, weil sie selbstgenügsam und wenig kontaktbedürftig erscheinen, und übersieht ihre Schwierigkeit, ohne Anreiz aus sich herauszugehen. Sie brauchen mehr als andere Kinder das Gefühl des Angenommenseins nicht nur aufgrund von Leistungen; man muß wissen, daß Saturnkinder leichter als andere zur Selbstablehnung, in extremen Fällen zum Selbsthaß neigen.

Frauen mit dominierendem Saturneinfluß haben etwas Herbes, Strenges und Kühles; sie besitzen alle Tugenden der Tüchtigkeit und Verläßlichkeit, sind seelisch belastbar und bewähren sich in schweren Zeiten besonders, während ihre Freudefähigkeit eingeschränkt werden kann durch überwertiges Pflicht- und Verantwortungsgefühl, das sie auch in die Liebesbeziehungen hineintragen können. Sie pflegen partnerschaftliche Beziehungen als schicksalhaft anzusehen, lösen sich deshalb auch von sie belastenden nur schwer, oft aus dem Gefühl, sie müßten damit fertig werden können. Als Mütter sollten sie sich davor hüten, die Kinder perfektionistisch zu überfordern; was sie nur durch Ermahnung und Verbot glauben erreichen zu können, könnten sie durch mehr Toleranz und Gefühlszuwendung oft besser erreichen – was sich auch auf ihre Beziehung zu sich selbst ausdehnen läßt.

So kann uns Saturn zum Schicksal werden, indem er uns an alle unsere Abhängigkeiten wie Erbanlagen, Umweltprägung, Tradition, an unser Gewordensein, unsere persönliche Geschichte, fixiert; das bezahlen wir mit der Angst vor Wandlung und mit der Einschränkung unserer Hingabefähigkeit im weitesten Sinne. Die Beziehung Saturns zum Tode ist nach alledem wohl einfühlbar: Verlangsamung der Lebensvorgänge, Festhalten am Gegebenen, Ausweichen vor der Wandlung – dem Urgrund alles Lebendigseins und aller Weiterentwicklung – bis zum Stillotand liegen auf der Linie des Sterbens im weitesten Sinne, führen zur Erstarrung und unbeweglichen Unveränderlichkeit; und so haben saturnische Ängste letztlich immer in irgendeiner Hinsicht mit der Angst vor dem Tode zu tun. Andererseits gibt er uns die Fähigkeit zur Einsicht in Notwendigkeiten und läßt uns reifen im Annehmen des Unvermeidlichen, im Annehmen unserer Grenzen – auch unserer zeitlichen Grenzen: das Bewußtsein unserer Sterblichkeit läßt uns das Leben tiefer und wesentlicher erleben, als wenn wir den Tod aus unserem Bewußtsein verdrängen. Und hierin liegt wohl die eigentliche Bedeutung Saturns: er führt uns zu Angstschranken, die wir gerade dadurch überwinden können, daß wir die Ängste annehmen; dann wird uns der »Hüter der Schwelle« zum sichersten Führer, der Notwendigkeit zur Not-Wende werden läßt.

URANUS

Man entdeckt keine neuen Erdteile, ohne den
Mut zu haben, alle Küsten aus den Augen zu
verlieren.   André Gide

Die bisher beschriebenen Gestaltkräfte, die Siebenzahl der alten »heiligen« Planeten, bilden ein organisches System, unser engeres Sonnensystem, in welchem jeder Planet ganz bestimmte Funktionen hat, die für das Gesamtgefüge unerläßlich notwendig sind. Keines dieser Gestaltprinzipien könnte ausfallen, ohne daß das Ganze gefährdet würde – wie in einem lebendigen Organismus auch kein Organ fehlen darf, ohne daß er als Ganzes betroffen und in Frage gestellt würde. Da wird im Jahre 1781 von Herschel ein neuer Planet entdeckt, dem man den Namen Uranus gibt, der plötzlich das altvertraute geschlossene Gefüge unseres Sonnensystems sprengt, eine Grenze überschreitet, die bisher durch Saturn gegeben schien. Ist es mehr als ein astronomisches bzw. optisches Phänomen, daß Saturn auch darin der »Planet der Grenze« ist, als er der äußerste unseres engeren Sonnensystems ist, den wir noch ohne optische Hilfsmittel erkennen können? Uranus und die beiden anderen bisher bekannten transsaturnischen Planeten, Neptun und Pluto, können wir nämlich mit bloßem Auge nicht mehr sehen; sie setzen unser Sonnensystem mit der über es hinausreichenden kosmischen Umwelt in Verbindung, lassen es gleichsam transzendieren. Ist es ein »Zufall« oder hat es tieferen Sinn, daß man die neuentdeckten Planeten mit den mythologischen Namen von Göttern benannte – vielleicht benennen »mußte« –, denen seelische Bereiche zugeschrieben waren, die erst mit der Entdeckung der neuen Planeten bewußtseinsfähig wurden? Und wie die transsaturnischen Planeten unser Sonnensystem mit anderen kosmischen Räumen in Verbindung bringen, es transzendieren lassen, so haben sie auch im individuellen Leben eine entsprechende ausweitende Wirkung.
Die Lebenserwartung des Menschen läßt ihn üblicherweise bei allen

Planeten – einschließlich Saturn, bei dem er rund 30 Jahre währt – einen vollen Umlauf erleben; bei Uranus mit seiner Umlaufzeit von 84 Jahren ist das schon viel seltener der Fall, und bei Neptun und Pluto gar mit 165 bzw. 249 Jahren Umlaufzeit reicht ein Menschenleben dafür nicht annähernd aus. So überschreiten die transsaturnischen Planeten, die in der Astrologie auch die transzendenten genannt werden, die bisherigen räumlichen und zeitlichen Grenzen unseres engeren Sonnensystems; auf der seelischen Ebene entsprechen ihnen demgemäß – analogisch-symbolisch gedacht – Funktionen und Fähigkeiten, die zu denen der ursprünglich bekannten Planeten steigernd oder ausweitend hinzukommen.

Uranus gilt der Astrologie als das Prinzip höchster Spannung, die mit explosiver Dynamik und eruptiver Plötzlichkeit zur Entladung drängt und radikale Veränderungen bewirkt. Wie um die abgrenzend-sichernde, kontrahierende Saturnfunktion aufzulockern, reißt Uranus neue Dimensionen auf; wir erleben ihn als eine Kraft, die den Rahmen des Gewohnten, die Traditionen, Bindungen und festgelegte Gesetzmäßigkeiten eines Systems sprengt, wenn diese unsere Eigenentwicklung einschränken oder zu bedrohen scheinen. So wird uns Uranus zur Forderung, unsere Individualität, die Einmaligkeit unserer Person auszubauen, Festes und Gesichertes aufzugeben im Wagnis, uns ganz auf uns selbst zu stellen; seine Gefahr liegt in uns isolierender, solipsistischer Egozentrik.

Astronomisch stehen die transsaturnischen Planeten zum Ganzen unseres Sonnensystems im Verhältnis des Goldenen Schnittes; daraus ergibt sich ein besonderes Beziehungsverhältnis zwischen Uranus und Merkur, Neptun und Venus sowie Pluto und Mars, ein Verhältnis, das Thomas Ring als »höhere Oktave« bezeichnet: es wiederholt sich in den transsaturnischen Planeten jeweils eines dieser Gestaltprinzipien des engeren Sonnensystems in einer anderen Dimension. Uranus gilt danach als die »höhere Oktave« des Merkur; er »transzendiert« das Merkurische, steigert es zu darüber hinausreichenden Fähigkeiten, zu blitzartig erkennender Zusammenschau, zur Intuition. Führte Merkur im Unterscheiden von Details, in gehäuften Einzelbeobachtungen und in denkerischen Einzelschritten zu Einsichten und Erfahrungen, so bringt Uranus den schöpferischen Funken hinzu, der die Einzelbeobachtungen wie in einem Zeitraffer in ganzheitlicher Schau zusammenfaßt. Vergleichbar dem »Aha-Erlebnis« in der Psychologie, erfahren wir durch ihn plötzliche Eingebung oder Erleuchtung, durch die uns der Sinn- oder Bedeutungszusammenhang von Einzelheiten in bezug auf das Ganze eines durchdachten Phänomens, gleichsam seine Idee, blitzartig »aufgeht«. Wir können daher diese Fähigkeit durchaus als eine höhere Stufe Merkurs, in gewissem Sinne als eine höhere Bewußtseinsstufe bezeichnen.

Uranus ist der Planet der plötzlichen Eingebungen; er faßt in äußerster Abstraktion komplexe Zusammenhänge und Vorgänge in Erkenntnisse zusammen, die jedoch erst möglich werden durch die »Vorarbeit« Merkurs. Ohne solche denkerische Vorbereitung bleiben Einfälle uranischer Art isoliert und unbezogen; sie wirken dann verwirrend oder zerstörerisch, oder einfach nur unverständlich, wenn sie aus verstehbaren Zusammenhängen gerissen wurden. »Geistesblitze« dürfen die Beziehung zur Realität nicht verlieren, sie bedürfen der kritischen Prüfung, sollen sie nicht zu fixen Ideen oder zur Ideenflucht werden.

Wir erleben das Uranische – vor allem in Verbindung mit Merkur – als eine besondere Form der Assoziation, vergleichbar den »Rösselsprüngen« im Denken, wie sie Schultz-Hencke einmal benannt hat. Dieses gleichsam Übersprungsdenken vermag sowohl überraschende assoziative Verknüpfungen herzustellen und damit aus eingefahrenen Denkbahnen und Denkgewohnheiten herauszuführen, scheinbar Unzusammengehörendes verbindend, und kann so zu neuen, verblüffenden Kombinationen gelangen. Es kann aber auch zu sprunghaftem, skurril-abseitigem Denken führen, das den zweiten Schritt vor dem ersten macht und sich in denkerische Sackgassen verrennt. So liegt seine Wirkung auf dieser Ebene zwischen den Polen kühn-hypothetischen, der Zeit vorausgreifenden, manchmal genialen Denkens, und andererseits unbeweisbarer, eigenwillig-unbelehrbar vertretener Denkkonstrukte, die die Realität »ver-rücken«.

Uranus gibt allen Verbindungen mit anderen Planeten etwas Spontanes, Unberechenbares, Exzentrisches, Gesteigertes bis Übersteigertes. Immer ist dabei charakteristisch das Sprunghaft-Extremistische der Abläufe, wodurch er ein Element der Wandlung, der meist plötzlichen, übergangslosen Umstellungen wird, die von befreienden Durchbrüchen bis zu katastrophalen Zusammenbrüchen führen können. Bei dominanter kritischer Uranusposition im Horoskop und ohne Bindung durch Gegenkräfte entsteht eine Lebenslinie, die immer wieder unterbrochen, abgerissen, gleichsam punktförmig verläuft, ohne Kontinuität. Solche Gegenkräfte sind die Sonne als integrierendes und zentrierendes, Saturn als realistisch begrenzendes Prinzip und Merkur durch scharfe Beobachtung und logisch-kritisches Denken. Die Auswirkung des Uranischen ist daher abhängig vom Entwicklungsstand eines Menschen: bringt es dem einen Klarsichtigkeit, kühnes Verlassen von erworbenen Verhaltensmustern oder Denkmodellen, den Mut zu totaler Neuorientierung, wirkt es sich bei anderen aus in ungekonnten Kurzschlußhandlungen, unüberlegten Entscheidungen und zerstörerischer Neuerungssucht. In der Betonung des einmalig Besonderen, der Originalität in allen Abstufungen wird er zu einem Element der Individuation. Mit Saturn zusammen ordnet man Uranus dem Zeichen Wassermann zu.

Die Funktion des uranischen Gestaltprinzips im Gesamtorganismus ist die der Spannung und Spannungsentladung; es hat eine Beziehung zu rhythmischen Vorgängen; seine Auswirkung liegt zwischen aktivierender Vitalspannung und spastischer Verkrampfung. Auf der physischen Ebene wird ihm eine noch nicht genügend geklärte Beziehung zum Nervensystem (Hirnhäute?) zugeordnet. Mit großer Wahrscheinlichkeit hat er eine Beziehung zum Anfallsgeschehen, zu Tics und sich verselbständigenden Durchbrüchen von Verdrängtem, zu spastischen Erscheinungen und Rhythmusstörungen. Uranische Affektionen pflegen plötzlich aufzutreten und heftig-intensiv zu verlaufen.

Uranusprobleme sind Probleme der Einordnung, der geduldigen Überlegung und realitätsbezogenen Konsequenz. Seine Spannweite umfaßt den Reformer wie den Revolutionär und Rebellen, den einsamen geistigen Bahnbrecher wie den überspannten Exzentriker, den Entwicklungen Voraussehenden wie den verschrobenen Utopisten. Der Mensch mit einer dominierenden Uranusposition neigt zu ungeduldiger Rastlosigkeit und zu extremen Verhaltensweisen im Sinne schroffer Entweder-Oder-Haltungen ohne Zwischentöne. Er erlebt sich wie unter einer Hochspannung stehend, die zur Entladung drängt, braucht und sucht aber immer neue Spannung. Die Intensität dieser Hochspannung drängt ihn zum Außerordentlichen, Ungewöhnlichen, oder auch nur zum Sensationellen und zur Überspanntheit, wo dann Schwindelzustände die Verstiegenheit psychosomatisch anzeigen können.

So finden wir unter starkem kritischen Uranuseinfluß schizoide Strukturanteile aller Schweregrade, mit großer Regelmäßigkeit ein überbetontes Einmaligkeitsgefühl bis zum Solipsismus. Zur Wahrung seines Individualismus läßt sich der Mensch schwer tiefer in Gefühlsbindungen ein – er hat eine starke Abwehr gegen oder Angst vor Abhängigkeit. Auch im emotionalen und triebhaften Bereich kommt es zu Übersprungs- und Kurzschlußhandlungen oder -reaktionen, auch hier fehlen ihm die »Zwischentöne«. Das erschwert seine Kontaktbeziehungen durch Abruptheit und Unberechenbarkeit und macht sein Verhalten schwer einfühlbar.

Eigenwilliger Lebensstil, Ablehnung jeder Anpassung und Norm können ihn mehr und mehr isolieren; im Grenzfall können paranoide Züge entstehen, wenn es nicht bei spleenig-skurrilen Originalen, arroganten Snobs oder krampfhafter Originalitätshascherei bleibt.

Hysterische Strukturanteile entstehen durch überwertigen Geltungsdrang, der sich nur im Ungewöhnlichen, Aufregenden und Sensationellen intensiv erlebt und sich bis zur Sensationslust steigern kann, die dann nichts »Normales« mehr befriedigt, nur noch Übersteigertes. Aber auch durch den Mangel an Kontinuität, durch die Sprunghaftigkeit, die alles Unangenehme und Störende glaubt überspringen zu können. So entstehen Lücken in der Weltbewältigung, die, weiterhin durch Übersprünge und Kurzschlußhandlungen überbrückt, dann die häufigen Neuanfänge und das Scheitern an immer denselben Problemen zustande kommen lassen. Es besteht offensichtlich eine Beziehung zum Urethralen. Auf der Basis von psychosomatischen Verkrampfungen finden sich öfter Potenzstörungen, Orgasmus- und Hingabestörungen.

Erzieherisch ist vor allem die Kontaktseite zu beachten – das Kind mit starkem Uranus wird leicht zum Einzelgänger und Außenseiter, weil es durch unübliche Verhaltensweisen und Anpassungsschwierigkeiten aus der Reihe, aus der »Norm« fällt. Die Umgebung sollte das nicht verstärken durch intrafamiliäre »images« von Besonderheit usf., dagegen zielstrebiges Planen und Zu-Ende-Führen von Angefangenem unterstützen. Andererseits muß man solchen Kindern ihr Unabhängigkeitsbedürfnis zugestehen und ihre Abneigung gegen jede Uniformierung respektieren. Der Hang zum Sensationellen wird oft familiär dadurch verstärkt, daß man nur besondere und ungewöhnliche Leistungen prämiert.

Frauen mit einem dominierenden Uranuseinfluß haben ein starkes Unabhängigkeitsbedürfnis und den Mut zur eigenständigen Gestaltung ihres Lebens, auch wenn sie damit vom Konventionellen abweichen. So wagen sie auch »freie« partnerschaftliche Beziehungen und neigen zur Emanzipation, die sie mit Selbstverständlichkeit leben oder demonstrativ fordern; auch lesbische Beziehungen sind nicht selten.

Für beide Geschlechter gilt, daß den uranusbetonten Menschen dauerhafte Bindungen schwerfallen; sie schwanken oft zwischen Reizhunger,

Abwechslungsbedürfnis, und dann plötzlichen, vorschnell eingegangenen Bindungen, die aber zu ebenso schnellen Abbrüchen und Trennungen zu führen pflegen, weil die Bindung innerlich zu wenig vorbereitet, das »Vorfeld« der Beziehung übersprungen wurde. So finden wir häufigen Partnerwechsel, meist auf der Basis des Suchens nach immer neuen, gesteigerten Erlebnissen, oder im Zusammenhang mit der etwas kurzatmig-ungeduldigen Art der Zuwendung und der geringen Bereitschaft, eine Beziehung sich entwickeln zu lassen; – »lieber ein Ende mit Schrecken, als ein Schrecken ohne Ende« könnte ein uranisches Sprichwort sein, wobei das Ende oft zu rasch herbeigeführt, bei Schwierigkeiten eine mögliche positive Änderung der Beziehung gar nicht versucht wird.

Unter der Forderung eines dominierenden Uranus zu stehen gibt dem Menschen ein elitäres Gefühl – »odi profanum volgus et arceo« könnte sein Leitspruch sein. Er hat einen hohen Anspruch an sich selbst, der ihn sowohl zu außerordentlichen Leistungen anfeuern wie in schwere Krisen stürzen kann. So kann das Uranische uns in vorausschauendem, manchmal genialem Denken Neuland entdecken, umwälzende Erfindungen machen lassen; es kann uns aber auch zu Exzentrikern, zu rebellischen »Störern« in der sozialen Gemeinschaft werden lassen. Die Fähigkeit zu plötzlichen Wandlungserlebnissen liegen ebenso in ihm wie die Gefahr kurzschlußartiger Selbstzerstörung. Manche Menschen erleben einen meteorhaften Aufstieg, dem aber ein plötzlicher Sturz folgt, wenn das Erreichte nicht genügend unterbaut war oder die Kräfte überschätzt, die Ziele zu hoch gesteckt wurden – das mythologische Bild vom Sonnenflug des Ikarus bietet sich als Vergleich an. »Uranusmenschen« suchen höchstmögliche Erlebnisintensität, suchen »Hochspannung«, auf welcher Ebene auch immer.

NEPTUN

... ein Gefühl, das ich die Empfindung der ›Ewigkeit‹ nennen möchte, ein Gefühl wie von etwas Unbegrenztem, Schrankenlosen, gleichsam ›Ozeanischen‹.

Romain Rolland an Sigmund Freud

Neptun, der zweite transsaturnische Planet, gilt als die »höhere Oktave« der Venus, im gleichen Sinne, wie Uranus als höhere Oktave des Merkur betrachtet wird. Neptun ist der Planet der Sehnsucht im weitesten Sinne, der Sehnsucht nach der Befreiung aus enger Ichbefangenheit. Wir erleben ihn als das grenzauflösende Prinzip und damit als antinomisch zum grenzsetzenden Saturn, erleben ihn, wie es das vorangestellte Zitat von Romain Rolland schildert, als die Empfindung der Ewigkeit, des Unbegrenzten. Neptun ermöglicht uns eine »Durchlässigkeit«, die unsere Begrenztheit als Individuum aufhebt, hierin antinomisch auch zu Uranus mit seiner Tendenz zur Betonung der Einmaligkeit des Individuums. Neptun läßt uns gleichsam zu Medien werden, die feinste Schwingungen erspüren und geöffnet sind für alles, was uns umgibt; durch ihn erleben wir die Teilhabe an überindividuellen Dimensionen, die sich steigern kann zum Erleben einer Art Allverbundenheit, in der wir uns als Teil des Kosmos fühlen und in der unser Alleinsein zum All-Eins-Sein wird. So kann er uns zur Ahnung des Grenzenlosen, uns alle Umfassenden führen, in dem Raum und Zeit »aufgehoben« sind im Doppelsinn des Wortes; er macht uns empfänglich für Metaphysisches und wird ein wesentliches Element unseres Bedürfnisses nach Transzendenz, das in der Mystik seine reinste Ausdrucksform findet.
Aber er kann uns auch gefährden, wenn wir, vor der Identität mit uns selbst ausweichend, in zu früher Grenzverwischung zwischen Ich und Umwelt uns verlieren, bevor wir uns selbst gefunden haben. Dann führt er zu einer Überfremdung unseres Wesens, die bis zu chaotischer Auflockerung unseres Persönlichkeitsgefüges gehen kann, zu konturloser Verschwommenheit und wahllosem Geöffnetsein für alles uns Erreichende. Verleiht uns Neptun die Fähigkeit zu visionären

Ahnungen und zu Erlebnissen, welche die uns gewohnte »Realität« zum Überwirklichen hin überschreiten, so ist die Grenze sehr schmal zum Mystizismus und zu Einbildungen bis zum Wahnhaften. Als höhere Oktave der Venus steigert Neptun deren Sinnlichkeit zum Übersinnlichen; er kann Hellfühligkeit bis zum Hellsehen und andere parapsychologische Fähigkeiten vermitteln. Ihr Wert- und Feingefühl steigert er zu feinstem ästhetischen Empfinden, ihre Einfühlungsfähigkeit zu weitestmöglicher Identifikation. Er kann aber auch zu Aberglauben, Spiritismus und zu rauschhafter Süchtigkeit verführen; manchmal zu einer Todessehnsucht, in schwer erkennbaren Formen der Selbstauflösung und Selbstauslöschung, die als solche nicht bewußt zu werden brauchen. Durchlässigkeit bringt die Gefahr der Persönlichkeitsüberfremdung mit sich; der Mensch mit einem dominierenden Neptuneinfluß ist gleichsam ein zu offenes System – nach innen zu den unbewußten Seelenschichten, nach außen zur Umwelt –, und die dadurch verfließenden Abgrenzungen erschweren die Unterscheidung von innen und außen, von Ich und Nicht-Ich, und damit die Orientierung in der Welt.

So symbolisiert Neptun den Bereich der Seele, aus dem uns sowohl Ahnungen, Inspirationen und visionäre Eingebungen kommen, Wahrträume und mit dem Verstand allein nicht mehr zu erfassende Gewißheiten; aber auch halluzinatorische Phantasien, Selbsttäuschungen, Wahnwahrnehmungen und wirklichkeitsfremde Wunschträume. Wenn Uranus in blitzartigen Erkenntnissen Grenzen sprengte, löst Neptun sie auf in einem ungemein feinen Austauschgeschehen wechselnder Durchdringung zwischen Ich und Außenwelt, Bewußtsein und Unbewußtem. Es läßt sich verstehen, daß wir diesem Gestaltprinzip nur gewachsen sind, wenn wir einen stabilen Ichkern, Persönlichkeitskern entwickelt und die Identität mit uns selbst gefunden haben – sonst droht die Gefahr wehrlosen Überflutet-Werdens durch die aufgenommenen Fremdeinflüsse, die uns ausfüllen können bis zur Selbstentfremdung und Ichlosigkeit.

Die Funktion dieses Gestaltprinzips im Gesamtorganismus ist das uns In-Beziehung-Setzen mit der kosmischen Umwelt; im Gegensatz zu Saturn, dem Grenze das Trennende und Abgrenzung das Schützende bedeutete, wird Grenze hier als sich Berühren und als Verbindung erlebt, als Übergang. Versenkung und Meditation sind die Mittel dafür, wenn wir die Bereitschaft haben, die mit solcher Durchlässigkeit auch gegebene größere Leidensfähigkeit anzunehmen, und nicht in

weltflüchtiger Nabelschau uns einem verfeinerten Narzißmus ergeben. Auf der physischen Ebene wird Neptun eine Beziehung zur Hypo-
physe und zum Nervensystem (Sensorium) zugesprochen. Mit der allgemeinen Sensibilisierung, die eine starke Neptunstellung mit sich
bringt, hängen auch Synästhesien, Idiosynkrasien und eine Neigung
zu Allergien zusammen, eine größere Infektionsbereitschaft unspezifischer Art. An der Haut als dem sowohl abgrenzenden wie verbin-
denden Organ zeichnen sich nicht selten beginnende Krankheiten ab.
Zersetzende, aufweichende und Fäulnis bewirkende Prozesse sind
seine Krankheitsformen, bei denen die Diagnosestellung und das Erkennen psychosomatischer Zusammenhänge oft sehr schwierig ist; im
Gegensatz zu Saturn mit seiner Verhärtungstendenz, bewirkt Neptun
Zerfalls- und Auflösungserscheinungen bis gleichsam zur Entstoffli-
chung; beiden gemeinsam ist nur der chronisch-schleichende Verlauf
von Krankheiten.

Auf der seelischen Ebene erleben wir das Neptunische am Allgemeinsten als Sehnsucht nach Ich-Weitung; ob uns diese in mystische Eksta-
sen, in die »participation mystique« führt, oder in chaotische Über-
flutung durch das kollektive Unbewußte, das ist abhängig vom Entwicklungsstand der jeweiligen Persönlichkeit – nirgends sonst ist die
Grenze zwischen genialen Visionen und Inspirationen einerseits, rea-
litätsflüchtiger Wundergläubigkeit und Wahnsinn andererseits so
schmal wie hier. Es kann aber auch geschehen, daß der Zeitgeist heute
etwas als »irrational« und sogar als »psychotisch« ansieht, was mor-
gen sich als visionär geschaute Wahrheit herausstellt. In seiner Fähigkeit zum Erahnen transzendenter Wirklichkeit und zu mystischer
Schau ist Neptun ein wesentliches Element religiösen Erlebens; er vermag die »irdische« Liebe der Venus zur allgemeinen Menschenliebe
zu weiten, zur Gottesliebe.

Erzieherisch ist besonders darauf zu achten, daß das neptunbetonte
Kind sich nicht durch Tragträumereien und Wunschphantasien zu weit
von der Realität entfernt. Seine sensible Einfühlungsfähigkeit macht
es überbereit dafür, sich zu identifizieren; vor allem Mütter, die eine
Symbiose mit dem Kind anstreben, können ihm gefährlich werden:
das Kind erfühlt sehr fein, wie sie es haben wollen, und versucht, das
Wunschbild der Mutter zu erfüllen bis zu völliger Identifikation –
solche weitgehenden Überfremdungen können die Basis für spätere
Depersonalisationserlebnisse abgeben. Es kommt hier – unbemerkt –
leichter und tragischer als sonst dazu, daß ein Kind das Unbewußte

seiner Eltern oder eines Elternteiles leben muß und gar nicht zur Ichentwicklung kommt. Therapeutisch ist es ungemein schwer, all das Atmosphärische, die feinsten Einflüsse und scheinbaren Imponderablen aufzufinden und bewußtzumachen, welche später zu neurotischen oder psychotischen Erkrankungen führen. Die bei starken Neptuneinflüssen gegebene Zartheit und Feinsinnigkeit, die sich auch in der Erscheinung auszudrücken pflegen, verführen andererseits leicht dazu, solche Kinder falsch zu schonen; sie werden oft in die Rolle eines ätherischen Wesens geschoben, dem man alles Harte fernhalten zu müssen glaubt; doch sollte die mimosenhafte Feinfühligkeit und der Phantasiereichtum möglichst früh in eine künstlerische Betätigung geleitet werden, wofür sich vor allem Musik und Malerei anbieten.

Frauen mit starkem Neptuneinfluß erstreben oft eine symbiotische Beziehung zum Partner; sie können einfühlend und hingebend sein, lassen sich leicht dadurch überfremden, daß sie das erahnte Wunschbild des Mannes von ihnen zu leben versuchen. Sie neigen dazu, den Partner, die Liebe oder die Ehe zu idealisieren, projizieren auch oft ein Wunschbild auf den Partner, das sie mit seiner Realität verwechseln, wodurch Enttäuschungen fast unvermeidlich werden – sie sollten diese als die Chance verstehen, ihre Illusionen zu »ent-täuschen«. Sie eignen sich besonders für Animaprojektionen des Mannes. Wir finden bei ihnen die tiefsten, unauflöslich erscheinenden Verstrickungen und Verwirrungen in der Partnerschaft, wie sie nur möglich sind bei neptunisch übergangsloser Grenzverwischung zwischen Ich und Du, bei diesem Ineinander-Verfließen mit den daraus folgenden unbewußten Projektionen und Verkennungen. So begegnen wir hier sowohl Frauen, die die Sehnsucht des Mannes nach uneingeschränktem Verstanden-Werden und einfühlender Hingabe erfüllen können, als auch solchen, die aus übersteigerten, unerfüllbaren und irrealen Erwartungen an jedem Partner enttäuscht werden und scheitern, ohne die Ursache zu erkennen. Manchmal erscheinen sie dem Mann als vielverheißende Animafiguren, die aber in der Realität der partnerschaftlichen Beziehung ins Unerreichbare entschwinden, die nur verehrt werden wollen ohne Gegenleistung und sich für alles andere zu fein dünken.

Mit Jupiter zusammen wird Neptun dem Zeichen Fische zugeordnet. Neptunprobleme sind letztlich Probleme der Realitätsfindung und Realitätsannahme. Gelingt diese nicht ausreichend, droht Verfallenheit an rauschhafte Zustände und eine Suggestibilität bis zu hypnotischen Zuständen. Die ethische und geistige Entwicklung des Menschen entscheidet darüber, ob Neptun die Fähigkeit zu symbolisch-ganzheitlicher Schau oder zu abergläubischen Wundererwartungen vermittelt. So finden wir unter starkem kritischen Neptuneinfluß ohne Gegenkräfte im Horoskop oder in der Biographie wirklichkeitsfremde Idealisten, realitätsflüchtige Weltenbummler, Bohémiens, Süchtige und Verwahrloste, »Degenerierte«, Intriganten, Betrüger und Wahnkranke (vor allem den sensitiven Beziehungswahn), häufig auch das früher summarisch als »Psychopathie« bezeichnete Syndrom. Die Gegenkräfte gegen die gefährlichen Seiten Neptuns liegen in Saturn als dem Vertreter des Realitätsprinzips und der notwendigen Grenzsetzung; in Merkur als der logisch-klaren und kritischen Denkfunktion und in der Sonne als dem integrierenden Prinzip. Die Auswirkung Neptuns ist sehr von seinem Stand in einem Tierkreiszeichen abhängig – manche von ihnen sind gegen seinen Einfluß relativ immun, andere für ihn sehr empfänglich. Aber – durch Neptun können wir den Mysterien des Lebens näherkommen, die sich nur dem erschließen, der bereit ist, zum durchlässigen Medium für transzendente Wirklichkeiten zu werden, der sich selbst vergessen und sich »leer« machen kann, um geöffnet zu sein für das Grenzenlose.

PLUTO

Pluto ist der letzte uns bisher bekannte Planet; er wurde erst 1930 entdeckt. Astrologisch müssen wir daher mit Aussagen über ihn noch vorsichtig sein, denn wir verfügen noch nicht über ausreichend lange Beobachtungen und einen breiten Erfahrungsaustausch über seine Funktionen und Auswirkungen. Die meisten Aussagen, die wir heute über ihn machen können, sind daher noch hypothetisch, und doch schält sich allmählich ein umrissenes Bild auch dieser planetaren Kraft heraus, das überzeugend aus übereinstimmenden Erfahrungen sich ergab.

Nach dem oben erwähnten Ordnungsprinzip des Goldenen Schnittes können wir Pluto als die höhere Oktave des Mars ansehen und hätten damit einen ersten hypothetisch-analogischen Ansatz für die Auffassung dieses Prinzips: als höhere Oktave des Mars müßten wir in ihm eine »überwirkliche Urpotenz« sehen, die an die ungeheuren atomaren Kräfte erinnert, die bei der Atomzertrümmerung frei werden. Offensichtlich besteht ein Zusammenhang mit der Entdeckung eines neuen Planeten und kollektiv-psychischen Bewußtseinserweiterungen; so war es bei der Entdeckung von Uranus und Neptun, und so war es bei Pluto. Oder ist es Zufall, daß die Entwicklung der Atomforschung zeitlich mit der Entdeckung Plutos zusammenfällt? Und vielleicht ahnt das »kollektive Unbewußte« noch weitere Zusammenhänge, als es diesem neuen Planeten den Namen Pluto gab, den Namen des mythischen Herrschers über das Totenreich.

Damit bekäme Pluto einen chthonisch-archaischen Aspekt, etwas atavistisch Urgewaltiges, das sowohl bisher astrologisch noch nicht genügend erforschte konstruktive Möglichkeiten symbolisiert als auch dämonisch zerstörerische Kräfte enthält, wie wir das auch von den atomaren Energien sagen können. So vermag Pluto uns sowohl in die

Regression auf frühe magisch-primitive Entwicklungsstufen zu führen als auch in die Rückbesinnung auf Seelenschichten, in denen vielleicht unsere tiefsten Wurzeln liegen, von denen wir uns durch Differenzierungsvorgänge und durch das Überwiegen rationaler Entwicklungen zu weit entfernt haben, so daß sie uns zunächst fremd und vorwiegend unheimlich erscheinen.

In Analogie zum mythischen Pluto sieht Ring in diesem planetaren Prinzip »das Vermögen, aus archaischen Schichten seelische Energien neugeformt zur Wirkung zu bringen. Die wiedererweckten ›Toten‹ sind die ins Unbewußte gesunkenen Erwerbungen früherer Menschheitsphasen« (Thomas Ring: »Der Mensch im Schicksalsfeld«), zu denen Pluto den Zugang eröffnet.

Die meisten Astrologen glauben, ihn in Beziehung zu Massengeschehnissen setzen zu können, sehen aber auch in ihm das Freiwerden elementarer Kräfte. Im Individuum bringen sie ihn in Verbindung mit archaisch-dynamischen Seelenkräften, die es zu integrieren gilt, in denen ungeahnte Machtmöglichkeiten liegen, aber auch weit über marsische Aggressionen hinausreichende totale Vernichtungsmöglichkeiten. Seit der Entdeckung Plutos sind wir uns dieser Möglichkeiten immer erschreckender bewußt geworden.

IX
Felder und Aspekte

Erstens gibt es eine Einheit der Dinge, durch
die jedes Ding eins mit sich selbst ist, aus
sich selbst besteht ... Zweitens gibt es eine
Einheit, durch die ein Geschöpf mit allen
anderen vereint ist, und alle Teile der Welt
ergeben *eine* Welt.   Pico della Mirandola

Zu den Elementen des Horoskopes gehören noch die zwölf Felder oder Häuser sowie die Aspekte der Planeten untereinander. Die Felder symbolisieren den Erdraum, die »irdische Realität«, in der sich die Ideen der Tierkreiszeichen und die Gestaltkräfte der Planeten manifestieren; sie bezeichnen bestimmte Lebensgebiete, auf denen wir jene verwirklichen wollen. Die Aspekte sind Winkelverhältnisse der Planeten zueinander, von denen nur bestimmte als wirksam betrachtet werden; durch die Aspekte ergeben sich wechselnde »Mischungen«, Modulationen oder gegenseitige Beeinflussungen der Planeten, die jeweils bestimmte Facetten oder Nuancen eines planetaren Prinzips verstärken, abschwächen oder unterdrücken. Die Felder und die Aspekte sind die Variablen des Horoskopes; die Felder durch die Erdumdrehung, die Aspekte durch die Eigenbewegungen der Planeten, die sie in immer neue Beziehungen zueinander bringen. Durch diese Variablen entsteht erst die lebendige Dynamik des Horoskopes, die immer sich verändernden Strukturverhältnisse innerhalb des Gesamtgefüges.

Ohne uns hier auf die verschiedenen Methoden der Felderberechnung einzulassen, wollen wir nur festhalten, daß die Felder zwölf Lebensbereiche symbolisieren, in denen wir unsere Neigungen, Interessen und Begabungen zu verwirklichen suchen. Die Stellung von Planeten in diesen Feldern weist auf die Dominanz bestimmter Bereiche in unserem Leben hin sowie auf die Kräfte und Mittel, die wir zu deren Gestaltung einsetzen. In diesem Erdraum der Felder sind wir am abhängigsten von der äußeren Realität, in die wir hineingeboren werden: ob und wie wir die Anlagen unseres Wesens, die in unserer Prägung durch die Tierkreiszeichen und Planeten angezeigt sind, verwirklichen können, das hängt auch von überindividuellen Gegebenheiten ab: Unsere Zugehörigkeit zu einer Rasse, einer sozialen Schicht, zu einer Kultur kann diese Verwirklichung begünstigen oder hemmen, einschränken oder gar nicht zulassen.

In Stichworten seien die Bedeutungen der zwölf Felder oder Häuser angegeben, wobei ich immer zwei gegenüberliegende Felder zusammen bespreche, da sie jeweils in einer antinomischen Spannung zueinander stehen:

Erstes und siebentes Feld: Das erste Feld, durch den Aszendenten gekennzeichnet, sagt über unsere psychophysische Konstitution, unser vitales Temperament und über das auf ihm beruhende Lebensgrundgefühl aus; es symbolisiert den tiefsten Grund unserer angeborenen Verhaltensweisen und färbt als subjektive Einstellung die Art und Weise, wie wir die anderen Elemente des Horoskopes erleben. Planeten in diesem Feld pflegen wir in unbewußter Identifikation mit ihnen naiv-unreflektiert darzuleben. – Das siebente Feld, durch den Deszendenten gekennzeichnet, spiegelt unsere partnerschaftlichen Beziehungen, unsere Einstellung und Erwartung sowie unser Verhalten zum uns ergänzenden Lebenspartner wie zu sonstigen Partnerschaften und Umweltbeziehungen, es sagt aus über unsere Bindungsfähigkeit und -bereitschaft.

Die antinomische Spannung, die in den Feldern eins und sieben liegt, ist die Spannung zwischen Ich und Du bzw. zwischen dem Ich und der weiteren Umwelt. Starke planetare Besetzung des ersten Feldes betont die Selbstbewahrung und erschwert die Du-Findung; starke Besetzung des siebenten Feldes macht uns leicht zu umweltabhängig und erschwert es uns, unser Ich gegen den Wunsch nach Bindung und Zugehörigkeit zu behaupten.

Zweites und achtes Feld: Hier geht es um unser »Vermögen« im doppelten Wortsinn der Talente und Fähigkeiten sowie des Eigentums und Besitzes. Das Erwerben und Anreichern von Fähigkeiten oder von Besitz, unsere Einstellung und unser Verhalten dazu, unser Umgehen damit ist hier symbolisiert. – Das achte Feld sagt aus über unsere Einstellung zu Wandlung, Tod und Sterben. Die Tradition spricht hier auch von zufallenden Erbschaften bzw. entsprechenden Verlusterlebnissen. Menschen mit starker Betonung dieses Feldes haben oft eine eigentümlich hinnehmende Haltung dem Leben gegenüber und eine Bereitschaft, mit sich geschehen zu lassen.

Die antinomische Spannung zwischen den Feldern zwei und acht liegt demnach im haftenden Festhaltenwollen und der damit gegebenen Verlustangst und geringen Wandlungsbereitschaft einerseits, in weltflüchtiger, entsagender Opferbereitschaft und Sehnsucht nach dem Meta-physischen anderseits.

Drittes und neuntes Feld: Hier geht es dem Menschen um die praktische Intelligenz, um die geschwisterlich-nachbarlich-mitmenschlichen Kontakte, um Austausch, Vermittlung von Wissen und Erfahrung in Wort und Schrift. Unser Kommunikationsverhalten, das Herstellen von Verbindungen und alle Wege der Mitteilung sind hier gemeint. – Das neunte Feld gilt als der Bereich der religiös-philosophisch-weltanschaulichen Interessen und Orientierungen. Der Mensch sucht hier nach überpersönlichen Zusammenhängen, Erkenntnis und Sinnfragen sind ihm wichtiger als »sicheres« Wissen. Wenn wir sie nicht zu wörtlich nehmen, ist die traditionelle Zuordnung der kleinen und großen Reisen zum dritten bzw. neunten Feld ein Symbol für die antinomische Spannung in diesen Feldern zwischen umwelterworbener Mentalität und sie erweiterndem Wissensdrang einerseits, dem Wagnis der Sprengung ererbter Denkgewohnheiten und der Eroberung von Neuland anderseits.

Viertes und zehntes Feld: Im vierten Feld spiegeln sich unsere Einstellungen und Erfahrungen bezüglich der Tradition, unsere Bindung an oder Ablösung von Familie und Heimat; bei starker Besetzung dieses Feldes spielt der »Familienroman« eine besonders große Rolle, unsere Bestimmtheit durch unser Milieu, durch unsere Ahnen, durch das Erbgut unserer Vorfahren, oder unsere Auflehnung dagegen. Die Tradition gibt diesem Feld eine besondere Bedeutung für unsere Einstellung zum Alter. – Das zehnte Feld zeigt den Menschen in seiner Beziehung zur Öffentlichkeit, zu Ruhm und Anerkennung, es symbolisiert das »image«, das wir in der Welt darstellen wollen. Bei Betonung dieses Feldes steht der Mensch am intensivsten im Lebenskampf, in der härtesten Auseinandersetzung mit der Außenwelt, die er gestalten möchte – Erfolg oder Mißerfolg sind das Echo seiner Taten und seiner Persönlichkeitswirkung. Die antinomische Spannung zwischen den beiden Feldern können wir mit Intro- bzw. Extraversion charakterisieren, zwischen der Eroberung der Innen- bzw. der Außenwelt, am allgemeinsten wohl in der Gegenüberstellung von familiär-privatem und beruflich-öffentlichem Leben. Die Extreme liegen hier bei inzesthafter Fixierung an Milieu und Tradition einerseits, bei Flucht in die Öffentlichkeit und in eine soziale Rolle anderseits.

Fünftes und elftes Feld: Im fünften Feld zeigt sich unsere Einstellung zur Erotik, zur geschlechtlichen Liebe, die Art und Weise unseres Liebens und die Faszination durch den Eros. Im Gegensatz zum siebenten Feld, das uns zu bewußter Wahl und Entscheidung unseres Lebenspartners aufruft, sind wir im fünften Feld dem Erotischen verfallen – Lebensgemeinschaft ist etwas anderes als erotisches Spiel oder leidenschaftliches Begehren. Das Feld hat weiter eine Beziehung zum Kind und zur Jugend und im Zusammenhang damit zum Erziehungswesen, sagt zugleich etwas aus über unser Verhältnis zum Spiel im weitesten Sinn. – Das elfte Feld gilt als das Feld der Freundschaften und Beziehungen. Ob es dabei nur um Verbindungen und »Beziehungen« im realpraktischen Sinne, um Mäzenatentum oder Gefördertwerden geht, oder ob wir hier zu Gruppen und Gemeinschaften finden, die durch gemeinsame Ziele zusammengehalten werden im Sinne einer bindenden und verbindlichen »Blutsbrüderschaft«, kann die planetare Besetzung und das Zeichen, unter dem dies Feld jeweils steht, anzeigen. Die Antinomie dieser beiden Felder liegt zwischen der Unfreiheit erotisch-sinnlichen Getriebenseins, der Abhängigkeit von unseren Triebimpulsen, und in der frei gewählten Beziehung zu Menschen, zu denen wir eine Wahlverwandtschaft spüren, die uns in Freundschaften verbinden und zu wesentlichen mitmenschlichen Begegnungen führen kann.

Sechstes und zwölftes Feld: Das sechste Feld sagt über unsere Gesundheit aus, über erworbene Krankheiten, die oft mit unserer beruflichen Tätigkeit zusammenhängen. Zugleich sagt es aus über unser Verhältnis zur Arbeit, über die Art unserer sozialen Einordnung und über unser soziales Empfinden. Der Mensch erlebt sich hier als helfendes oder dienendes Glied der Gemeinschaft, als Träger notwendiger Funktionen in ihr. – Das zwölfte Feld schließlich, nach der Tradition das Feld der geheimen Feinde, der Abgeschlossenheit und Einsamkeit, zeigt nach meinen Erfahrungen frühkindliche Belastungen schicksalhafter Art an: Einsamkeits-, Trennungs-, Verlusterlebnisse und mit diesen zusammenhängende Ängste und Schuldgefühle, die die soziale Einordnung, die kommunikativen Kontakte erschweren. Das kann sowohl zu breiter Lebensängstlichkeit und Sicherungsbestrebungen führen, wie zu außenseiterischen bis asozialen Verhaltensweisen, kann aber in der Angstüberwindung auch zu ungewöhnlichen Schicksalen und Persönlichkeitsentwicklungen führen, wie sie Geborgeneren nicht gelingen.

Liegt in einer planetaren Betonung des sechsten Feldes die Gefahr verknechtender beruflicher Einengung der Freiheit, so beim zwölften Feld die Gefahr extremistischer »Anti-Haltungen«, psychologisch zu verstehen als Reaktion auf frühe Frustrationen und Benachteiligungen. Sehnt sich der Mensch bei Betonung des sechsten Feldes nach nicht gewagter Revolution und Freiheit, so bei Betonung des zwölften Feldes nach dem Annehmenkönnen einer Ordnung und Eingliederung in eine Gemeinschaft, die ihm dennoch Freiheit lassen soll; erkrankt der Mensch – psychosomatisch – im sechsten Feld leicht an Überanpassung, so im zwölften an den Folgen von Verdrängungen.

Wer sich längere Zeit gründlich mit Horoskopie beschäftigt hat, wird immer wieder erstaunt sein, wie prinzipiell zutreffend die Erfahrung die überlieferte Bedeutung der Felder bestätigt. Die Realisierung der in den Feldern angedeuteten Ziele hängt, wie erwähnt, immer auch vom jeweiligen Kulturraum und von den Möglichkeiten ab, die er dafür anbietet, was sich auch auf die beruflichen Neigungen und Interessen bezieht, die in den Feldern angedeutet, aber nicht festgelegt sind; denn die beruflichen Möglichkeiten sind besonders stark abhängig vom jeweiligen soziokulturellen Umfeld. Die Bedeutung der Planeten in den verschiedenen Feldern, ihre Modulation durch die Stellung in verschiedenen Tierkreiszeichen sowie die Aspekte der Planeten sind die Variablen des Horoskopes; ihre ausführliche Darstellung würde bereits in die Deutung führen und wäre Sache eines Lehrbuches, liegt daher nicht mehr in der Absicht dieses Buches. Der Hinweis auf die Wichtigkeit der Beachtung bzw. der Kenntnis des jeweiligen soziokulturellen Umfeldes bei allen Deutungen soll noch einmal betont werden.

Damit stoßen wir auf einen sehr wesentlichen Punkt: die Verwirklichung des individuellen Horoskopes ist von es übergreifenden Faktoren abhängig, die aus ihm nicht zu erkennen sind, sowenig wie das Geschlecht eines Menschen. Das bedeutet, daß zur Verwirklichung seines Horoskopes der Mensch einen gewissen Grad von Freiheit braucht, oder mit anderen Worten, daß erst der Mensch als Individuum ein »individuelles Horoskop« hat. So können auch kollektive Ereignisse wie Epidemien und Kriege das Individualhoroskop weitgehend außer Kraft setzen; die Abhängigkeit der Menschenwürde von der persönlichen Freiheit ist damit angedeutet.

Ich will nun die Vielseitigkeit der Aussagemöglichkeiten des Horoskopes noch schildern: da sind zunächst die zwölf Tierkreiszeichen, von denen jeweils bestimmte in einem Horoskop – vor allem durch die Stellung von Aszendent, Sonne und Mond – hervorgehoben sind in ihrer prägenden Bedeutung. Dazu kommen die zehn Planeten, die im

Horoskop jedes Menschen wirksam sind, aber jeweils auf mehrfache Weise modifiziert werden können: einmal durch die Stellung in verschiedenen Tierkreiszeichen, durch die jeder Planet in zwölffacher Modulation in Erscheinung treten kann. Der Merkur etwa im Zeichen Stier oder Fische usf. ist ein »anderer Merkur« als in den Zwillingen oder im Löwen; er bleibt das »merkurische Prinzip«, nimmt aber jeweils eine andere Tönung, Färbung oder wie sonst wir es nennen wollen, an. Er ist in den Zwillingen »rationaler« als im Krebs, wo die Denkfunktion stärker von der Phantasie getragen wird, in der Jungfrau systematischer als in den Fischen, wo das Denken etwas breit flutendes Assoziatives bekommt usf.

Zum anderen wird jeder Planet – wieder bei gleichbleibendem Grundprinzip – zusätzlich modifiziert durch die Aspekte, die er von anderen Planeten bekommt. Solche Aspekte können seinem Eigenwesen angemessen sein oder es einschränken, können seine Wirkung verstärken oder verzerren. Unter der Einwirkung von Aspekten entwickelt der aspektierte und der aspektierende Planet verschiedene Facetten seines Wesens zusätzlich zur Tönung, die er durch seine Stellung in einem Zeichen bekommt. Ein Saturnaspekt etwa zum Merkur in der Jungfrau kann ihn pedantisch machen; der gleiche Aspekt Saturns zu einem Merkur in den Fischen wird ihn hier vor der Verschwommenheit bewahren und einschränken usf.

Dazu kommt drittens die jeweilige Feldstellung eines Planeten; wenn wir bei Merkur bleiben: er kann durch seine Feldstellung introvertiert oder extravertiert, theoretisch oder praktisch, kaufmännisch oder wissenschaftlich, handwerklich oder literarisch usf. eingesetzt werden – wobei dann wieder seine Zeichenstellung und Aspektierung miteinbezogen werden müssen. So kommen in Zeichen-, Feldstellung und Aspektierung Anlage, Neigung, Begabung, Interessenrichtung und wesenseigene Art und Weise des »Umgehens« mit dem Merkurischen zum Ausdruck.

Und schließlich kommt dazu noch die unterschiedliche »Hierarchie« der Planeten im individuellen Horoskop: aus der an einem bestimmten Tag gegebenen allgemeinen Tageskonstellation aller Planeten in bestimmten Zeichen und Aspekten, die für alle an diesem Tage Geborenen gilt, greift das individuelle Horoskop durch die Geburtszeit und den Geburtsort eines Menschen bestimmte Planeten verschieden betont heraus, »wählt« sie in verschiedener Wertigkeit für sich aus. Denn durch die individuelle Geburtszeit und den individuellen Geburtsort wird der Aszendent und werden die übrigen Felder des Horoskopes und damit auch die individuelle Rangordnung der Planeten festgelegt. Dadurch kann ein Mensch – bei derselben generellen Tageskonstellation – einen oder mehrere Planeten besonders markant, andere schwächer in seinem individuellen Horoskop stehen haben, kann er sich saturnische, venusische, marsische usf. Komponenten »schicksalhaft auswählen«. Besonders markant oder schwach stehende Planeten haben unter anderem mit größerer bzw. geringerer Bewußtseinsnähe dieser Prinzipien im Erleben zu tun. Im Zusammenhang mit solcher »Planetenwahl« konnten wir von »mars-, jupiter- oder saturnbetonten« usf. Menschen sprechen oder von einem Horoskop mit »dominierenden Planeten«. In dieser Hierarchie liegt das individuellste Moment eines Horoskopes, denn diese »Auswahl« gilt immer nur für kurze Zeit, da der Aszendent und die Felder mit der Erddrehung in 24 Stunden den ganzen Tierkreis durchlaufen und damit die Planeten ihre Feldpositionen schnell wechseln.

Zu den Aspekten sei hier nur gesagt, daß die traditionellen Aspekte in harmonische oder Lösungs- und disharmonische oder Spannungsaspekte eingeteilt werden, worin indessen kein Werturteil liegt, wie es in der Vulgärastrologie mit ihrer Unterscheidung von »guten« und »schlechten« Aspekten zum Ausdruck kommt. Die Erfahrung zeigt, daß eine Überzahl harmonischer Aspekte zu wenig fruchtbare Spannungen ergibt, so daß der Mensch zu reibungslos lebt und oberflächlich wird, weil er sein Leben zu leicht nimmt. Spannungsaspekte dagegen drängen zur Auseinandersetzung und Gestaltung, machen den Menschen schöpferisch in irgendeiner Weise, kämpferischer; nur eine erdrückende Anzahl von Spannungsaspekten ohne helfende Gegenkräfte kann schwer belastend wirken und schwer zu lösende Probleme oder durch Gegensatzspannungen lähmende Blockierungen anzeigen.

In der Auswertung aller dieser Faktoren und in ihrer Kombination liegt die Kunst der Auslegung des Horoskopes, die Kunst der Deutung; noch die beste Deutung bleibt hinter den Aussagemöglichkeiten bzw. hinter der lebendigen Zusammenschau seiner Symbolik zurück; denn die Kenntnis der Bedeutung der Elemente des Horoskopes allein ist gleichsam nur die »Grammatik«, die »Harmonielehre« mit ihrem Regelwerk. Das darf uns indessen nicht entmutigen, unsere Deutungsmöglichkeiten immer feiner und differenzierter auszubauen.

Man hat der Astrologie den Vorwurf gemacht, daß diese Vielzahl der Faktoren und ihrer Kombinationen »alles« aus einem Horoskop heraus- bzw. hineinlesen lasse. Manche astrologischen Schulen vermehren diese Vielzahl noch durch das Hinzuziehen der Monde der Planeten oder von hypothetischen Punkten und Konstrukten, mit deren Hilfe sie glauben präzisere Aussagen machen zu können. Meist findet sich dann auch irgendein Bezugspunkt, der hilfreich das erklärt, was erklärt werden sollte – »post festum«; aber was hilft es einem Patienten, wenn erst die Obduktion die richtige Diagnose stellen läßt? Natürlich hat der Versuch, bestimmte Ereignisse nachträglich zu erklären, seine Berechtigung, denn er ist ein Weg zur Erweiterung unserer Erfahrungen. Aber ich bin der Meinung, daß wir Elemente der »klassischen« Astrologie und ihre Kombinationsmöglichkeiten erst gründlicher verifizieren und mit den Erfahrungen anderer Wissenschaften vom Menschen vergleichen sollten, bevor wir uns zu sehr auf hypothetische Spekulationen einlassen. Wenn die Astrologie heute wieder mehr in die Öffentlichkeit drängt, darf sie nicht mehr ein esoterisches Glasperlenspiel betreiben, sondern sie muß in Kontakt mit den an sie angrenzenden Wissenschaften treten und sich mit ihnen auseinandersetzen.

X
Astrologie als Lebenshilfe

Es gibt nur ein Problem, ein einziges Problem
auf der ganzen Welt: den Menschen eine geistige Sinndeutung ihres Daseins, eine Art
geistige Sehnsucht und Unruhe wiederzu-
geben.   Antoine de Saint-Exupéry

Meist wird Astrologie lediglich mit der Horoskopie identifiziert, die
jedoch nur ein Teilgebiet von ihr ist – Astrologie ist umfassender. Neben der wohl ältesten Menschenkunde vermittelt sie uns ein Weltbild,
das die sinnvolle Ordnung unseres Sonnensystems aufzeigt und in seiner Großartigkeit jene geistige Sehnsucht und Unruhe in uns auslösen
kann, die das obige Zitat anspricht; ein Weltbild, das uns die Ehrfurcht
vor dem »bestirnten Himmel über uns und dem moralischen Gesetz
in uns« nacherleben läßt, die Kant so bewegte. Weil sie die Horoskopie ablehnen, machen sich die Gegner der Astrologie gar nicht erst die
Mühe, dieses Weltbild zu studieren. Und wenn sie in der Astrologie
einen Religionsersatz sehen, müßten wir sagen, daß eine Religion, die
den Kosmos nicht einbezieht, das großartigste Werk des Schöpfers un-
beachtet ließe. Können wir nicht gerade durch das verstehende Nach-
Denken der Gesetze dieses Kosmos zu jenem ehrfürchtigen Staunen
finden, welches die Wurzel allen religiösen Erlebens ist?
Die Erkenntnis des Zusammenhanges zwischen Makro- und Mikrokosmos und das Verständnis der symbolischen Entsprechungen zwischen »oben und unten« ermöglichen uns eine Bewußtseinserweiterung und helfen uns erkennen, was Laotse im Tao Te King aus-
spricht:

Der Mensch hat die Erde zum Vorbild.
Die Erde hat den Himmel zum Vorbild.
Der Himmel hat den SINN zum Vorbild.
Der SINN hat sich selber zum Vorbild.

Vor allem nach der Lebensmitte und im Alter, wenn uns Sinnfragen
wesentlicher werden, kann das Studium der Astrologie ungemein be-
reichern und unseren Blick auf eine Weltschau lenken, die um so fas-

zinierender wird, je tiefer wir in sie eindringen. Das astrologische Weltbild ist umfassend; ob wir Naturwissenschaftler oder Geisteswissenschaftler, Künstler oder Politiker oder schlicht »Suchende« sind – Astrologie läßt uns den gemeinsamen Urgrund unserer Wissensgebiete ahnen, die unserem Denken getrennt erscheinen; sie ermöglicht eine Synopsis, eine Zusammenschau der Gesetze, die der Erscheinungswelt zugrunde liegen und in dieser ihre verschiedenen Ausformungen finden. Es sind Ausdrucksformen desselben geistigen Prinzips, das einen Ton oder eine Farbe »erzeugt« oder das als Aspekt im astrologischen Sinne wirksam wird, eines Prinzips, das sich im Organismus unseres Sonnensystems entfaltet und uns dessen Einheitlichkeit ahnen läßt. Wenn wir es lernen, uns selbst als ein Teilchen dieses Organismus zu erleben, als das wir an dessen Bauplan teilhaben, können wir zum Medium werden, in dem das »Ganze« sich spiegelt – »das Stüpfchen und der Kreis«, von dem Angelus Silesius spricht.

Die Möglichkeiten praktisch-konkreter Lebenshilfe liegen indessen in der Horoskopie. Zunächst darin, daß das Horoskop uns zum Erkennen unserer Bestimmung verhilft. Die Erfahrung zeigt, daß der Mensch ein nicht weiter ableitbares Gefühl dafür hat, worin seine Bestimmung liegt. In der Übereinstimmung unseres Lebens mit unserer Bestimmung ruht das Gefühl der Sinnhaftigkeit unseres Daseins. Manche finden sie in der Übernahme von Ämtern, andere in politischen oder sozialen Funktionen; manche drängen mehr in die Öffentlichkeit, andere in die Introversion; manche sind Handwerker oder Kaufleute, andere Künstler oder Philosophen usf. usf. Bei den Tierkreiszeichen habe ich das als »Leitbilder« anzusprechen versucht; besonders wichtig ist dafür auch die Felderstellung der Planeten im Horoskop, die anzeigt, wo deren Verwirklichungsebene im sozialen Umfeld liegt. Da wir alle in großem Ausmaß – besonders durch unsere frühe Umwelt – geformt und oft genug verformt werden, ist das Horoskop eine Hilfe dafür, unser primäres Angelegtsein zu verstehen. Es bietet uns die große Chance, vom Augenblick der Geburt an Begabungen, Neigungen sowie Krankheitsdispositionen usf. zu erkennen, kann daher auch für die Prophylaxe von Entwicklungsstörungen und Erkrankungen sowie für das frühe Verstehen von psychosomatischen Zusammenhängen herangezogen werden, die sich ja weitgehend auf dem Hintergrund von Wesensüberfremdungen oder Fehlhaltungen abspielen.

Aus der Praxis wissen wir, wie viele Menschen in ihnen nicht adäquate Rollen gedrängt werden, oft so früh, daß ihnen diese Rolle zur »zweiten Natur« wurde, an der sie leiden, ohne daß ihnen der

Grund bewußt ist. In der horoskopischen Beratung kann die Konfrontation mit seinem primären Angelegtsein manchmal eine durchgreifende Änderung in das Leben eines Menschen bringen, eine neue »Weichenstellung« erzielen.

Es wäre aber ein Mißverständnis, anzunehmen, die Astrologie unterstütze den Individualismus; das Horoskop symbolisiert immer zugleich die Aufgabe des einzelnen im Kollektiv, letztlich im Gesamtorganismus der Menschheit; hierin liegt der ethische und soziale Aspekt der Astrologie. Wie es etwa in den naiven mittelalterlichen Darstellungen der »Planetenkinder« zum Ausdruck kommt, hat der einzelne aufgrund seines Horoskopes bestimmte Neigungen, Begabungen und Interessen, die ihn im Rahmen der Gemeinschaft zu bestimmten Aufgaben befähigen, ja verpflichten, und die dem Ganzen zugute kommen sollen. Wieder bietet sich das Gleichnis eines Organismus an, in welchem jedes Organ bestimmte Funktionen hat, die sich weder verselbständigen noch ausfallen dürfen, wenn der Organismus gesund bleiben soll. So deutet das Horoskop die Funktion des einzelnen in der Gemeinschaft an, die Vertreter aller Tierkreiszeichen, Planeten und Felder braucht, damit die vielseitigen Aufgaben erfüllt werden, die für ihr gesundes Fortbestehen erfüllt werden müssen im Erkennen unseres aufeinander Angewiesenseins. Nur dieses garantiert letztlich das Zusammenwirken aller unter einem übergreifenden Sinn. So wird jeder einzelne zum Sinnträger einer notwendigen Aufgabe; dabei sagt das Horoskop nichts darüber aus, wo sein »Ort« in der Gemeinschaft ist, in welcher sozialen Schicht er seine Aufgabe erfüllt, sondern nur über die Art der Aufgabe – der »Sinn« eines Horoskopes hat viele Verwirklichungsebenen. Nehmen wir als Beispiel einen Menschen, der durch die Struktur seines Horoskopes es als seine Bestimmung empfindet, in einer helfenden Tätigkeit seinen Lebenssinn zu finden – das ist im Horoskop zu erkennen. Nicht zu erkennen ist sein Platz in der »vertikalen Hierarchie« der Gesellschaft: ob Krankenpflege, Fürsorge, Bewährungshilfe, Chiropraxis, Massage, Atemtherapie, ob Heilpraktiker, Arzt oder Psychotherapeut usf. – das ist aus dem Horoskop nicht zu ersehen; immer aber wird ein solcher Mensch seinen Lebenssinn in einer karitativen Tätigkeit suchen. Und ob etwa ein uranusbetonter Mensch ein Techniker, ein Erfinder, ein Entdecker, ein Revolutionär usf. wird, ist auch im Horoskop nicht zu erkennen; immer aber wird ein solcher Mensch Neuem zum Durchbruch verhelfen, erstarrte Traditionen brechen oder veraltete Systeme überwinden wollen.

Es ist nicht jedem gegeben, sein Horoskop voll zu verwirklichen – er ist darin abhängig von transhoroskopischen, überindividuellen Faktoren: von seinen Erbanlagen sowie von seiner sozialen Umwelt; diese können ihm dafür entgegenkommen oder ihn daran hindern. Eine intellektualisierte Leistungsgesellschaft etwa mit ihren Zielsetzungen von Erfolg, Macht und Besitz wird den musisch oder kontemplativ Veranlagten Schwierigkeiten bereiten. Die Kenntnis ihres Horoskopes kann diesen den Mut geben, »trotzdem« zu sich selbst zu stehen, ihnen vielleicht sogar die Aufgabe stellen, das zu vertreten und darzuleben, was der Zeitgeist vernachlässigt oder unterdrücken will; kann sie davor bewahren, sich zu sehr anzupassen und sich vielleicht minderwertig vorzukommen, »anders« zu sein, als gegenwartsgebundene Ideologien es fordern.

Die Horoskopie der Zukunft wird zu einer Lebenshilfe werden auf allen Gebieten der Beratung und Therapie, auch für die Selbsteinsicht und das Fremdverständnis. Das Berechnen von Horoskopen und das Studium der Astrologie ist uns heute erleichtert durch die früher erwähnten Hilfsmittel. Für die Deutung und das tiefere Eindringen in astrologisches Denken steht uns eine große Anzahl guter und auch einige bedeutende Literatur zur Verfügung. Am Ende dieses Buches habe ich die Werke angegeben, die mir am wesentlichsten gewesen sind. So steht das Studium der Astrologie heute jedem offen; es ist dann Sache des einzelnen, was er daraus macht.

Die wohl wichtigste Lebenshilfe kann uns das Horoskop meines Erachtens geben im Uns-bewußt-Machen des Zusammenhangs von »innen und außen«, im Erkennen, wieweit unser Schicksal sozusagen die Außenseite unseres Charakters ist. Sehen wir von überindividuellen und kollektiven Einflüssen ab, denen wir ausgeliefert sind, bleibt doch ein erheblicher Anteil des uns Geschehenden und Begegnenden die Auswirkung unserer Persönlichkeit und unseres Verhaltens, den wir mit Wilhelm v. Scholz die »Anziehungskraft des Bezüglichen« genannt haben: indem wir aus der Fülle der Möglichkeiten das auswählen, was unseren primären Neigungen und Interessen – also den nicht durch Umweltangebot gelernten, sondern horoskopisch in uns angelegten Neigungen entspricht, schaffen wir eine »selektive Schicksalsbereitschaft«, die durch solches Auswählen bestimmte Folgen konstelliert. Erfahrungsgemäß wird es als eine große Hilfe empfunden, wenn der Ratsuchende den Zusammenhang seines Wesens mit dem ihm Geschehenden zu sehen, Sinnzusammenhänge zu ahnen beginnt. Diese »selektive Schicksalsbereitschaft« versuchte ich bei der Schilderung der

Tierkreiszeichen in den »Keimsituationen« darzustellen; sie gilt aber natürlich für das gesamte Horoskop, und ihr Ansatz liegt im Berührungspunkt zwischen Kosmotypus und Umwelt, wo sich der astrologisch erkennbare Anteil des Schicksals bildet. Andere »Schicksalsanteile« wie unser Geschlecht, unsere Rassenzugehörigkeit und unsere soziale Herkunft sowie unsere Erbmasse sind aus dem Horoskop nicht zu erkennen. Vielleicht gelingt es einer zukünftigen Astrologie, den horoskopischen Schicksalsanteil klarer zu erfassen, als es uns heute möglich ist. Die selektive Schicksalsbereitschaft, die das Horoskop in unserer primären Natur aufzeigt, ist nichts Starres; wenn wir auch die primäre Natur oder Grundstruktur nicht so weit zu ändern vermögen, daß wir ganz andere werden könnten, gibt es doch innerhalb ihrer einen erheblichen Spielraum; ein »Widder« wird nie ein »Fisch« werden können usf.; aber wie er das Widderhafte lebt, das kann recht verschieden aussehen – wie wir mit unserem »Pfunde wuchern«, das ist nicht fatalistisch festgelegt.

Das gilt auch für die planetaren Prinzipien; jedes kann zwischen den Polen naiver Unreflektiertheit und höchster Differenzierung gelebt werden. Allein schon das Wissen um die Skala dieser Möglichkeiten ist eine Hilfe, denn darin liegt die Entwicklungsfähigkeit dieser Kräfte im Individuum; und zugleich wird die Art, wie wir ein solches Prinzip erleben, als »feedback« uns durch die Resonanz der Umwelt auf unser Verhalten erkennen lassen, worin unser eigener Anteil an dem liegt, was uns scheinbar nur »von außen« geschieht und begegnet; je nachdem wie wir Venus, Mars, Saturn usf. in uns selbst verwirklichen, so konstellieren wir sie auch draußen. Lebe ich etwa einen dominanten Neptun unreflektiert-unbewußt, bin ich wie ein offenes System, das durch alle möglichen Einflüsse chaotisch überfremdet wird; so werde ich in verwirrende mitmenschliche Beziehungen geraten; oder, ich habe unbestimmte Sehnsüchte und illusionäre Wünsche, auf die das Leben auch keine klaren Antworten geben kann, so daß ich immer wieder enttäuscht werde; mit zunehmender Bewußtheit kann mir Neptun dagegen ein feines Instrument für Einfühlung und psychologisches Verstehen werden, mein Wahrnehmungsvermögen differenzieren oder künstlerische Begabungen vermitteln usf.

In der Astrologie der Zukunft werden sich wohl die Astrologen und die Ratsuchenden von der Vorstellung lösen, Schicksale zu verkünden bzw. verkündet zu bekommen; sie werden den Schritt von abergläubischer Wahrsagerei zur praktisch-beratenden Lebenshilfe, zur Vermittlung bewußtseinserweiternder Selbsterkenntnis vollziehen. Dafür wäre es wünschenswert, Institutionen zu gründen, die einführende Kurse, seminaristische Übungen und vergleichende Studien mit anderen Beratungsverfahren anböten – wie jedem Wissensgebiet bekommt auch der Astrologie die »Inzucht« schlecht; sie braucht die Auseinandersetzung mit den anderen Wissenschaften vom Menschen. Dagegen erschiene es mir noch nicht als wünschenswert, Astrologie an die Universitäten zu bringen; bei der hier herrschenden Einstellung, den Arbeitsmethoden und Zielsetzungen würde sie bald zu einem mathematisch-statistischen Testverfahren verarmen, wie solche in der akademischen Psychologie heute vorherrschen – die Astrologie wäre zu schade dafür. Denn sie bietet eine organisch-ganzheitliche Weltsicht an, die sie nicht aufgeben darf zugunsten der Einordnung in sie einengende Fachdisziplinen oder zugunsten einer Verwissenschaftlichung nach akademischen Maßstäben.

In der Psychotherapie erleben wir es oft, daß ein Patient lieber ein körperliches Leiden als Schicksal akzeptiert, als zu versuchen, die mögliche seelische Mitbedingtheit seines Leidens zu verstehen, weil ihn das mit größerer Selbstverantwortung und der Notwendigkeit, sich zu ändern, belasten würde. Ähnlich wollen viele Ratsuchende aus ihrem Horoskop ihr »Schicksal« erfahren, das sie anzunehmen bereit sind, als ob es festgelegt und nichts daran zu ändern wäre – darin liegt aber der Sinn des Horoskopes nicht.

Auch bei den astrologischen Prognosen wäre Abstand zu nehmen von Deutungsrezepten, Ereignisprophezeiungen und festlegenden Aussagen, die keinen Raum lassen für Eigenverantwortung und Entscheidung. Dagegen sollte sich der Astrologe gemeinsam mit dem Ratsuchenden bemühen, dessen innere und äußere Situation zu klären und zu erarbeiten, wie eine planetare Konstellation am sinnvollsten für den Betreffenden und seine Umgebung gelebt werden kann. Sonst verhielten wir uns wie jene Ärzte, die ein Symptom behandeln, ohne die Lebenssituation des Patienten zu erfragen.

Die astrologischen Prognosen beruhen entweder auf den sogenannten Transiten – den Übergängen der laufenden Planeten über Konstellationen des Grundhoroskopes – oder auf Hilfshoroskopen (Jahreshoroskop usf.), oder, bei den Progressionen, auf symbolischen Entsprechungen zwischen räumlichen und zeitlichen Messungen ($1° = 1$ Jahr) bzw. zwischen dem Grundhoroskop und der fortschreitenden Zeit (1 Tag $= 1$ Jahr). Uns interessiert hier nur, daß die Prognosen sich auf Entwicklungsrhythmen, Chancen und Krisenzeiten beziehen, die erkennbar sind hinsichtlich ihrer zeitlichen Fälligkeit, nicht aber – oder doch nur begrenzt – hinsichtlich daraus ablesbarer Ereignisse, weil diese vielschichtiger determiniert sind: sie sind abhängig vom Alter und dem Entwicklungsstand des Individuums, von seinem Lebensraum und seiner aktuellen Situation, von seiner Selbsteinsicht und Plastizität. Die Prognosen verleiten manche Astrologen zu Allmachtsvorstellungen, Größenwahn und eitler Skrupellosigkeit. Davor kann nur die klare Informierung des Publikums über die Reichweite und Grenzen astrologischer Prognosen, die Schaffung eines verantwortungsbewußten Berufsstandes sowie die Anerkennung fachlich gut ausgebildeter Astrologen schützen, die ihr Können unter Beweis gestellt haben und für die etwas Ähnliches wie der hippokratische Eid der Ärzte verbindlich wäre – »nil nocere« muß auch für den Astrologen die Grundforderung sein.

Lassen wir uns bei den Prognosen nicht durch die »Treffer« irreführen, die meist hochgespielt, während die Nieten vergessen werden – auch von den Beratenen. Natürlich kommen zutreffende prognostische Aussagen vor, sei es durch besondere Fähigkeiten eines Astrologen, sei es durch seine genaue Kenntnis und Beobachtung des Beratenen über lange Zeiten, die es ihm ermöglichen, die Reaktionen des Beratenen auf bestimmte Konstellationen zu kennen, wodurch er dessen Verhalten bei wiederkehrenden Konstellationen mit größerer Wahrscheinlichkeit voraussagen kann. Wir sollten uns ganz davon frei machen, Treffer zur Erhärtung des Wahrheitsgehaltes astrologischer Prognosen zu suchen; das pflegt zu mißlingen – ich erinnere nur an die politischen Voraussagen der sogenannten Mundanastrologie; ich bin der Meinung, daß wir Lebenshilfen geben sollten, anstatt Treffer anzustreben, die der Natur der Sache nach zu selten möglich sind, um Überzeugungskraft haben zu können. Das Bemühen um Treffer ist ein unnötiger Tribut an eine »Wissenschaftlichkeit«, die auf große Zahlen angewiesen ist, um sich als wissenschaftlich zu empfinden.

Wir haben andererseits aber auch keine Veranlassung, Prognosen überhaupt abzulehnen; sie haben ihre Berechtigung und ihren Sinn, wenn sie in den Grenzen angewendet werden, die für sie gelten: keine Aussagen, die den Beratenen zum Objekt machen, die ihn nicht als handelndes, wollendes und entscheiden-könnendes Subjekt ansprechen, sondern ihn entmündigen, indem sie ihm Wahl und Eigenverantwortung abnehmen. Dagegen kann die Befragung des Horoskopes bei schwerwiegenden Entscheidungen, drohenden Gefährdungen, fälligen Entwicklungsschritten usf. eine echte Hilfe sein – man wird vergleichsweise kein Gras mähen, wenn die Wetterprognose eine längere Regenzeit voraussagt.

Freilich wird jeder seine eigene Einstellung zu diesem Bereich haben; hat Shakespeare recht, daß »wir im Staube haftend, sündenschwer, verachten solche Schrift und sehn sie nicht«, oder haben die recht, die meinen, das Horoskop mache uns abhängig und abergläubisch? Darauf gibt es keine allgemeingültige Antwort; wer sich darüber ein eigenes Urteil bilden will, der wird sich gründlich mit der Astrologie beschäftigen müssen.

Die Astrologie verspricht uns kein problemloses Leben, kein »Glück« und kein Vermeiden-Können von Leid, Konflikten, Ängsten und Irrtümern; aber sie verhilft uns zu einer Bewußtseinserweiterung, die zunächst im verstehenden Annehmen des Horoskopes liegt; dieses Annehmen ist bereits der erste Schritt zu seiner Überwindung, denn letztlich sollen wir über unser Horoskop hinauswachsen wie über eine erfüllte Aufgabe.

Noch ein Hinweis scheint mir für künftige astrologische Forschung wichtig: Wie wir es in der Psychotherapie erlebt haben, war das theoretische und therapeutische Interesse und Bestreben zunächst auf das Individuum ausgerichtet, über dessen Entwicklung vor allem die Psychoanalyse grundlegende Erfahrungen sammelte, indem sie die Lebensgeschichte des einzelnen von seiner Geburt an minutiös erforschte. Im Laufe der letzten Jahrzehnte kam es immer mehr dazu, das Individuum in seinem familiären und sozialen Umfeld zu sehen und dieses sowohl theoretisch wie therapeutisch einzubeziehen. Das führte u. a. zur Ehe- und Erziehungsberatung, zur Ehepaartherapie, Ehepaargruppentherapie und schließlich zur Familientherapie, welch letztere die intrafamiliären Strukturen und die Rollen der einzelnen Familienmitglieder in ihnen untersuchte; auf diesem Wege sind wir zu neuen Einsichten und zu oft ungemein wirkungsvollen therapeutischen Methoden gelangt. Man erkannte, daß der einzelne mit seinem Schicksal vielfältiger verflochten ist in familiäre Strukturen, als es die Erforschung des Individuums und seiner Triebstruktur erkennen ließ. Wie der Pilz aus dem weitverzweigten unterirdischen Myzel hervorwächst, so wurzelt auch das Individuum in einer weiter gespannten Vergangenheit als der seiner Eltern – die Ahnen gehören zu diesen Wurzeln, manchmal sich über Generationen erstreckende Traditionen und Leitbilder familiärer Dynastien.

So sollten auch die Astrologen den Versuch machen, das Einzelhoroskop mehr auf dem Hintergrund ganzer Familienhoroskope zu betrachten. Losgelöst vom familiären Umfeld läßt das Einzelhoroskop immer viele Fragen offen, die wir vielleicht zum Teil aus der Hinzuziehung der Horoskope der anderen Familienmitglieder beantworten können. Neben den ja schon in großer Breite angewendeten Vergleichshoroskopen von Familienmitgliedern wäre es interessant, Generationszusammenhänge zu erforschen, wie sie in der Wiederkehr bestimmter Tierkreiszeichen oder Planetenkonstellationen innerhalb verschiedener Generationen einer Familie auftreten, also Vererbungsgesetzen auf horoskopischer Basis nachzuforschen. Ich vermute, daß aus solchen Generationszusammenhängen das Einzelhoroskop noch einen spezifischen Sinn bekommt.

In der Astrologie liegen noch ungehobene Schätze, die uns zur Bewältigung eigener sowie mitmenschlicher und sozialer Probleme wertvollste Dienste leisten können. Heute, wo Probleme des mitmenschlichen Zusammenlebens uns immer mehr bedrängen, wo Vermassungsprozesse die Würde des Individuums gefährden und andererseits rücksichtsloser Individualismus das Wohl des Ganzen bedroht, kann uns astrologisch-ganzheitliches Denken und Symbolverständnis wieder der »groß göttlich Ordnung« (E. Anrich) innewerden lassen, deren Vorbild wir immer notwendiger brauchen. Astrologie lehrt uns die Achtung vor dem Einzelschicksal, in der die Grundlage aller Humanität wurzelt, und sie zeigt uns zugleich die Aufgabe des einzelnen im sozialen Umfeld, unsere Verpflichtung gegenüber der Gemeinschaft, in der wir uns als Teile eines uns übergreifenden Ganzen erfahren, für das wir mitverantwortlich sind.

Literatur

Adler, Oskar: Das Testament der Astrologie. Einführung in die Astrologie als Geheimwissenschaft in 5 Bänden. Bd. I Die allgemeine Grundlegung der Astrologie – Tierkreis und Mensch. Walter Krieg Verlag 1950, Wien/Bad Bocklet, Mainfranken/Zürich
Adler, Oskar: Einführung in die Astrologie als Geheimwissenschaft. 2. Folge Tierkreis und Mensch (enthalten auch im oben genannten Band), 3. Folge Planetenwelt und Mensch, I. Teil im Selbstverlag 1937 Wien. Das Gesamtwerk Oskar Adlers ist komplett im Heinrich Hugendubel Verlag erschienen und seit 1993 vollständig lieferbar.
Anrich, Elsmarie: Groß Göttlich Ordnung. Thomas von Aquin – Paracelsus – Novalis und die Astrologie. Tübingen 1951
Anrich, Ernst: Moderne Physik und Tiefenpsychologie. Stuttgart 1963
Boll, Franz: Sternglaube und Sterndeutung. Die Geschichte und das Wesen der Astrologie. Leipzig 1918
Beer, Hans: Neue Astrologie. München-Planegg 1951
Delsol, Paula: Chinesische Horoskope. Genf 1972
Fankhauser, Alfred: Das wahre Gesicht der Astrologie. Zürich 1932
Fankhauser, Alfred: Horoskopie. Zürich 1939[2]
Geißler, Horst Wolfram: Der ewige Tempel. Studien zur Geschichte, zur Entwicklung und zu den Grundgedanken der Astrologie. München-Planegg 1949
Heitler, Walter: Der Mensch und die naturwissenschaftliche Erkenntnis. Braunschweig 1966
Jünger, Ernst: An der Zeitmauer. Stuttgart 1959
Klöckler, Herbert Freiherr von: Kursus der Astrologie. 3 Bde. Freiburg 1974[4]

Klöckler, Herbert Freiherr von: Astrologie als Erfahrungswissenschaft. Leipzig 1925

Klöckler, Herbert Freiherr von: Berufsbegabung und Berufsschicksal. Leipzig 1928

Die Astrologie des Johannes Kepler, eine Auswahl aus seinen Schriften. Eingeleitet und herausgegeben von *Heinz Artur Strauß* und *Sigrid Strauß-Kloebe.* München und Berlin 1926

Knappich, Wilhelm: Geschichte der Astrologie. Frankfurt/M. 1967

Koch, Walter A.: Aspektlehre nach Johannes Kepler. Die Formsymbolik von Ton, Zahl und Aspekt. Hamburg 1952

Koestler, Arthur: Die Wurzeln des Zufalls. Bern, München, Wien 1972

Kühr, Erich Carl: Psychologische Horoskopdeutung. Wien 1948

Kündig, Heinrich: Das Horoskop. Die Berechnung, Darstellung und Erklärung. Zürich 1950

Lankes, Otto: Das Weltbild der Astrologie nach den Quellen des Altertums dargestellt. Dießen 1956

Metman, Philipp: Mythos und Schicksal. Die Lebenslehre der antiken Sternsymbolik. Leipzig 1936

Mrsič, Wilhelm: Astrologie als Weltanschauung. Leipzig 1925

Riemann, Fritz: Grundformen der Angst. Reinhardt-Verlag 1976[11]

Ring, Thomas: Das Lebewesen im Rhythmus des Weltraums. Stuttgart 1939

Ring, Thomas: Das Sonnensystem ein Organismus. Eine gestalt-theoretische Untersuchung. Stuttgart 1939

Ring, Thomas: Astrologische Menschenkunde. 3 Bde. Zürich 1956, 1959, 1969

Ring, Thomas: Der Mensch im Schicksalsfeld. Stuttgart 1941

Ring, Thomas: Astrologie ohne Aberglaube. Düsseldorf und Wien 1972

Ring, Thomas: Astrologie neu gesehen. Aurum-Verlag 1977

Reich, Heinrich: Das Geheimnis des Tierkreises. Eine tiefenpsychologische Begründung der Astrologie. München-Planegg 1949

Rosenberg, Alfons: Zeichen am Himmel. Das Weltbild der Astrologie. Zürich 1949

Rosenberg, Alfons: Durchbruch zur Zukunft. Der Mensch im Wassermannzeitalter. München-Planegg 1958

Schadewaldt, Wolfgang: Griechische Sternsagen. Frankfurt/M. 1956

Schmitz, Oskar A. H.: Der Geist der Astrologie. München 1922

Scholz, Wilhelm v.: Der Zufall und das Schicksal. Leipzig 1924

Schult, Arthur: Astrosophie als kosmische Signaturenlehre des Menschenbildes. 2 Bde. Bietigheim 1971

Schwabe, Julius: Archetyp und Tierkreis. Basel 1951

Sementowsky-Kurilo, Nikolaus: Astrologie und Psychologie. Zürich 1960

Strauß, Heinz Artur: Der astrologische Gedanke in der deutschen Vergangenheit. München und Berlin 1926

Strauß-Kloebe, Sigrid: Kosmische Bedingtheit der Psyche. Kosmische Konstellation und seelische Disposition. Weilheim 1968

Strauß-Kloebe, Sigrid: Das kosmopsychische Phänomen. Geburtskonstellation und Psychodynamik. Walter-Verlag 1977

Surya, G. W. / Valier, M. E.: Okkulte Weltallslehre. München 1922

Tomaschek, R.: Kosmische Kraftfelder und astrale Einflüsse. Aalen 1959

Ungern-Sternberg, Olga von: Die innerseelische Erfahrungswelt am Bilde der Astrologie. Stuttgart 1975

Wachsmuth, G.: Kosmische Aspekte von Geburt und Tod. Dornach 1956

Wechssler, Eduard: Die Generation als Jugendreihe und ihr Kampf um die Denkform. Leipzig 1930

Werle, Fritz: Das All und die Lebenslinie. München-Planegg 1932

Werle, Fritz: Seelenwelt und Himmelsraum. München-Planegg 1934

Werle, Fritz: Schicksal und Erdraum. München-Planegg 1935

Werle, Fritz: Vom Wesen der Totalität. Ein Versuch. München-Planegg 1938

Winkel, Erich: Naturwissenschaft und Astrologie. Augsburg 1930

Xylander, Ernst von: Astrologie. Zürich 1955

Milton H. Erickson / Ernest L. Rossi:
Hypnotherapie
Aufbau – Beispiele – Forschungen
Aus dem Amerikanischen von Brigitte Stein
4. Auflage 1997. 554 Seiten, broschiert, ISBN 3-608-89672-4
Leben lernen 49

Das Buch ist eine systematische Analyse der Arbeit
Milton H. Ericksons, des wohl bedeutendsten Hypnotherapeuten.
Die wichtigsten Hypnosetechniken werden dargestellt und
diskutiert, zahlreiche Fallbeispiele belegen den therapeutischen
Einfallsreichtum Ericksons und seine oft verblüffenden Erfolge.
Praktische Übungen führen den Therapeuten in die sichere
Handhabung der einzelnen Techniken ein.

Milton H. Erickson / Ernest L. Rossi / Sheila L. Rossi:
Hypnose
Induktion – Therapeutische Anwendung – Beispiele
Aus dem Amerikanischen von H. U. Schachtner und Peter J. Randl
4. Auflage 1994. 360 Seiten, broschiert, ISBN 3-608-89615-5

Leben lernen 35

Psychische Abläufe auf unbewußtem Niveau zu erleichtern, zu
aktivieren, zu kultivieren und in gewissem Ausmaß zu nutzen, ist
das Thema dieses Buches. Die Induktion klinischer Hypnose wird
anhand von acht wörtlich protokollierten Hypnose-Sitzungen
Ericksons im Gespräch mit Rossi kommentiert und erläutert.
So vermittelt das Buch eine Fülle von Anregungen für Beratung
und Psychotherapie.

pfeiffer
bei Klett-Cotta

Fritz Riemann:
Grundformen helfender Partnerschaft
Herausgegeben und eingeleitet von Karl Herbert Mandel
7. Auflage 1994. 163 Seiten, broschiert, ISBN 3-608-89622-8

Leben lernen 10

In den hier veröffentlichten Aufsätzen untersucht Riemann anschaulich und wirklichkeitsnah den Einfluß der vier großen Charakterstrukturen (vgl. Grundformen der Angst) auf die Wechselwirkungen zwischen Therapeut und Patient. Wer mit der Verbesserung zwischenmenschlicher Beziehungen befaßt ist, sei es professionell oder privat, findet hier eine Fülle von in der Praxis gewonnenen Erkenntnissen.

Virginia Satir:
Selbstwert und Kommunikation
Familientherapie für Berater und zur Selbsthilfe
Aus dem Amerikanischen von Maria Bosch und Elke Wisshak
12. Auflage 1996. 362 Seiten, broschiert, ISBN 3-608-89619-8

Leben lernen 18

Die bekannte amerikanische Psychotherapeutin regt den Leser an, das Zusammenleben der eigenen Familie zu analysieren, sie zeigt, wie Gespräche, Experimente und Übungen die Beziehungen innerhalb und außerhalb der Familie verbessern. Ein Buch, das der Familie, in der ja die soziale Person geformt wird, Chancen einer gesunden Entwicklung zeigt, – das witzig, locker, aber nie platt geschrieben ist.

pfeiffer
bei Klett-Cotta